Naomi Krupitsky
Die Familie

New York, 1928. Sofia ist ein Freigeist, laut und ungezähmt, Antonia ist eher still und agiert bedacht. Dennoch sind die beiden unzertrennlich, so wie ihre Familien, die sich jeden Sonntag zum Essen treffen und dabei ihre Geschäfte besprechen: Sie sind Teil der »ehrenwerten Gesellschaft«, der italo-amerikanischen Mafia. In den 30er Jahren treiben das Verschwinden von Antonias Vater und der erbitterte Machtkampf zwischen den Bossen jedoch einen unsichtbaren Keil zwischen die Freundinnen. In einer schicksalhaften Nacht werden ihre Freundschaft und die Loyalität gegenüber der »Familie« auf eine harte Probe gestellt …

»Krupitskys fesselndes Debüt ist eine mitreißende Mischung aus ›Die Sopranos‹ und den Romanen von Elena Ferrante.« *San Francisco Chronicle*

Naomi Krupitsky lebt in San Francisco. Ihre Texte erschienen in verschiedenen Zeitschriften, bevor sie mit ihrem Debüt ›Die Familie‹ direkt auf die ›New York Times‹-Bestsellerliste einstieg.

Naomi Krupitsky

Die Familie

Roman

Deutsch von Ursula Wulfekamp

dtv

Ungekürzte Ausgabe 2024
dtv Verlagsgesellschaft mbH & Co. KG, München
© 2021 Naomi Krupitsky Wernham
Alle Rechte vorbehalten
Mit Genehmigung von G. P. Putnam's Sons,
an imprint of Penguin Publishing Group,
a division of Penguin Random House LLC
Titel der amerikanischen Originalausgabe: ›The Family‹
(G. P. Putnam's Sons, New York 2021)
© 2022 der deutschsprachigen Ausgabe:
dtv Verlagsgesellschaft mbH & Co. KG, München
Umschlaggestaltung: dtv nach einem Entwurf
von Sandra Chiu sowie Lisa Höfner | buxdesign, München
Umschlagmotive: Matilda Delves/Arcangel Images (Frauen)
und Mike Demidov/shutterstock.com (Brooklyn Bridge)
Satz: Uhl + Massopust, Aalen
Druck und Bindung: Druckerei C.H.Beck, Nördlingen
Printed in Germany · ISBN 978-3-423-22048-4

*Für Lil und Marty Krupitsky,
die dieses Buch nie lesen konnten,
aber immer wussten, dass ich das Zeug dazu habe,
es zu schreiben.
Und für New York.*

Prolog

Juli 1948

Eine Waffe abzufeuern ist, wie ins kalte Wasser zu springen.

Man steht da, direkt an der Kante, die Muskeln bereit zum Sprung, und bis zum allerletzten Moment besteht immer die Möglichkeit, nicht zu springen. Man ist von Macht erfüllt: Nicht während des Sprungs selbst, aber unmittelbar davor. Und je länger man dort steht, desto mehr Macht hat man, sodass, wenn man schließlich springt, die ganze Welt darauf wartet.

Doch sobald man abspringt, ist man verloren. Man ist dem Wind und der Schwerkraft ausgeliefert und der Entscheidung, die man Bruchteile von Sekunden zuvor getroffen hat. Man kann nichts tun, als hilflos zuzusehen, wie das Wasser drohend immer näher kommt, und dann ist man untergetaucht und klatschnass, Eishände umklammern den Körper, die Luft ist in der Kehle gefangen.

Eine Waffe also, die nicht abgefeuert wird, behält ihre Macht. In den Momenten, bevor der Abzug klickt und die Kugel hinausschießt, außer Reichweite, jenseits aller Kontrolle. Während der Donner in den Sturzregenwolken in der Ferne kracht und sich die Härchen auf den Armen in der statisch geladenen Luft aufstellen. Während man dasteht, mit den Füßen fest auf dem Boden, so, wie Papa es einem beigebracht hat, *nur für den Fall*, die Schultern angespannt gegen den Rückstoß.

Während man entscheidet und noch mal entscheidet.

Abdrücken.

Buch eins

1928–1937

Sofia Colicchio ist ein wildes Wesen mit dunklen Augen. Sie läuft schnell und spricht laut und ist die beste Freundin von Antonia Russo, die nebenan wohnt.

Die beiden leben in Brooklyn, in einem Viertel, das Red Hook heißt und an das Viertel grenzt, aus dem Carroll Gardens und Cobble Hill werden wird. Red Hook ist neuer als Lower Manhattan, aber älter als Canarsie und Harlem, diesen gefährlichen Außenposten, wo fast alles erlaubt ist. Viele der Gebäude sind niedrige Holzschuppen nah am Fluss, aber weiter vom Wasser entfernt, in Richtung der immer noch niedrigen, aber beständigeren Stadthäuser, wachsen die Dächer höher. Und alles ist dunkelgrau vom Wind und Regen und vom Ruß in der Luft.

Sofias und Antonias Eltern zogen auf Anweisung des Bosses ihrer Väter, Tommy Fianzo, nach Red Hook. Tommy lebt in Manhattan, braucht aber Hilfe bei seinen Geschäften in Brooklyn. Wenn die Nachbarn Carlo und Joey fragen, was sie tun, antworten Carlo und Joey: *dies und das*. Sie sagen: *Import/Export*. Manchmal sagen sie: *Unser Geschäft ist es, Leuten zu helfen*. Dann begreifen ihre neuen Nachbarn und stellen keine weiteren Fragen. Ihr Kommentar besteht in herunterrasselnden Rollläden und in lauten Bemerkungen zu ihren Kindern im Flur: *Das geht uns nichts an.*

Die anderen Leute in der Nachbarschaft sind Italiener und Iren. Sie arbeiten in den Docks, sie bauen die Wolkenkratzer, die wie Bohnenranken aus der Landschaft von Manhattan schießen. Auch wenn die Gewalt seit den Kindertagen der Erwachsenen in diesem Viertel rückläufig ist, gibt es sie immer noch, sie lauert im Dunkeln zwischen den Lichtkreisen der Straßenlaternen.

Sofia und Antonia wissen, dass sie einem Erwachsenen Bescheid sagen müssen, bevor sie zur anderen gehen, aber nicht, warum. Ihre Welt besteht im Sommer aus dem Weg zum und vom Park, im Winter aus dem Rauschen und Zischen der Heizkörper und rund ums Jahr aus dem entfernten Platschen und Schallen der arbeitenden Männer in den Docks. Bestimmte Dinge wissen sie einfach, und sie wissen nicht, dass es Dinge gibt, die sie nicht wissen. Vielmehr gerät die Welt in ihr Blickfeld, während sie heranwachsen. *Das ist eine Ulme*, sagt Antonia eines Morgens, und Sofia wird bewusst, dass vor ihrem Haus ein Baum steht. *Onkel Billy kommt heute Abend zum Essen*, und plötzlich weiß Antonia, dass sie Onkel Billy nicht ausstehen kann: seine spitze Nase, die glänzenden Schuhe, den Gestank nach Zigarren und Schweiß, den er hinterlässt. *Geh auf die andere Straßenseite, sonst weckst du die Maga*, erinnern sie sich gegenseitig und machen einen großen Bogen um das kleinste Gebäude im Block, wo, wie jedermann weiß – aber woher wissen sie es? –, im zweiten Stock eine Hexe wohnt.

Sofia und Antonia wissen, dass Onkel Billy kein richtiger Onkel ist, aber trotzdem zur Familie gehört. Sie wissen, dass sie ihn Onkel Billy nennen müssen, wie Onkel

Tommy, und dass sie beim Essen am Sonntag schön mit Onkel Tommys Kindern spielen müssen. Sie wissen, dass es darüber keine Diskussion gibt.

Sie wissen, dass die Familie alles ist.

Sofia lebt in einer Wohnung mit drei Schlafzimmern und einem breiten Fenster in der Küche, von dem man in den Garten ohne Mitbenutzungsrecht hinausschaut. Dort sitzt im Sommer der Hausbesitzer ohne Hemd und schläft, eine Zigarette baumelt zwischen seinen dicken Fingern. In der Mittagshitze verbrennen die Körperstellen, die der Sonne ausgesetzt sind, die Unterseite seines Kugelbauchs und seiner Arme bleibt schneeweiß. Sofia und Antonia ist es verboten zu glotzen. In Sofias Zimmer steht ein Bett mit einer neuen Tagesdecke aus rotem Flanell, auf dem Regal sitzen aufgereiht drei Puppen mit Porzellangesichtern, und es gibt einen flauschigen Teppich, in den sie gern ihre Zehen vergräbt.

Ein Stück weiter den Flur entlang liegt das Zimmer ihrer Eltern, das sie nicht betreten soll, außer im Notfall. *Cara mia*, sagt ihr Papa, *ein paar Dinge müssen doch auch nur für Mamma und Papa da sein, oder nicht? Nein*, antwortet sie, und er krümmt die Hände zu Klauen und jagt sie durch den Flur, um sie zu kitzeln, und sie läuft kreischend davon. Und dann gibt es ein leeres Zimmer mit einer kleinen Wiege aus der Zeit, als Sofia ein Baby war, das niemandem gehört. Manchmal geht ihre Mamma dort hinein und faltet klitzekleine Kleidung zusammen. Dann sagt ihr Papa, *Komm, das machen wir jetzt nicht. Komm schon*, und führt Mamma hinaus.

Seit Kurzem fällt Sofia auf, dass die Leute Angst vor ihrem Vater haben.

Im Deli oder im Café wird er als Erster bedient. *Signore*, sagen die Kellner. *Schön, Sie wiederzusehen. Hier, aufs Haus. Eine Spezialität. Prego.* Sofia hält ihn an der Hand, wie ein Pilz, der aus dem Stammansatz eines Baums wächst. Er ist ihr Schatten, ihr Nährboden, ihr Fundament. *Und das muss Sofia sein*, sagen sie. Ihr wird in die Wangen gekniffen, das Haar gezaust.

Sofia achtet nur flüchtig auf die anderen Erwachsenen. Sie bemerkt, wenn sie das Gravitationsfeld ihres Vaters betreten, wenn die Wärme seiner Aufmerksamkeit von einem zum nächsten springt. Ihr fällt auf, dass ihr Vater irgendwie immer der Größte im Raum ist. Sie nimmt Geleefrüchte und Biscotti entgegen, dargeboten von Männern, denen es eher darum geht, die Gunst ihres Vaters zu gewinnen, das merkt sogar Sofia.

Nach seinen Besprechungen führt Sofias Papa sie auf ein Gelato aus. Sie sitzen in der Smith Street an der Theke, und er trinkt dickflüssigen schwarzen Espresso, während sie sich bemüht, kein Schokoladeneis auf ihre Bluse zu kleckern. Sofias Papa raucht lange, dünne Zigaretten und erzählt ihr von seinen Besprechungen. *Unser Geschäft ist es, Leuten zu helfen*, sagt er. *Dafür bezahlen sie uns hier und da ein wenig.* So lernt Sofia: Man kann Menschen helfen, selbst wenn sie Angst vor einem haben.

Sie ist seine Kleine, das weiß sie. Sein Liebling. Er sieht sich selbst in ihr. Sofia riecht die Gefahr, die von ihrem Vater ausgeht, wie ein Hund ein heraufziehendes Gewitter: Er lässt etwas Erdiges, Belebendes zurück. Einen Geschmack nach Rost. Das bedeutet, dass er alles für sie tun würde. Das weiß sie.

Sofia spürt in jedem Moment den Pulsschlag des Universums in ihrem Körper widerhallen. Sie ist so lebendig, dass sie zwischen sich und ihrer Umgebung keine Trennung kennt. Sie ist ein Feuerball und könnte jederzeit ihre Wohnung verschlingen, die Straße vorm Haus, den Park, den sie mit Antonia besucht, die Kirche und die Straßen, auf denen ihr Papa bei der Arbeit fährt, und die hohen Gebäude in Manhattan auf der anderen Seite des Wassers. Das alles ist Zunder.

Anstatt die ganze Welt in Brand zu setzen, begnügt Sofia sich damit, nach dem Grund zu fragen: *Papa, warum? Was ist das?*

Antonia Russo lebt in einer Wohnung mit zwei Schlafzimmern. Eins davon ist ihres und eins das ihrer Eltern. Ihre Mamma und ihr Papa lassen die Tür zu ihrem Zimmer offen stehen, und Antonia schläft am besten, wenn sie das Schnarchen ihres Papas hört, das in Wellen heranbrandet und sich wieder zurückzieht. In ihrer Küche gibt es kein Fenster, aber einen kleinen runden Holztisch anstatt des rechteckigen Esstischs wie bei Sofia. Ihre Mamma schrubbt und scheuert den Boden, und dann seufzt sie und sagt: *Da ist nichts zu machen.* Im Wohnzimmer hängen überall Bilder, solche der altmodischen grau-braunen Art, auf denen jeder unglücklich aussieht. Die Bilder zeigen Antonias Großeltern, bevor sie *Diealteheimat* verließen. Manchmal betrachtet ihre Mamma sie, küsst die Kette um ihren Hals und drückt fest die Augen zu, nur einen Moment.

Antonia weiß zwar, dass sie eigentlich in ihrem eigenen Körper bleiben sollte, trotzdem hat sie oft das Gefühl, in Sofias Körper oder im Körper ihrer Mamma oder dem der Prinzessin in einem Märchen zu stecken. Es fällt ihr leicht, sich fortzustehlen, sich auszubreiten und im ganzen Universum zu existieren anstatt im beengten Raum ihrer eigenen Haut.

Morgens reiht Antonia ihre Stofftiere auf und gibt ihnen Namen. Sie macht das Bett, ohne dass man es ihr auftragen muss.

Sofia steht oft ungekämmt und mit dreckigen Fingernägeln bei Antonia vor der Tür. Sie hat ein Strahlen, so mühelos wie die Sonne, sie ist überzeugt, dass sie am Horizont aufgehen wird, und vertraut darauf, dass sie mit ihrem Licht alle wecken kann. Antonia fühlt sich davon angezogen und abgestoßen zugleich. Es fasziniert sie auf eine Art, wie ein Kind einen toten Vogel umkreist, eine einzelne Feder bestaunt, einen Schrein für sie errichtet. Antonia achtet sehr genau auf ihr Erscheinungsbild. Sie möchte Sofia in sich aufsaugen, sich am berauschenden Zauber ihrer Freundin satt essen. Er macht süchtig.

Sofia und Antonia stecken immer zusammen, weil sie jung sind, weil sie Tür an Tür wohnen und weil ihre Eltern ihre Freundschaft fördern. Es ist praktisch, wenn man das eigene Kind immer bei dem anderer Eltern finden kann.

Antonia kennt die Struktur von Sofias Gang so gut wie die Schwere und den Rhythmus ihres eigenen. Ihr Spiegelbild in Sofias braunen Augen erdet sie mehr als die Reflexion eines richtigen Spiegels. Sofia wiederum erkennt Antonia an ihrem Geruch nach Puder und Lilien, der noch bei ihr im Zimmer hängt, wenn ihre Freundin schon längst zum Essen nach Hause gegangen ist. An den perfekt aufgestapelten Klötzen auf ihrem Regal, an der Welle im ordentlich frisierten Haar ihrer Lieblingspuppe.

Sofia und Antonia merken nicht, dass ihre Freundschaft ungestört von anderen Kindern bleibt.

Sofia und Antonia schließen die Augen und entwerfen die Welt. Gemeinsam gehen sie auf Safari und entrinnen nur knapp einem blutigen Tod zwischen den Zähnen eines Löwen. Sie fliegen nach Sizilien, woher ihre Familien stammen, nach Japan und nach Panama. Sie überleben mit nur zwei Stöcken und einer Dose Weihnachtsplätzchen als Proviant in der Wildnis, entfliehen Treibsand und Heuschrecken. Sie heiraten Prinzen, die auf heruntergekommenen Straßen in Red Hook einreiten. Sofia und Antonia sitzen selbst zu Pferd. Sie beugen sich vor und flüstern ihnen etwas ins Ohr. Sie rufen: *Flieg wie der Wind!*, und bekommen von ihren Mammas ein *Seid nicht so laut* zu hören. *Spielt woanders*, sagen sie. Sofia und Antonia spielen auf dem Mond.

In Sofias Gesellschaft fühlt Antonia sich frei. Sofia leuchtet durch eine innere Flamme, an der Antonia sich die Hände und das Gesicht wärmen kann. Manchmal ertappt sie sich dabei, dass sie Sofia einfach beobachtet, die Stelle zwischen den Schultern anstarrt, wo ihr Kleid sich spannt, wenn sie sich über den Tisch beugt, oder wie sie die Seife vergisst, wenn sie vor dem Essen nebeneinander im Bad stehen und sich die Hände waschen sollen. *Wenn ich dich sehen kann, muss ich hier sein.* Antonia hat das Gefühl, dass sie ohne Sofia davontreiben, sich in der Nachtluft auflösen könnte. Und Sofia sonnt sich im Rampenlicht der ungeteilten Aufmerksamkeit ihrer Freundin und hat das Gefühl, in dessen Strahl noch heller zu leuchten. *Wenn du mich sehen kannst, muss ich hier sein.*

Antonia und Sofia verbringen ihr Leben vor allem mit ihren Müttern und miteinander. Ihre Väter sind oft nicht da, obwohl Sofias häufig genug zum Abendessen heimkehrt, dass er ihrem Tag Halt gibt, ähnlich wie Buchstützen: Morgens, wenn er das Haus mit dem Geruch von Pomade und Espresso füllt, abends, wenn er in der Küche rumort, kurz bevor sie zu Bett geht. Manchmal, beim Einschlafen, das Schließen der Wohnungstür und seine sich entfernenden Schritte: Er geht wieder.

Antonia hat keine Ahnung, wie ungewöhnlich es im Vergleich mit den anderen Vätern in der Nachbarschaft ist, dass ihrer zwei oder drei Abende die Woche nicht da ist. Sie weiß nicht, dass ihre Mutter beim Fleischer einmal weinend zusammenbrach, überwältigt von einer bodenlosen, existenziellen Verzweiflung darüber, Essen »für zwei *oder* drei Personen« planen zu müssen, oder dass ihr Vater, wenn er tief im Bauch der Nacht nach Hause kommt, zu Antonia ins Zimmer schleicht, ihre Stirn mit der Hand umfasst und zum Gebet die Augen schließt. Antonia weiß nicht, was er tut, nur dass es eine Arbeit mit Onkel Billy oder Onkel Tommy ist. *Er hat Besprechungen*, hat Sofia ihr einmal gesagt. *Besprechungen, um Leuten zu helfen.* Aber irgendetwas daran kommt Antonia fadenscheinig und formlos vor. Was sie weiß, ist: dass ihre Mutter, wenn er nicht da ist, niemals ihre richtige Größe noch ihre richtige Gestalt hat – dann ist sie entweder überlebensgroß, umgeben von einer unsichtbaren Wolke aus Mühe und Chaos, während sie wie besessen putzt und räumt, sich müht und plagt, oder sie ist klein, ausgezehrt, ein Schatten ihrer selbst. Und die fünfjährige Antonia ist von ihrer Mutter so abhängig wie das Meer vom Mond: Sie wächst und schrumpft entsprechend.

Sie stellt sich vor, dass ihr Vater in einem kleinen Zimmer arbeitet. Onkel Billy raucht Zigarren, dreht sich mit seinem Stuhl hin und her, fuchtelt wild und brüllt ins Telefon. Onkel Tommy steht in einer Ecke und beaufsichtigt sie, er ist der Boss. Ihr Vater sitzt still vor einem Blatt Papier. Antonia setzt ihn an einen Schreibtisch und verleiht ihm eine Miene absoluter Konzentration. Er schaut zum Fenster hinaus und senkt bisweilen den Blick, um etwas zu notieren. Er hält sich aus dem Gewirr heraus.

Antonia glaubt, dass sie, wenn sie die Augen schließt, die Welt erfinden kann.

Abends, wenn ihre Mutter sie ins Bett gebracht hat, spürt Antonia, wie sich die Wohnung von ihrem Fundament löst. Antonias Gewicht und das ihrer Mutter allein können die Wohnung nicht am Boden halten, deswegen recken und strecken sich die Wände und beginnen zu schweben, und Antonia schließt die Augen und baut Stein um Stein ein Fundament, bis sie einschläft.

Ein Zimmer weiter sitzt ihre Mutter und liest, und mehr als einmal schlüpft sie in die Schuhe und geht nach nebenan, um mit Sofias Mutter Rosa einen Schluck Wein zu trinken. Die beiden Frauen sind bedrückt, belastet vom Wissen, dass ihre Männer unterwegs sind und *weiß Gott wo, weiß Gott was* tun. Sie sind beide siebenundzwanzig.

Bei Tag kann jede von ihnen den blendenden Schimmer der Jugend herbeizaubern, doch bei Lampenlicht zeichnen sich Sorgenfalten auf ihr Gesicht wie Straßen auf einer Landkarte. Vor Erschöpfung verfärben sich manche Partien ihrer Haut dunkel, während sie an anderen über den Knochen dünn werden. Wie viele Frauen vor ihnen lassen die Sorgen sie altern, sind sie zum Zerreißen angespannt durch die tickenden Sekunden, die nachts eindeutig langsamer vergehen als am hellen Tag.

Antonias Mamma Lina hat schwache Nerven. Als Kind blieb sie zu Hause und las, während die anderen Kinder draußen herumtobten. Sie schaute fünf- oder sechsmal nach links und rechts, ehe sie die Straße überquerte. Sie war schreckhaft. Linas Mutter blickte sie oft streng an, schüttelte den Kopf und seufzte. Lina kann das Bild jederzeit heraufbeschwören: der Blick, das Kopfschütteln, das Seufzen. Durch die Ehe mit Carlo Russo ist sie nicht weniger nervös geworden.

Sobald Antonias Papa Carlo das Haus verlässt, frisst die Angst an Lina, bis er wieder heimkehrt. Und wenn Tommy Fianzo zu dem Schluss kommt, dass Carlo nachts Kisten mit kanadischem Schnaps abholen und irgendwohin fahren soll, packt die Angst Lina um den Hals und lässt sie keinen Schlaf finden.

Deshalb entwickelt Lina für sich ein System: Bis Sonnenaufgang macht sie sich keine Sorgen. Wenn die unsichtbaren Fäden, die Lina und ihren Mann wie zähes Karamell verbinden, sie aus dem Schlaf hochfahren lassen; wenn das Wissen sie wachhält, dass er sonst wo ist und das Verletzlichste von ihr mitgenommen hat, dann schlüpft sie aus dem Bett und setzt die Füße vorsichtig wie ein Vögelchen auf den Boden. Sie tappt über die Stufen nach unten und dann im Nachbarhaus nach oben in die Wohnung der Colicchios. Sie benutzt ihren Ersatzschlüssel und sitzt mit Rosa auf der Couch, bis sie die Stille ihrer eigenen Wohnung wieder ertragen kann.

Kurz vor Morgengrauen wird sich der Schlüssel im Schloss drehen. Das weiß Lina. Carlo wird leise in die Wohnung treten. Und alles, auch Lina selbst, wird sich wieder auf der Erde niederlassen, wo es hingehört.

Sofias Mamma Rosa erinnert sich an die Nachtarbeit ihres eigenen Vaters. Rosa blieb zu Hause bei ihrer Mutter, die tagein, tagaus Knopflöcher an Herrenhemden fertigstellte. Sie nähte kleine Stiche, ängstigte sich wegen Rosas Vater und erzählte ihren Kindern abenteuerliche Geschichten über ihre eigene Kindheit vor der Schiffsreise nach Amerika. Schrie sie an, ihre *bambini*, sie sollten zum Donnerwetter ihre Hausaufgaben erledigen, sollten lernen, sollten sich gerade hinsetzen, sollten vorsichtig sein, sollten etwas aus sich machen. Rosas Mutter, die mit ihren vom Nähen zerstochenen Fingern Zwiebeln für das Essen schnitt und nie zusammenzuckte, aber die Lippen aufeinanderpresste und ausnahmsweise einmal still war, wodurch Rosa und ihre Geschwister wussten, dass es wehtat. Das alles stellte Rosa nie infrage: Eine Gemeinschaft zu sein und ein Heim aufzubauen, wie auch immer, wo auch immer, was immer es kostete.

Als sie also den großen, gut aussehenden Joey Colicchio kennenlernte, der gerade eine Stelle bei einem Geschäftsfreund ihres Vaters, Tommy Fianzo sen., angenommen hatte, wusste Rosa, was es brauchte, um ihr eigenes Heim aufzubauen.

Antonia und Sofia schlafen nicht immer gleich ein, wenn ihre Mammas es ihnen auftragen. Stundenlang drücken sie sich durch die Wand zwischen ihren Zimmern Botschaften zu. Dazwischen dämmern sie immer wieder ein. Schlafen ist für sie nichts so Eindeutiges wie für die Erwachsenen: Weshalb sollten sie ihre Unterhaltung nicht im Traum fortsetzen? Sie erzählen sich: *Deine Mamma ist heute Abend hier*, denn natürlich wissen sie das. Und die Mammas sitzen eng beisammen in der einen oder anderen Küche, trinken ihren Wein, und manchmal lachen sie, und dann wieder weinen sie, und natürlich wissen sie, wann ihre Töchter einschlafen, weil sie immer noch spüren, wie sich diese heranwachsenden Töchter unter ihrer Bauchdecke drehten.

Sie erinnern sich an die gemeinsame Zeit der Schwangerschaft: der Körper empfindlich, sirrend vor Möglichkeiten. Das ist ein stärkeres Band als die gemeinsame Arbeit ihrer Männer.

Mit der Schwangerschaft begannen Rosas und Linas spätnächtliche geflüsterte Unterhaltungen in einer ihrer Wohnungen. Dort, im gedämpften Licht, offenbarten sie sich. Sie sprachen über die Zukunft, was immer auch bedeutet, über die Vergangenheit zu sprechen: über Rosas Vater und Mutter, ihr reges, rühriges Haus, und Rosas Wunsch, selbst ein solches Haus zu haben. *Aber keine Nadeln*, sagte Rosa immer, *kein Nähgarn*. Keine wundgestochenen Finger. Ihren Kindern würde es an nichts fehlen. Lina, die sich in ihre Zukunft gezwängt fühlte wie in einen Schraubstock, war einfach nur erleichtert, dass sie das Kind, das in ihr wuchs, häufiger liebte, als dass sie Angst davor hatte. Sie dachte an ihre eigene Kindheit, in der es angesichts des Überlebenskampfs keinen Platz für Bedürfnisse gegeben hatte. *Keinen Zwang*, sagte sie zu Rosa. *Kein Muss.* Ihren Kindern würde jede Wahl offenstehen. Sie würde ihnen das Lesen beibringen.

Das sieht nach einem Jungen aus, sagten die anderen Frauen der Familie beim Fleischer oder im Park zu Rosa. *Das sieht nach Zwillingen aus*, sagten sie zu Lina, die dick war, unglaublich dick, und nicht mehr in ihre Schuhe passte, wobei sie ihre Füße sowieso nicht sehen konnte, und die dachte: *Natürlich werde ich das auch nicht gut hinbekommen.* Die Frauen kniffen Rosa und Lina in die Wange und tätschelten ihnen den gewölbten Bauch. Rosa und Lina hakten sich unter und watschelten weiter. Ihnen wurde klar, dass ihre Kinder keinen unbelasteten Anfang haben würden, dass sie in eine Welt geboren würden, die von ihnen erwartete, die richtige Größe und die richtige Gestalt zu haben. *Wenn es ein Junge ist*, beteten sie, *mach, dass er geschickt mit den Händen ist. Wenn es ein Mädchen ist, mach, dass sie achtsam mit ihrem Herzen ist.*

Und Lina mit ihren schweißfeuchten Händen und dem eingeklemmten Nerv im Kreuz fügte hinzu: *Mach, dass dieses Kind vor nichts Angst hat.*

Im Herbst 1928 gehen Sofia und Antonia zum ersten Mal in die Schule, und mit jedem Tag verdoppelt sich die Größe der Welt. Jeden Morgen rennen sie dorthin, stolpern über die Füße und Beine der Freundin. Sie sind klein und wild und beim Ankommen außer Atem und früh dran. Sie lernen Zahlen und Buchstaben und Geografie.

Am ersten Tag erfahren sie, dass die Hälfte der Kinder in ihrer Klasse Italiener ist und die andere Hälfte Iren. Sie erfahren, dass Irland eine kleine Insel ist, weit weg von Italien, aber nicht so weit weg wie Amerika, *wo wir jetzt alle sind*, sagt Mr Monaghan. Sofia und Antonia schließen Freundschaft mit Maria Panzini und Clara O'Malley. Sie tragen alle blaue Schleifen im Haar und beschließen, das am nächsten Tag auch zu tun. In der Mittagspause sitzen sie zusammen, und als sie vor die Schule zu ihren wartenden Mammas gehen, halten sie sich an den Händen. *Mamma, Mamma!*, wollen die vier rufen, aber über die Gesichter der Mammas ziehen dunkle Schatten. Am nächsten Tag sitzt Maria Panzini mittags an einem anderen Mädchen-Tisch, und Clara sitzt auf der anderen Seite des Schulhofs. *Die irischen Kinder sitzen dort drüben*, erkennt Antonia. *Halt dich einfach an Antonia*, sagt Sofias Mamma später. *Unsere Familien sind ein bisschen anders*, sagen Rosa und Lina zu ihren Töchtern, und Sofia und Antonia wissen nicht, ob das heißt, dass sie besser oder schlechter sind, aber bald sitzen sie in der Mittagspause allein.

Die Schule lieben sie trotzdem, und zwar wegen Mr Monaghan, der im Krieg war und hinkt und der allein in der Souterrainwohnung eines heruntergekommenen Brownstone lebt, einen Steinwurf von der Hafenschmiede entfernt. Mr Monaghans Augen funkeln. Er ist groß und schlaksig und quirlig. Er schaut sie an, wenn sie etwas sagen.

Jeden Morgen drehen sie eine Weltkugel und suchen eine Region aus, über die sie etwas lernen. Deswegen kennen sie jetzt die Pyramiden und den Taj Mahal und die Antarktis. Ganz egal, wo Mr Monaghans Finger landet, immer fällt ihm etwas dazu ein, und er zeigt Bilder und erzählt ihnen lange, wilde, fast zu abenteuerliche Geschichten, bei denen zwanzig Kinder stillhalten und gebannt zuhören. Und an diesem Tag hat Marco DeLuca Sofia darum gebracht, die Weltkugel zu drehen, obwohl sie an der Reihe gewesen wäre.

Das hat er nicht absichtlich gemacht. Als Sofia ihn also mit gerunzelter Stirn und Wut im Bauch anstarrt, erwidert er ihren bohrenden Blick mit seinem sanften, gleichmütigen und weiß nicht, weshalb sie ihn anfunkelt, was alles noch schlimmer macht. In Sofias Körper steigt Hitze auf, sie rötet ihr Gesicht, lässt ihre Fingerspitzen zittern und ihren Atem gallig werden. Später einmal werden Freunde und Familie das verräterische Anspannen der Lippen und das Verengen der Augen als Zeichen dafür erkennen, dass Sofia wütend wird. Und auch sie wird das lodernde, alles verzehrende Feuer einer bevorstehenden Auseinandersetzung zu schätzen lernen.

An diesem Tag macht Sofia nicht mit, als ihre Klassenkameraden in alten Ausgaben der *National Geographic* und in Mr Monaghans kostbarer *Encyclopedia Britannica* Bilder von Meereslebewesen angucken. Sie reißt nicht wie die anderen vor Staunen die Augen auf, als Mr Monaghan maßstabsgetreu einen Menschen an die Tafel zeichnet, daneben einen Riesenkraken und daneben einen Blauwal. Sie starrt Marco an und wartet vergeblich darauf, Mr Monaghan könnte einfallen, dass eigentlich sie an der Reihe gewesen ist. Die große Ungerechtigkeit des Lebens wogt durch jede Faser ihres Seins.

Antonia weiß, dass mit Sofia etwas nicht stimmt. Sie weiß es mit dem sechsten Sinn von jemandem, der noch nicht versteht, dass der Mensch sich für ein eigenständiges Gefäß hält. Sie beteiligt sich am Unterricht über Meeresgetier, obwohl sie ohne Sofia inmitten der drängelnden Kinder leicht Angst kriegt. Sie reckt wie die anderen den Hals, um das Bild der nach Größe angeordneten Haie zu sehen, und schnappt wie auf Kommando nach Luft beim Anblick der vielen Reihen grausamer, rot geränderter Zähne eines Hais, aber sie bleibt still sitzen, als Mr Monaghan ihre Klassenkameraden auffordert, die Namen der sieben Weltmeere zu nennen, und meldet sich nicht einmal, als den anderen der »Indische Ozean« nicht einfällt. Sie schaut auf ihre Schuhe, die im Vergleich zur Blässe ihrer bestrumpften Beine pechschwarz sind. Kurz stellt sie sich vor, sie wäre klitzeklein. Dann könnte sie in ihrem Pult leben – sie könnte Decken aus zerrissenem Papier weben, wie die Mäuse, die sie in ihrem Schrank entdeckt hat. Sie könnte Krümel und Reiskörner von übrig gebliebenen *arancini* und bisweilen ein

Bröckchen Milchschokolade essen. Sie merkt nicht, dass Sofia die Augen verengt, als Marco durch die Bankreihen zu seinem Platz zurückgeht.

In ebendiesem Moment kocht Sofias Wut hoch und findet in ihrem Körper keinen Platz mehr. Als Marco DeLuca sich ihrem Stuhl nähert, ballt Sofia die kleinen Hände zur Faust und streckt ein Bein aus, um ihn vors Schienbein zu treten.

Antonia schaut auf, als Marco DeLuca sich schluchzend vom Boden aufrappelt. Im daraufhin einsetzenden Tumult sieht Antonia Bilder, die sie später einordnen wird – Sofia, deren Bein noch in den Mittelgang ragt, ihr Mund offen vor Schreck, Maria Panzini, die in überzeugender Nachahmung einer alten Dame jammernd die Kante ihres Pults umklammert, Mr Monaghan mit unverhohlenem Schock und Entsetzen im Gesicht und ein einzelner glänzender, rot geränderter Zahn auf dem Linoleumboden.

Und vor Antonias Augen zieht ein seltsamer Ausdruck über Sofias Gesicht – eine Variante der Miene, mit der Sofias Vater eine Wasserwanze zertritt, einen glänzenden Fischbauch aufschlitzt.

Der Gesichtsausdruck wird Antonia viele Jahre verfolgen. Sie wird sich an ihn erinnern in den Momenten, in denen sie nicht weiß, ob sie Sofia trauen soll, in den dunklen, matten Zeiten ihrer Freundschaft. Sofia trägt den Keim von etwas Sprunghaftem in sich. Antonia sucht in sich selbst nach etwas Ähnlichem und kann nichts finden. Sie weiß nicht, ob sie das erleichtert oder nicht.

An dem Abend sitzt Sofia auf ihrem Stuhl in der Küche und putzt grüne Bohnen. Die steifen Schultern ihrer

Mamma und die drückende Stille in der Küche sagen ihr, dass sie in Schwierigkeiten ist. Marco zu Fall zu bringen hat sie schwindlig werden lassen und ein bisschen überrascht. Sofia hat ihm nicht wehtun wollen. Aber wirklich leid tut es ihr auch nicht.

Jeden Sonntag nach der Messe quetschen sich die Russos und die Colicchios in ein Auto und fahren über die Brooklyn Bridge zu Tommy Fianzo zum Essen.

Tommy Fianzo lebt in einem geräumigen Penthouse so nah am Gramercy Park, dass an seinem Haus nur Menschen vorbeigehen, die von Kopf bis Fuß in Leder und Seide, Pelz und Perlen gekleidet sind. Er besitzt keinen Schlüssel zum Park, sagt aber jedem, der es hören möchte, dass er keinen will, dass ihn nicht kümmert, was die Amerikaner machen, *komm, dein Glas ist leer, komm, trink was, lass dir Wein nachschenken*. Die Colicchios und die Russos reihen sich als Einheit in die langsame Parade von Tommys Angestellten ein.

Um drei Uhr birst die Wohnung der Fianzos, die sonst weitläufig wirkt, vor dem Geschwirr und Gespucke der Erwachsenen und dem Aroma von Wein und Knoblauch in der Luft. Im Winter laufen die Fenster an, und im Haus hängt der schneefeuchte, versengte Geruch von Handschuhen und Schals, die auf Heizkörpern trocknen. Im Sommer folgt der beißende Gestank von Schweiß, es riecht nach dem in Kübeln schmelzenden Eis für Limonade und Weißwein, die überall herumstehen. Antonia und Sofia sind im Trubel bald vergessen und werden gemeinsam mit den anderen Kindern der Familie sich selbst überlassen. Die sehen sie einmal die Woche, kennen sie aber nicht gut, weil sie mit ihren Eltern als Einzige in Red Hook leben.

Tommy Fianzo hat einen Sohn, Tommy jun., der größer als Sofia und Antonia ist und böse. Wenn die Erwachsenen nicht hinschauen, zwickt er die anderen gemein und macht unanständige Gesten. Tommys Bruder Billy kommt auch, den mögen Sofia und Antonia noch weniger als Tommys Sohn. Er hat weder Frau noch Kinder und drückt sich meistens am Rand des Zimmers herum, wie eine Entenmuschel an einem Fels. Seine zusammengekniffenen Augen sind schwarz, und in seinem Mund drängen sich die Zähne wie Pendler auf einem Bahnsteig. Er spricht selten mit ihnen, verfolgt aber jede ihrer Bewegungen, und Sofia und Antonia gehen ihm aus dem Weg.

Um sechs Uhr tragen Tommy Fianzo und seine Frau die Teller mit Essen herein. *Bellissima!*, rufen die Gäste. Sie bestaunen die Schüssel mit Pasta, das butterweiche Lamm, die kalten Platten mit Bohnen, mit in Olivenöl schwimmenden Tintenfischringen, mit seidig gebratenen roten Paprika. Die Gäste küssen ihre Fingerspitzen. Sie strahlen. *Moltissime grazie*, stöhnen sie. *So satt war ich noch nie. So schönes Essen habe ich noch nie gesehen.*

Größtenteils werden Sofia und Antonia ignoriert. Auf sich selbst gestellt, spielen sie waghalsig Fangen, sausen um den Tisch, zwischen den Beinen und gestikulierenden Ellbogen der Erwachsenen. Das Haus füllt sich mit Pfeifentabak und Damenparfüm. Es ist ein freundschaftliches, vertrautes Chaos, der sprudelnde Höhepunkt einer Welle. Irgendwann füllen die Eltern ihnen die Teller.

Auf dem Heimweg schlafen Sofia und Antonia fast, ihre

Augenlider sind so schwer wie ihre Glieder. Während sie über die Brooklyn Bridge sausen, funkelt Manhattan zu den Autofenstern herein. Und wenn sie Glück haben, legt Antonias Papa jeder von ihnen eine Hand auf den Rücken und singt mit leiser Stimme sanfte Lieder, die er von seiner eigenen Mamma kennt, von der Insel, wo er aufwuchs. Er erzählt ihnen von der glutheißen Erde, der uralten weiß gekalkten Kirche, dem duftenden Schatten knorriger Zitronenbäume, von der alten Frau mit den langen wirren Haaren, die hoch oben in einer Hütte mit Blick auf das Meer lebte.

Zu Hause angekommen, schälen sie sich alle aus dem Wagen, und die Erwachsenen küssen einander, bevor sie in ihre jeweilige Wohnung gehen. Carlo trägt Antonia nach oben, Joey nimmt Sofia bei der Hand, und Rosa und Lina tauschen einen Blick, schauen sich an, ihre Ehemänner, ihre Töchter.

Papa, sagt Antonia, bevor sie in tiefen Schlaf versinkt, *du wärst doch lieber die ganze Zeit hier, als zur Arbeit zu gehen*. Es ist keine Frage. *Cara mia*, flüstert Carlo. *Natürlich*.

Lina Russo weiß nebenan immer genau, wann Carlo diese Antwort gibt. Sie weiß, wann ihre Tochter unter Carlos beruhigenden Worten einschläft. *Cara mia*, und endlich ist Lina geerdet, ausgeglichen, ruhig. *Natürlich*.

Wenn Sofia am Sonntagabend eingeschlafen ist, steht Rosa still in ihrem Wohnzimmer und betrachtet ihr Reich. *Cara mia*, denkt sie. Ihre schlafende Tochter, der es an nichts fehlt. Ihr Mann, der mit hochgezogenen Augenbrauen ihre Entscheidung abwartet, dass das Zimmer bis zum nächsten Morgen sich selbst überlassen werden kann. *Natürlich*.

Am nächsten Morgen erwacht Sofia in ihrem Bett und Antonia in ihrem. Montags in der Früh kommt der Müllkarren, und wenn die Müllmänner aufblicken, sehen sie in benachbarten Häusern einer kleinen Straße in Red Hook manchmal zwei kleine Mädchen im Nachthemd am Fenster stehen und hinausschauen. Die neue Woche beginnt.

In dem Sommer, in dem Sofia und Antonia sieben sind, beschließen ihre Eltern, dass sie die sengende Hitze satthaben, und planen einen Ausflug an den Strand.

Anfang August brechen sie auf: Antonias Mamma, die sich mit Sofia, Antonia und dem Gepäck auf den winzigen Rücksitz pfercht, die anderen Erwachsenen vorn. Sie reihen sich in die Ströme der New Yorker auf dem Long Island Motor Parkway ein und bewegen sich den Nachmittag über im Schneckentempo vorwärts.

Die Sonne brennt aufs Autodach, und innen sickert ihr Schweiß in ihre Kleider und die Sitze, und sie versuchen, sich nicht zu berühren. Der Verkehr schiebt sich wie eine satte, träge Schlange über Long Island.

Sofia wird es bald langweilig, die Insassen anderer Autos anzuschauen, sie zählt lieber die Punkte auf ihrem neuen Rock, aber Antonia beugt sich nach vorn und beobachtet, an Sofia vorbei, wie ein Mann im Anzug in der Nase bohrt, wie eine Frau in einer weißen Bluse mit dem manikürten Finger monoton auf den Rand des Fensters klopft, wie zwei Kinder sich auf einer Rückbank herumschubsen, die geräumig und sauber aussieht im Vergleich zu der, auf der Antonia wie eine Ölsardine gequetscht sitzt.

Die Umgebung wird zunehmend sumpfig. Die Bäume

schrumpfen und ducken sich, gebeugt vom ewigen Wind des Atlantiks. Es ist trostlos und ruhig.

Antonias Papa Carlo schaut auf die sich verfärbenden, vom Wind zerzausten Gräser. Er weiß genau, in welchem Moment sein Leben diese Richtung und nicht eine andere eingeschlagen hat.

Es war der Sommer 1908, zehn Tage bevor sein Überseedampfer in Ellis Island anlegte. Er war sechzehn, er hatte Hunger. Seine Mutter hatte seinen Koffer mit Würsten und Käse gefüllt, mit dicken Scheiben Schwarzbrot, mit Orangen aus dem Hain. Sie hatte ihm auch den Rosenkranz seiner Großmutter in die Faust gedrückt, ihn fest an sich gezogen und geweint.

Die ersten beiden Tage seiner Reise aß Carlo wie ein König. Die ganze folgende Woche lag er wie ein Embryo um einen überschwappenden, stinkenden Eimer gekrümmt.

Auf dem Schiff lernte er Tommy Fianzo kennen, der das Meer fünfmal überquert hatte. Tommy holte Carlo aus seiner seekranken Benommenheit, gab ihm warmes Wasser zu trinken, Krümel von Zwieback, eine schwache Brühe. Tommy riet Carlo, in der Immigrationsschlange von Ellis Island nicht zu husten. Tommy bot Carlo eine Arbeit an.

Zuerst waren das undurchsichtige Aufträge. *Bleib hier an der Ecke stehen*, sagte Tommy etwa, *und beobachte den Mann – den da, den mit dem roten Hemd, der im Café sitzt. Wenn er geht, dann folg ihm. Wir sehen uns dann später.* Oder: *Wenn ein großer Mann zu der Tür da rauskommt, sag ihm einen schönen Gruß von Mr Fianzo.* Er kam zu der Zeit, die ihm genannt wurde, und blieb, bis er heimgeschickt wurde. Er holte Pakete ab und lieferte sie aus. Schließlich begleitete er Tommys Bruder Billy auf nächtliche Fahrten, um auf dem flachen Land Ladungen von erstklassigem Schwarzmarktschnaps abzuholen. Für seine Bereitwilligkeit und wegen der Fragen, die er nicht stellte, wurde Carlo bezahlt – sehr gut bezahlt. Er schickte seiner Mamma mit Geldscheinen vollgestopfte Päckchen.

Jeden Morgen beim Aufwachen dröhnte New York in ihm wie ein Herzschlag. Allmählich lernte er, auf den bevölkerten Straßen von Manhattan schnell voranzukommen, die Menschen um sich her wahrzunehmen, ohne sie wirklich zu sehen, sich vom rauschenden Pulsieren der Menge mitziehen zu lassen. Der Sommergeruch von faulendem Obst, verkohlendem Fleisch und heißen Pflastersteinen wurde von dem des feuchten Laubs und der röstenden Maronen des Herbstes abgelöst und dann vom Winter verschluckt. Mit jeder verstreichenden Jahreszeit kam Carlo sich größer vor.

Und Tommy Fianzo war ein freundlicher, kundiger Wegführer. Tommy stellte ihn Männern seines Alters vor, und einer davon, Joey Colicchio, wurde sein bester Freund. Zusammen tranken sie bis in die Puppen, schlürften in Spelunken dutzendweise Austern, und sie merkten, dass sie allmählich Wurzeln schlugen, die sie an New York binden würden. Und Tommy war da, wenn sie nach ihren Müttern riefen, als der Winterwind an ihrer Haut zerrte, wenn sie eine Frau brauchten, ein Postamt, einen Telefonanschluss.

Carlo wusste nicht, wie er die ersten Monate ohne Tommy überhaupt überstanden hätte. Tommy sagte ihm, wo er Kleidung, Möbel, Tabak, Essen kriegen konnte und welche Kirche freitagabends im Souterrain zur Tanzdiele voll heiratswilliger italienischer Mädchen wurde.

Irgendwo in den dröhnenden Tiefen einer dieser Tanzhallen – im Hin- und Herwogen junger Männer und Frauen, die, herausgeputzt wie Vögel, sich in ihren schönsten Gewändern zur Schau stellten, der schwirrenden Luft, die sie alle kribblig machte – lernte Carlo mehrere Jahre nach seiner Ankunft in Amerika Lina kennen, die wenig später an einem stürmischen Herbstnachmittag seine Frau wurde. Carlo beklagte sich bitter über den strömenden Regen, der bei jeder Windbö zu einer Wand aus Eisnadeln wurde, aber Tommy sagte vor der Zeremonie: *sposa bagnata, sposa fortunata*, richtete Carlo die Krawatte und sah ihn an wie einen Bruder.

Auf Tommys Rat hin freundete sich Carlo mit einem bestimmten Typ von Einwanderern an – denen mit Pomade im Haar und glatt rasierten Wangen. Carlo lernte zu fragen, ob jemand zur Familie gehöre, und Abstand zu wahren, wenn die Antwort Nein lautete.

Erst nach vielen Jahren Arbeit für Tommy fiel Carlo auf, dass er Fragen mit einem *Tja, es könnte Tommy vielleicht nicht gefallen, wenn …* oder *Tommy meint meist …* beantwortete. Erst nach etlichen weiteren Jahren fing er an, die Teile des Lebens, das er sich aufgebaut hatte – Wohnung, Garderobe, Wohnort –, zu benennen und jede Spur dieses Lebens auf Tommy zurückzuführen. Und als Carlo schließlich mit zitternden Händen und flachen Atemzügen vor Räumen Wache hielt, in denen wegen kleinerer Vergehen gegen die Fianzo-Familie unsägliche Gewalttaten begangen wurden, war es für ihn zu spät, um auszusteigen.

In der Woche, als Carlo erfuhr, dass er Vater würde, ging er die Straßen von New York auf und ab und erkundigte sich nach Arbeit – in Brooklyn, in Manhattan, in Restaurants, in Fabriken, in einer Druckerei, als Türsteher, als Gärtner, als Klempnergehilfe. Er bemühte sich um eine Lehrstelle bei einem Maurer. Er betrat eine Boutique, in deren Fenster ein Schild »Verkäuferin gesucht« hing. Überall wurde er mit Blicken begrüßt, die seinem nicht begegnen wollten. Später hörte er, dass der eine Küchenchef, der in Carlos dargebotene Hand eingeschlagen hatte, drei Tage später mit gebrochenem Arm und panischem Blick zur Arbeit erschienen war. Tommy ging mit Carlo essen und sagte bei zartesten Kalbs-*filetti*, die auf der Zunge zergingen, sie seien Familie, sie seien Brüder, und wenn Carlo etwas bedrücke, könne er jederzeit mit ihm darüber reden. »Wir passen immer auf dich auf«, hatte Tommy gesagt, und sein ernstes Gesicht hatte im gedämpften Kerzenlicht des Restaurants finster gewirkt. Nach dem Essen umarmten sich die Männer im mitternächtlichen Schein der Gaslaternen, und Tommy packte Carlo im Nacken und nannte ihn noch einmal Bruder. »Die Geschäfte florieren«, sagte Tommy im Gehen.

In der Nacht konnte Carlo nicht schlafen. *Wir passen immer auf dich auf*, sagte Tommy in seinem Kopf.

Als er jetzt auf die sich verfärbenden, vom Wind zerzausten Gräser hinausschaut, die allmählich verschwimmen, weil der Wagen den zähen New Yorker Verkehr hinter sich lässt und Fahrt aufnimmt, spürt Carlo Russo etwas in sich weich werden. Plötzlich könnte er jedermann sein: ein Lehrer, ein Zahnarzt, ein Schmied. Ein x-beliebiger Mann, der mit seiner Familie in Urlaub fährt. Carlo beugt sich zum Fenster hinaus, spürt die heiße Luft auf dem Gesicht, und ihm wird leichter.

Carlo hat zwar niemandem davon erzählt, nicht einmal Joey, aber er hat einen Plan. Er wird kein weiteres Jahr für die Fianzos arbeiten. Carlo spart unter den Bodendielen eine Rolle kleiner Banknoten. Immer nur Pennys, hier und dort abgezweigt von dem Geld, das er für Tommy Fianzo eintreibt. Er hat sich – diesmal dezent – nach anderer Arbeit in anderen Staaten umgehört. In Iowa gibt es Farmen, in Maine gibt es Fischer, und in Kalifornien reifen unter einer vertrauten Sonne Orangen und Trauben, so hat er zumindest gehört. Carlo will sich etwas Eigenes aufbauen. Er stellt sich vor, wie er in einigen Monaten in einem Auto sitzt, Lina neben sich, Antonia schlafend auf der Rückbank. Er fährt seine Familie mit Lichtgeschwindigkeit nach Westen.

Joey Colicchio klopft zu einer Melodie in seinem Kopf aufs Lenkrad und denkt auch nicht an die Arbeit. Vor allem denkt er nicht daran, dass Carlo – der liebe, gute Carlo, der Familienmensch Carlo, Carlo mit dem großen Herzen – seit einigen Monaten weniger Geld abliefert, als er sollte, kaum weniger, aber genug, um Tommy Fianzo aufzufallen, der Joey danach fragte, der *hm* sagte auf eine Art, die, wie Joey weiß, großes Misstrauen und Gefahr bedeutet. Vor allem denkt er nicht daran, weil er bei seiner Familie ist. Seine Frau lächelt zum ersten Mal seit Wochen, und das Rinnsal aus Schweiß, das den ganzen Sommer tagein, tagaus unten am Rücken zu einer Lache zusammenfließt, wird an diesem Wochenende eine Meeresbrise zu spüren bekommen. Joey weiß, dass Carlo unzufrieden ist. Unstet, nennt Tommy das. *Unser unsteter Freund*, sagt er. Tommy schürzt die Lippen, *so kann es nicht weitergehen. Zuverlässigkeit ist in einer Familie unabdingbar.* In den Momenten nickt Joey und kommt sich vor wie ein Verräter. Er versteht sich auf seine Arbeit. Er ist nicht rastlos oder hin- und hergerissen wie Carlo. Nicht mehr. Nicht, seit er beschlossen hat, stattdessen dankbar zu sein, sich zugehörig und wichtig zu fühlen.

Joey Colicchio wurde von seinen Eltern nach Amerika gebracht, als er noch so klein war, dass er in die Armbeuge seiner Mutter passte. Er glaubt, sich an eine hölzerne Koje zu erinnern, die mit dem Boden und der Decke verbunden war, und an ein Schiff, das sich seinen Weg nach Woanders schaukelte. An das Lied der Hoffnungen, die sich seine Eltern für ihn machten, während sie sich die seekranken Nächte hindurch im Flüsterton unterhielten.

Er weiß nicht, dass sich sein Papa für Brooklyn und gegen das kleine italienische Viertel im Herzen Manhattans entschied, weil er gehört hatte, dass es dort noch Farmen gebe. *Wir haben immer auf dem Land gearbeitet*, sagte sein Papa oft, daran erinnert sich Joey noch. *Woher soll man wissen, wo oben ist, wenn man die Erde nicht sehen kann?* Joeys Vater hatte sich mehr als alles andere gewünscht, dass seine Kinder wussten, wo ihre Wurzeln waren. Es hatte ihm körperlich wehgetan, seine Frau und seinen Sohn auf einen Dampfer und in ein neues Land zu verfrachten, wo sie nie wieder die warme sizilianische Erde zwischen den Zehen spüren würden, wo sie die Fähigkeit verlieren würden, die Jahreszeit nach der Beschaffenheit des Lichts zu bestimmen, nach der Melodie der Zikaden, wo sie den alten Dialekt zugunsten einer gemischt amerikanisch-italienischen Syntax vergessen würden, die weder amerikanisch noch italienisch sein würde. Joeys Vater hatte sich gewünscht, dass Joey das Gefühl kannte, irgendwo dazuzugehören.

Leider gönnte Amerika Joeys Familie offenbar kein Gefühl von Zugehörigkeit. Sie ließen sich in Bensonhurst nieder, einem rasch wachsenden italienisch-jüdischen Viertel im tiefsten Süden von Brooklyn, und zwar so weit im Süden, dass Joey in seiner Jugend oft scherzte, es sei einfacher, über den Südpol zur Arbeit in Manhattan zu gelangen, als sich durch den Verkehr über die Brooklyn Bridge zu quälen. Die Italiener blieben unter sich, kaum einer verließ das Viertel, in jedem anderen, das nicht mehrheitlich italienisch war, fühlten sie sich unwillkommen. Joeys Vater fand Arbeit bei einem Trupp Bauarbeiter, die öfter gefährlich an Seilen in der Luft hingen, als dass sie Erde schaufelten. Und wenn sie schaufelten, dann, um die Landschaft umzugestalten, um die Hügel von Manhattan und der größeren Viertel in Brooklyn zu zähmen und zu glätten. Der Fortschritt sollte in New York der Industrie gehören, jeder Quadratzentimeter der ohnehin schon übervölkerten Insel verschwand unter Gebäuden.

Joeys Eltern füllten ihm zwar den Kopf mit ihren Träumen – er solle Arzt oder Wissenschaftler werden, solle ein Unternehmen führen, solle ihnen Enkelkinder schenken –, aber er stellte fest, dass Amerika ihn nur unter sehr bestimmten Bedingungen aufnahm, obwohl er dort aufgewachsen war. *Halt dich an deinesgleichen, mach die Arbeit, die wir nicht wollen.* Den amerikanischen Traum würde er sich zusammenzimmern, kaufen oder stehlen müssen.

Sobald Joey sechzehn war, schloss er sich, wie sein Vater,

einem Trupp weiterer Sizilianer mit breiter Brust, unflätigem Mundwerk und großem Herzen an, die tagtäglich die Stadt aufbauten. Am Ende jedes Tages verschwand Joey unter einer Schicht Ziegelstaub. Abends auf dem Heimweg mit seinem Vater, vorbei an den Häuserzeilen der Einwanderer, spürte er die Enttäuschung wie Fieber von ihm abstrahlen.

Im Verlauf dieser Nachhausewege nahm Joey seinen erwachsenen Körperbau an, er wurde groß und kräftig und bekam von der schweren Arbeit einen geraden Rücken und Muskelpakete an den Armen. Joeys Nase wurde länger, sein Blick schärfer. Im selben Maß entwuchs er dem kindlichen Mitgefühl für seinen Vater. *Du hast uns hergebracht*, sagte er in seiner Vorstellung. *Das ist deine Schuld!*

Und Joeys Ohren fingen ständig mehr auf. Immer häufiger hörte er den umherschwirrenden Gerüchten zu, die den Bautrupp bei Laune hielten, während sie Dächer deckten und Fundamente aushoben. Es hieß, dass es in Manhattan *Organisationen* gebe, kleine Gruppen von Italienern, die wirklich Macht besaßen und hingingen, wohin sie wollten. Die in wunderschönen Restaurants aßen, und zwar nicht nur in italienischen, sondern in amerikanischen Steakhäusern, in kleinen Cafés, deren Betreiber Delikatessen aus ihrer eigenen Heimat servierten: gewürztes Fleisch in Teig, rohen Fisch mit Ingwerdressing. Diese Männer lebten nicht in armseligen Nachbildungen ihrer Heimatdörfer. Sie lebten in Amerika.

Weil Joey jung war und voll Verheißung steckte, fiel es ihm nicht schwer, Tommy Fianzos Gunst zu erlangen. Der erkannte in Joey eine Mischung aus Zielstrebigkeit und Gerissenheit, die ihm in den finsteren Ecken von New York gute Dienste leisten würde.

Und so ignorierte Giuseppe Colicchio das Flehen seiner Mutter und das betroffene Schweigen seines Vaters, ignorierte die Gerüchte, dass mit dem Wachsen der *Organisationen* die Gewalttaten, die zu verüben sie gezwungen waren, größer und die Gefängnisstrafen, die sie verbüßen mussten, länger wurden, und marschierte mit geschwellter Brust und loderndem Blick allein in die neue Welt.

Vielleicht lässt sich der Unterschied zwischen Joey und Carlo so beschreiben: Carlo vergoss bei Antonias Geburt Tränen und entschuldigte sich beim seidigen Flaum auf ihrem Kopf, dass es ihm nicht gelungen war, vor ihrer Ankunft seiner Arbeit zu entkommen. Joey gab bei Sofias Geburt Rosa einen Kuss, setzte seinen Hut auf, fuhr in die Lower East Side und kaufte eine Waffe.

Auf dem Beifahrersitz neben Joey überlegt Rosa Colicchio, welchen Namen sie ihrem nächsten Kind geben soll, auch wenn sie Angst hat, das könnte Unglück bringen. Sie denkt an Francesca, nach ihrer Großmutter. Ihre Großmutter, die Rosa nie kennengelernt hat, schickte jedes ihrer Kinder mit einem Glas voll Tränen und einem voll Olivenkernen als Glücksbringer nach Amerika. Rosa Colicchio könnte etwas Glück gebrauchen. Als Sofia ganz klein war, wollte Rosa sich mit einer Kinderschar umgeben. Jetzt, wo Sofia – plötzlich! – zu einem kleinen Mädchen mit großen Händen und Füßen und wilden Augen hochgeschossen ist, beschränkt Rosa ihren Wunsch auf eines. Ein Kind noch. Sie stellt sich Sofia vor, wie sie ohne Geschwister aufwächst. Es gibt Antonia, für die Rosa unendlich dankbar ist. Aber Rosas Kindheit war geprägt von einem einmaligen Gefühl der Zugehörigkeit, und das soll Sofia auch haben. Von anderen umgeben zu sein, die aus demselben Holz geschnitzt sind. Eine Gemeinschaft zu sein, ein Fluss und keine einsame Pfütze.

Rosa fehlen die Wörter, um über ihre Körperfunktionen – oder deren Versagen – enttäuscht zu sein. Aber etwas Unbenennbares in ihr würde sich erfüllter, vollständiger, besser anfühlen, wenn sie ein zweites Kind hätte. Sie würde das Gefühl haben, gut zu sein, eine gute Mutter, eine gute Ehefrau. Rosa wollte immer schon gut sein. Sie wendet das Gesicht vom Fenster ab, blinzelt, um wieder klarer zu sehen, und atmet die plötzlichen Panikkrämpfe fort.

»Jetzt riecht die Luft schon nach Meer«, sagt Joey. Mittlerweile fahren sie an Sand und vereinzelten Gräsern vorbei. Kleine Vögel schwirren in Aufruhr über die Straße.

Im Wagen wird gemeinsam geschnuppert und beifällig geseufzt, dann kehrt jeder wieder zu seinen eigenen Gedanken zurück. Als sie schließlich die Pension erreichen, sind sie erschöpft und gereizt.

Das Essen wird auf der Veranda serviert, der Wind zupft an den Servietten und Hemdärmeln. Antonia und Sofia bekommen zum ersten Mal Hummer und versuchen, sich gegenseitig mit den Scheren zu zwicken, bis sie sich vor hysterischem Lachen den Bauch halten und Rosa im scharfen Flüsterton *Basta!* sagen muss. Aber Sofia sieht, dass sie leise lächelt, als sie den Blick abwendet.

Das Meer erstreckt sich aufgewühlt und endlos vor ihnen,

als gäbe es in alle Himmelsrichtungen nichts anderes. Der Sonnenuntergang färbt den Himmel und das Wasser zuerst rosa, dann orange und schließlich in ein grelles, diesiges Rot, ehe sich die Sonne davonstiehlt. Alle schauen zu, bis sie nur noch das gespiegelte Mondlicht auf den Wellenkämmen blitzen sehen.

Am nächsten Vormittag zeigt Carlo den Mädchen, wie sie im Wasser waten, solange Ebbe herrscht und die Wellen klein sind. Ihre Mammas stöckeln von der geschützten Veranda herunter und beschatten die Augen mit der Hand, um die beiden zu beobachten. »Seid vorsichtig, wenn ihr Schaum auf einer Welle seht«, sagt Carlo. »Das heißt, dass sie brechen wird.« Sofia läuft ihm ins Meer nach und ist bald klatschnass. Antonia steht bis zu den Knöcheln im Wasser und lässt die Flut an ihr ziehen, zuerst Richtung Strand und dann wieder hinaus. Sie hat das Gefühl, sehr klein und müde zu sein, als würde die ganze Welt sie in den Schlaf wiegen. Unter dem Wasser sind ihre Füße im Sand vergraben.

Sie sieht nicht, dass Sofia ihr winkt. »Schau, wie weit draußen ich bin, Tonia! Schau!« Sofia dreht sich zu ihrer Freundin um, hinter ihr die Morgensonne. »Schau, wie tief es hier wird!« Weder Antonia noch Sofia bemerken die Welle, bis sie bricht, direkt an Sofias Kreuz, gerade überraschend genug und stark genug, um sie unter Wasser zu spülen.

Antonia schreit auf und reißt die Füße aus dem Sand. Das Meer und die Erde möchten sie verschlingen, während sie auf die Stelle zuläuft, wo Sofia untergetaucht ist.

Aber genauso plötzlich ist Sofia wieder da, reibt sich die Augen und spuckt hustend Salzwasser aus. Carlo hat seine kräftigen Finger um Sofias Schultern gelegt, und Antonia steht mit ihrem klopfenden Herzen und dem überschüssigen Adrenalin da. Es erstaunt und beruhigt sie zugleich, zu erkennen, dass sie hineingegangen wäre. Wenn nötig, wäre sie ganz hineingegangen. Sie dreht sich zu den Mammas am Strand um. Sie sind ferne Schatten, aber Antonia weiß, dass auch sie hineingegangen wären.

Carlo zieht Sofia an den Armen hoch, sie schlingt die Beine um seine Taille. Er umfasst ihr Gesicht und sagt etwas, das Antonia nicht hören kann.

Als alle drei wieder am Strand stehen, sagt er: »Mädchen, dreht dem Meer nie den Rücken zu. Es ist verschlagen. Sobald ihr es aus den Augen lasst, schleicht es sich hinterrücks an.« Sein Gesicht ist ganz besorgt, und am liebsten würde Antonia sagen: *Schon gut, Papa*, aber das tut sie nicht.

Sofia ihrerseits erlebt im Kopf immer wieder den Moment nach, in dem sie purzelbaumartig unter die Wellen gezogen wurde. Das Meer ist so viel größer und kraftvoller gewesen, als sie es sich je hätte vorstellen können. Das Wasser ist ihr in die Nase und die Augen geströmt, als würde es sie bereits kennen. Und wie seltsam es war, kopfüber zu strudeln, sodass oben und unten gar keine Bedeutung mehr hatten.

Der restliche Tag vergeht langsam, wie hinter einem Schleier. Die Mädchen sind mit sich selbst beschäftigt, und ihre Eltern, leicht beschwipst und sonnentrunken, schieben das auf die Gemächlichkeit der Ferien. Zum Abendessen gibt es Fisch mit Kartoffeln, und hinterher holt der

Gastwirt zwinkernd eine braune Flasche aus einem verschlossenen Schrank. Sofia und Antonia werden ins Bett geschickt, wo sie das Gebälk der Pension in der Abendbrise ächzen und von der Veranda das melodiöse Gemurmel ihrer Eltern hören. Und so sinken Sofia und Antonia in den tiefen Schlaf von Kindern am Strand und fühlen sich beide merkwürdig machtlos und merkwürdig frei.

Irgendwann mitten in der Nacht wird Carlo Russo von einem leisen Klopfen an der Tür geweckt. Es ist der Gastwirt, der sich vielmals entschuldigt, ihn zu stören. Carlo werde am Telefon verlangt.

Carlo schlüpft in den Morgenrock. Nur ein Mensch kann ihn zu dieser späten Stunde anrufen. Nur ein Mensch kann ihn vom Fleck weg zu sich bestellen, ihn aus dem Schlaf und seiner Familie reißen.

Und Carlo fällt nur ein Grund ein, weshalb Tommy Fianzo ihn zu dieser Zeit anruft.

»Ja, Boss«, sagt Carlo in das Telefon im Flur. Aufrecht steht er da, als könnte Tommy ihn sehen. Angst macht sich in ihm breit. Sie füllt seine Lunge. Carlo sieht das Meer vor sich. Er ertrinkt, noch während er im Flur steht. *Es schleicht sich hinterrücks an. Sobald ihr es aus den Augen lasst.*

»Ich möchte, dass du nach draußen kommst«, sagt Tommy. »Ich möchte, dass du einen kleinen Spaziergang machst.«

Bald ist Morgen. Lina Russo wacht später als üblich auf. Sie räkelt sich unter der Decke und dreht sich auf die Seite. Ihr fällt ein, dass sie im Urlaub ist, und wenn sie aufsteht, wird sie Kaffee trinken und zusehen, wie die Sonne über dem Meer höher steigt. Sie überlegt sich, dass sie, falls Antonia noch schläft, die Arme nach ihrem Mann ausstrecken wird.

Aber dann bemerkt Lina die weiße Morgensonne, die in einem langen Rechteck zum Fenster hereinstrahlt. Sie bemerkt, dass Carlos Seite des Bettes leer ist. Und sie spürt mit einer Wucht, als wären alle Wolkenkratzer in New York auf einmal eingestürzt, als wäre Säure in die Hohlräume ihrer Knochen gegossen, als wäre Gott selbst herabgekommen, um ihr zu sagen, dass sie Carlo verloren hat.

Antonia isst unten mit Sofia Frühstücksflocken, als sie den Schrei hört. Er ist nicht als der ihrer Mamma zu erkennen, bis ihre Mamma, immer noch schreiend, die mit Fliegengitter geschützte Veranda betritt. Bei dem Schrei klappert das Geschirr auf dem Tisch, sträuben sich Antonia die Nackenhaare.

Antonia empfindet den Verlust ihres Papas so: Auf einen Schlag erlischt ein Licht, das sie mit der restlichen Welt verbindet. Der Weg vor ihr liegt im Dunkeln. Antonia lässt den Löffel fallen, und in ihrer Schüssel entsteht ein langer Riss, wie ein Haar sieht er aus. Grauen kriecht ihr wie eine fette Schnecke den Rachen hinunter.

Und noch bevor Lina die Worte hervorbringen kann, weiß Antonia, dass sie beide Eltern verloren hat.

Der Tag, an dem Carlo verschwindet, ist ein Albtraum. Er ist unscharf, und es fühlt sich an, als passiere er jemand anderem, bis auf die wenigen vereinzelten Augenblicke, die kristallklar sind, so real wie die Sonne, wie Beton. Die Mädchen werden sich den Rest ihres Lebens daran erinnern, dass Lina überredet wird, einen Schluck heißen Whiskey zu trinken und dazu eine Tablette zu nehmen, die der Gastwirt aus einem Schrank holt mit den Worten: *Die hat meine Frau immer ge... – die hilft.* Sie werden sich an Joey und Rosa erinnern, die Gesichter wie zu Eis erstarrt.

Es gibt einen Moment, als Sofia und Antonia allein in ihrem gemeinsamen Zimmer sind. Sie packen für die Abfahrt. Jede geht ganz darin auf, Dinge aufzuklauben – eine Socke, ein Unterhemd, eine Puppe – und in ihren Koffer zu legen. Als sich ihre Blicke über den Raum hinweg begegnen, möchten beide etwas sagen. Aber sie können die andere nicht hören über dem Tosen, mit dem die alte Welt zu einer neuen wird.

Als sie zu Hause sind, gibt Joey Sofia einen Kuss auf den Scheitel und sagt Rosa, er müsse zu einer Besprechung. Antonia lässt Sofias verschwitzte Hand los, greift nach Linas kalter und geht mit ihr die Treppe zu ihrer eigenen

Wohnung hinauf. Rosa bereitet eine dicke Minestrone zu, deren Dampf alles in der Küche beschlagen lässt, bis Rosa das Fenster öffnet und der Dampf wie ein Keuchen in die Abendluft entweicht. Während die Suppe köchelt, macht Rosa Fleischklößchen. Es ist ihr unmöglich stillzuhalten.

Sie benutzt ein gut gehütetes Rezept mit Rind-, Kalb- und Schweinefleisch und, worauf Rosa, wie schon ihre Mutter vor ihr, schwört, eine Träne aus dem Glas, das ihre Großmutter füllte, bevor sie ihre Kinder nach Amerika schickte. Die Klößchen sind ein Allheilmittel, der Mittelpunkt bei Taufen und Geburtstagen, aber auch ein Balsam bei nicht bestandenen Prüfungen, Liebeskummer und der unsagbaren Melancholie des Novembers.

Rosa sind die Gefahren des Lebens, in das sie hineingeboren wurde, nicht fremd. Während sie also die Klößchenmasse knetet, überkommt sie eine Erinnerung an ihre eigene Mamma, die das Abendessen kocht und auf ihren Papa wartet. Joey setzt sich Gefahren aus, und Rosa kennt die Angst, dass ihm etwas zustoßen könnte. Rosa kennt sie an Joeys statt, der sich um Angst nicht kümmert, und an Sofias statt, die eines Tages womöglich die Angst einer ganzen Familie tragen muss, im Moment aber noch verschont bleibt. Rosa empfindet tiefes Mitgefühl für Lina, die immer Angst hatte, sich aber nie darauf verstand, die Angst in sich zu bändigen, als Quelle der Kraft zu nutzen. Rosa wird von Linas Katastrophe nicht gelähmt, im Gegenteil, sie breitet die Flügel, um alle Sorgen zu umspannen. Sie wird ihre Familie beschützen. Sie wird für sie kämpfen. Koste es, was es wolle.

Rosa sieht die Karotten und Tomaten und Bohnen in der

simmernden Brühe wirbeln und wird ruhiger. Sie denkt an ihre Mutter, die summend in der Küche stand, die Hände bis zu den Gelenken im durchgedrehten Fleisch. Ihr Vater war wieder einmal unterwegs, bei der Arbeit – weiß Gott wo. Weiß Gott mit wem. Für weiß Gott wie lange.

Joey weiß auch ohne zu fragen, dass er zu Tommy Fianzo gehen muss. Da, wo sein Magen und sein Herz sein sollten, hat sich eine brodelnde, widerliche Grube aufgetan.

Joey weiß, dass Carlo seine Familie nie verlassen hätte. Er weiß auch, dass Tommy Fianzo alles unternehmen würde, um seinen Status als einer der mächtigsten Männer in Brooklyn zu verteidigen. Carlos Zerrissenheit war eine Schwachstelle gewesen.

An der Hafenausfahrt von Red Hook steht ein heruntergekommenes Betongebäude, wo die Fianzos Hof halten. Als Joey es erreicht, kann er das Meer riechen, und muss sich an die Brust fassen, um sich zu beherrschen. Gestern Abend hat er Carlo noch gesehen. Joey wusste, was früher oder später passieren würde, oder nicht? Irgendwie hat er gewusst, dass es früher sein würde. *Du hättest ihn warnen sollen*, sagt er sich. Und im selben Atemzug: *Ich hätte ihn nicht warnen können. Dann hätte ich genauso geendet.* Sofias Gesicht schiebt sich in seine Gedanken. *Er hat seine Entscheidungen selbst getroffen.*

Und dann: *Das ist deine Schuld.*

Tommy steht in seinem Büro am Fenster. Als er Joey sieht, schließt er ihn in die Arme. Er klopft Joey auf den Rücken, ein Schlag, der in Joeys Herz und Lunge widerhallt. »Das tut mir alles sehr leid«, sagt er. Joey hört, wie Tommys

Stimme wellenartig um ihn her schallt. Sie wird von den Betonwänden verschluckt. Joey widersteht dem Drang, sich der tröstlichen Umarmung des Mannes zu überlassen, der ihn führt und leitet, seit er ein Halbwüchsiger ist.

Tommy schenkt ihnen beiden ein Glas Wein ein. Er deutet auf den Stuhl auf einer Seite seines Schreibtischs und setzt sich auf den anderen. »Spannungen«, sagt er, »machen sich in einer Familie nicht gut. Konflikte machen sich nicht gut.« Er trinkt einen Schluck Wein. »Dadurch werden wir sichtbar. Angreifbar. Du kennst Eli Leibovich?«

Joey schüttelt den Kopf. Nein.

»Das kommt noch. Bald. Allmählich macht er sich in der Lower East Side einen Namen. Jude. Unglaublich gerissen.«

Joey weiß, wie Besprechungen mit Tommy Fianzo ablaufen. Früher oder später wird Tommy sagen, worum es ihm geht. Seine Macht gibt ihm das Recht zu reden, wie es ihm beliebt. Selbst wenn seinetwegen gerade dein bester Freund verschwunden ist.

»Ich bin für viele Leute verantwortlich, Colicchio. Nicht nur für dich, und nicht nur für unseren unsteten Freund. Für viele Männer, von denen jeder eine Familie zu ernähren hat. Dann sehe ich einen Mann wie Carlo, und wenn du einen Mann siehst, der seine Entscheidungen bedauert, der andere Vorstellungen für sich und seine Familie hat, sehe ich einen Mann, der nicht nur sich selbst gefährdet, sondern mich und dich und alle anderen in dieser Familie. Er hat abgeschöpft, wusstest du das?«

Das wusste Joey nicht. Er wusste, dass Carlo rastlos war, hin- und hergerissen. *Unstet.* Er wusste nicht, dass Carlo leichtsinnig war. *Dumm.* Er stellt sich vor, wie Carlo einen

Dollar aus einer Brieftasche zieht. Eine Motte, die die Flamme der Freiheit umschwärmt. Eine Leiche, die in der Strömung des East River einen blutigen Strudel nach sich zieht. Ihm bleibt der Atem in der Kehle stecken. Ein Vertrauensbruch: das denkbar schlimmste Verbrechen. Unverzeihlich. »Das wusste ich nicht, Boss«, sagt er.

Tommy redet weiter. »Er hat abgeschöpft.« Tommy macht eine Pause. Seitlich an seinem Hals zuckt ein Muskel. Tommy Fianzo ist ein guter Koch. Er ist ein liebevoller Vater, wenn ihm danach ist. Er ist der gewalttätigste Mann, den Joey kennt. Es muss ihn sehr viel kosten, sich in diesem Moment zu beherrschen. »Er hat gestohlen. Von mir. Von uns. Und weil es meine Aufgabe ist, schaue ich auf die andere Seite des Flusses und sehe jemanden wie Eli Leibovich, und ich blicke voraus und überlege, wie ich uns verteidigen kann. Ich überlege, wie wir eine geschlossene Front bilden können.«

Wider Willen wird Joey im Strom von Tommys Worten mitgerissen. Mit seinem markanten Kinn und dem tiefen Dröhnen und Anschwellen seiner Stimme strahlt Tommy Fianzo Selbstvertrauen aus. Rechtschaffenheit. Macht. Joey weiß das. Er weiß, wie es funktioniert. In diesem Moment nicht mehr bloß zu wissen, wie es funktioniert, sondern zu erleben, wie es funktioniert, macht ihn benommen.

»Ich hatte dich immer als meine rechte Hand gesehen, Colicchio, später einmal. Du bist für mich wie ein Bruder. Du machst deine Sache gut. Deswegen verstehst du, warum es von Vorteil ist, dass Carlo Russo offenbar weggegangen ist. Du verstehst, dass sich damit ein Problem gelöst hat.«

Das versteht Joey, andererseits versteht er es auch wieder nicht. So ist es mit Verlust. Gerade noch ist die Welt klar umrissen, dann flirrt sie unscharf. Gerade noch ist sie der Ort, den man bewohnt, dann ist sie einem völlig fremd, selbst die Luft kann man nicht atmen.

»Aber ich glaube, dass dieser Verlust Spuren bei dir hinterlassen wird«, fährt Tommy fort. »Ich mache mir Sorgen, dass du mich mit anderen Augen sehen wirst. Ehrlich gesagt glaube ich, dass es uns nach Carlos Verschwinden nicht mehr möglich sein wird, einander zu vertrauen. Bist du auch meiner Meinung?«

Joey hört sein eigenes Nicken, der Luftzug pfeift an seinem Trommelfell vorbei. Er hat das Gefühl, über seinem eigenen Körper zu schweben, aber er weiß, dass er die Fäuste geballt hat, dass sein Atem keuchend geht, dass in ihm etwas Wildes wie Hass oder Angst lodert und dass es Tommy Fianzo gilt.

»Was ich also machen möchte, ist Folgendes«, sagt Tommy. »Ich möchte dich befördern, was ich immer schon vorhatte, aber jetzt eben ein bisschen früher als geplant. Und unter einigen Bedingungen.«

Dann nimmt Tommy aus seiner Schreibtischschublade einen Stadtplan von Brooklyn und umfährt ein Viertel, zu dem Red Hook und Gowanus gehören sowie ein lang gezogenes Rechteck durch Brooklyn Heights. »Das«, erklärt er, »wird dein Gebiet sein. Natürlich ohne dieses Büro.« Die Fianzos, sagt er, werden Joey relativ freie Hand lassen. Er braucht nicht an Besprechungen teilzunehmen, sie werden nicht mehr jede Woche gemeinsam essen, Joey kann anheuern, wen er mag, solange Tommy Fianzo jeden Monat einen beträchtlichen Anteil von Joeys Einnahmen bekommt. Das, so erläutert Tommy, sei im Interesse des Friedens. »Krieg macht sich in einer Familie nicht gut«, wiederholt er. »Zwei kräftige junge Männer zu verlieren, wenn man nur einen zu verlieren braucht, macht sich nicht gut.« Ein gutes Bild abzugeben ist wichtig für die Familie angesichts ihrer Gegner, und auch – obwohl Tommy das nicht sagt – angesichts der Amerikaner, die die Familie für eine Clique krakeelender Kleinkrimineller halten und nichts lieber sehen würden, als dass sich Tommys Familie von innen heraus selbst zerlegt. Die Russo-Witwe, sagt Tommy, sei Joeys Sache. *Es ist Tradition, sie zu versorgen*, sagt Tommy. *Das macht alles einfacher.* Tommy Fianzo ist ein Ehrenmann. Er ermordet zwar einen Vater, aber er ist ein Ehrenmann. Beides existiert nebeneinander.

»Es liegt bei dir«, sagt Tommy beim Aufstehen und begleitet Joey in den Flur. »Wenn du lieber weggehen und neu anfangen möchtest, könntest du es in der Bronx versuchen. Du könntest es in Chicago versuchen. Aber am besten macht es sich, wenn die Familie zusammenhält. Und es ist schwer, auf sich allein gestellt neu anzufangen. Es wäre schwer.« Tommy würde schon dafür sorgen, dass es schwer würde; so versteht Joey den Satz. Er setzt den Hut auf. Er wendet sich zum Gehen.

»Hey, Colicchio«, ruft Tommy ihm nach. Joey dreht sich um. »Eine solche Chance kriegst du nie wieder.«

Von ihrem Platz am Küchentisch aus, wo sie eigentlich Servietten falten soll, beobachtet Sofia ihren Papa beim Heimkommen. Er ist so groß, dass die Küche im Vergleich klein wirkt. Er hängt seinen Hut an den Haken und fährt sich entlang der grauen und weißen Strähnen an den Schläfen durchs Haar. Er tritt von hinten an Rosa heran, umfasst ihre Schultern mit seinen großen Händen und vergräbt sein Gesicht in ihrem Haar. Sie lässt sich mit ihrem ganzen Gewicht in seine Hände fallen und greift hinter sich, um seine Finger zu umfassen. Er sagt: »Die Sache habe ich erledigt«, und Sofia fragt vom Tisch: »Welche Sache?«, und er sagt: »Nichts, *cara mia*.«

So steht Joey Colicchio in seiner Küche. Er sieht seine Frau in der Suppe rühren, er sieht seine Tochter mit gerunzelter Stirn und geschürzten Lippen auf einen Stapel zerknitterter Servietten starren. Wie angewurzelt steht er da.

Er fühlt sich völlig allein.

Nebenan befinden sich Antonia und Lina Russo im stillen Auge eines Wirbelsturms.

Antonia sitzt in ihrem Zimmer auf der Kante ihres ordentlich gemachten Betts, und sie hat Angst.

Alles ist auf den Kopf gestellt und von innen nach außen gestülpt. Alles, der stockende Herzschlag und die Übelkeit im Magen, gibt ihr das Gefühl, richtig in Schwierigkeiten zu stecken.

Cara mia, sagt Antonias Vater in ihrer Vorstellung zu ihr. Sie sehnt sich nach seinem Geruch, nach der umfassenden, beruhigenden Wärme seiner Hände, nach der Anziehung ihres Körpers hin zu der Stelle, wo sie genau an seine Brust passt.

Natürlich.

Um Sofia herum wird der Tisch gedeckt. Sie kaut auf dem Radiergummi eines Bleistifts. In einer Woche beginnt die Schule. Ihre Mamma stellt die Schüsseln einfach so, ohne Tischtuch, auf den Tisch. Ihr Papa füllt hinten in der Speisekammer aus einem Krug Wein in tiefe Gläser. Antonia und ihre Mamma kommen von nebenan, zu fünft drängen sie sich um den Tisch. Lina Russo ist immer klein, aber heute sitzt sie fast durchsichtig auf ihrem Stuhl. Ruhig und reglos hält sie Totenwache wie jemand, dem das Schlimmste zugestoßen ist. Die Suppe vor ihr dampft unberührt vor sich hin.

Sofia und Antonia sitzen an ihrer Tischecke. Sie essen hastig, nachlässig. Vor rastlosem Unbehagen möchte Sofia die Spannung am Tisch auflösen und sich zugleich deren Schwere ergeben, ihr erliegen. Antonia beobachtet ihre Mamma aus dem Augenwinkel. Lina isst nicht. Antonia kommt sich vor, als wäre sie auf einem anderen Planeten aufgewacht. Sie möchte woanders sein, egal wo. Als also Sofia etwas sagt, strömt Erleichterung durch ihren Körper, sie zittert vor Adrenalin, vor Grauen, wegen des Schocks, dass ihr alter Körper so heftig durch die verstreichende Zeit vorwärts getrieben wird.

»Ich habe neue Sachen zum Verkleiden«, sagt Sofia.

Antonia schaut von ihrer Suppe auf. *Danke.* »Was denn alles?«

»Tonia«, sagt Sofia, die den Raum mit irgendetwas füllen möchte, notfalls mit ihrer Stimme. »DAS MUSST DU DIR ANSCHAUEN!« Es klingt zu laut. Das weiß sie sofort.

Alle drei Erwachsenen blicken von ihren schweigend dampfenden Schüsseln auf, und ihre Mutter funkelt sie an und sagt: »Das ist *viel zu laut*«, und ihr Vater sagt: »Warum spielt ihr Mädchen nicht in deinem Zimmer?« Und so stehen Sofia und Antonia widerspruchslos auf, beißen die Zähne zusammen, als die Holzstühle über den Holzboden schrappen, und laufen gemeinsam durch den Flur. Unterwegs wird die Luft leichter, als könnte die Stimmung ihrer Eltern sie nur in einem bestimmten Umkreis dämpfen. Beide Mädchen sind atemlos, weil sie entkommen sind. Wie oft haben sie das schon gemacht, sind wie ein Lauffeuer über eine Wiese gerannt im Eifer, gemeinsam etwas Neues zu unternehmen.

»Wir können Abenteuer spielen«, sagt Sofia und wühlt in ihrer Spielzeugtruhe nach einer Fliegerbrille mit Ledergestell.

Antonia bindet sich ein Tuch um den Hals. Sie ist frei. Frei wie ein Vogel. Sie geht woanders hin. »Wir sind Polarforscher!«

Sofia schaut sie verächtlich an. »Du trägst ein königliches Kleid und *keine* Uniform von einem Forscher. Du solltest dir das um den *Kopf* binden«, aber Antonia sieht sie mit stiller, abgrundtiefer Feindseligkeit an, und Sofia gibt nach. »Vielleicht bist du ein adliger Forscher.«

»Wir sind Polarforscher«, wiederholt Antonia, steigt auf Sofias Bett und hält die Hand an die Stirn, um ihre Augen zu beschatten und das Gelände zu sichten, »und das Essen ist uns ausgegangen.«

Sofia springt neben Antonia. »Wir sind schon ganz schwach vor Hunger!«

»Wir jagen einen Eisbären!«

»Aber er will nicht aus seiner Höhle kommen!«

»Wir haben unseren Familien geschrieben, um ihnen zu sagen, dass wir sie lieben.« Antonia ist ernst, das Spiel, dem Tod ins Auge zu blicken, beginnt zu kippen. »Im Frühling werden sie unsere Leichen finden.« Ihre Stimme zittert.

»Vielleicht sollten wir was anderes spielen«, sagt Sofia. Sie setzt sich auf die Bettkante.

Antonia tut, als hörte sie sie nicht. »Unsere Seele wird im Himmel sein«, sagt sie leise.

»Antonia, ich finde, wir sollten was anderes spielen«, wiederholt Sofia. Sie verdreht die Ecke einer Wolldecke zwischen den Fingern.

Antonia wendet sich mit erhobenen Armen zu ihr um, ihre Augen funkeln. »Ich bin ein Polarforscher«, sagt sie laut. Sie ragt hoch über Sofia auf.

»Antonia, das macht mir keinen Spaß«, widerspricht Sofia.

»Ich bin allein in der Wildnis. Alle haben mich verlassen. Ich habe gewählt, allein zu bleiben, weil ich eine Frauenrechtlerin bin und eine Wahlstimme habe. Ich bin hiergeblieben und wollte allein sein.«

Sofia schweigt. Sie erkennt Antonia nicht wieder. Ihre Stimme kommt von außerhalb ihres Körpers. Plötzlich platzt Antonias reglose Miene auf, bekommt Risse. Sie lässt sich neben Sofia aufs Bett fallen. »Ich mag nicht mehr spielen«, sagt sie.

»Also gut«, antwortet Sofia. Ihr ist unbehaglich zumute, plötzlich wünscht sie sich, Antonia würde gehen.

»Ich mag nicht spielen!«, wiederholt Antonia.

»Ich habe dich *gehört*«, sagt Sofia.

Antonia bricht in Tränen aus. Sofia starrt schweigend

vor sich hin und wünscht sich nur noch, dass ihre Eltern kommen.

Antonia heult. Ihr Körper bebt. Zusammengesunken sitzt sie bei Sofia auf der Bettkante und schluchzt.

Rosa stürzt ins Zimmer.

Vor Erleichterung bricht Sofia auch in Tränen aus.

Rosa ist schwanger, und sie hat es ihrem Mann noch nicht gesagt. Sie sitzt zwischen zwei weinenden Mädchen, hält sie fest im Arm und sehnt sich nach ihrer eigenen Mutter. Starr blickt sie zum Fenster hinaus und weiß, dass sie nicht zusammenbrechen darf.

Es gibt ein Begräbnis für Carlo, obwohl kein Leichnam da ist. Sie beerdigen in St John's eine mit Seide ausgeschlagene dunkelbraune Kiste. Antonia wird dieses Begräbnis für den Rest ihres Lebens in Bruchstücken vor sich sehen, als würde in ihrem Kopf ein gerissener Film abgespielt. Es ist zu warm an dem Tag, sie schwitzt in ihren schwarzen Strümpfen und dem neuen Kleid. Da sind die abgewinkelten Ellbogen von Männern, die sich gegenseitig am Oberarm umfassen, da ist das Rascheln von Frauen, die in Absatzschuhen durch das lange Gras gehen, das nasale Dröhnen des Priesters, der immer wieder seine Brille zurechtrücken muss und von dessen kahlem Schädel am späteren Nachmittag die Sonne reflektiert. Drohend tauchen immer und immer wieder die Gesichter sich bückender Erwachsener wie fleischfarbene Ballons vor ihr auf. Da ist das flaue Unbehagen, geküsst und umarmt zu werden und *danke, danke, danke* sagen zu müssen, immer und immer wieder, und als sich der Nachmittag dem Abend zuneigt, wird der Atem der Erwachsenen immer schlechter, wird sauer vom dunklen Wein und den fettumrandeten Lonzascheiben, die aus Rom importiert wurden. Antonia spürt, wie sie sich zunehmend von diesem Tag löst, sich zurückzieht, in immer weitere Ferne. Und als ihr am Ende des Nachmittags schließlich Tante Rosa einen Kuss gibt und sie an sich drückt, hört Antonia ihre Stimme widerhallen, als läge ein Gewässer zwischen ihnen.

Lina ist während des Begräbnisses meist untröstlich, das Gesicht gerötet, den Tränen nah, weinend. Die Gäste sind mitfühlend, scheuen aber offenbar davor zurück, einer derart explosiven Quelle körperlicher Trauer zu nah zu kommen. Wie jeder weiß, sollte das Gesicht der Ehefrau bei der Beerdigung bleich sein, aber tränenlos. Sie sollte sich um des Andenkens ihres Mannes willen zusammennehmen. Deswegen werfen die Gäste bei Carlos Begräbnis Lina aus der Ferne mitleidige Blicke zu, fragen einander, *Wie geht es ihr?*, ohne ihr selbst die Frage zu stellen, flüstern *Ein Jammer*, wenn sie glauben, außerhalb Antonias Hörweite zu sein.

Lina hatte alles für die Konventionen gegeben, die ihr Schutz bieten würden; so war es ihr gesagt worden. *Such dir einen Mann*, hatte ihre Mutter immer gesagt, *dann bist du versorgt*. Zu *Such dir einen Mann* kam noch *Kämm dir die Haare, bevor du aus dem Haus gehst*, *Sei höflich* und *Heul bei der Beerdigung deines Mannes nicht wie ein Schlosshund*. Lina ist hintergangen worden. Sie sieht keine Notwendigkeit mehr, sich weiterhin an die Regeln anderer zu halten.

Gegen Ende des unendlichen Nachmittags sitzt Antonia auf der Couch, sie starrt still erschöpft vor sich hin, als sich die Menschenmenge in ihrem Wohnzimmer teilt wie ein sich öffnender Reißverschluss und drei große Männer in grauem Anzug, mit Pomade im Haar und hochpolierten Schuhen in den Raum treten. Einer davon ist ihr Onkel Joey, die beiden anderen kommen ihr bekannt vor: breite Schultern, unerschrockener Blick, glänzende, frisch rasierte Wangen. Sie blicken sich argwöhnisch um. Antonia erkennt sie wieder von den Sonntagsessen, vom Kreis der Männer, die im Wohnzimmer die Köpfe zusammenstecken, bis das Essen aufgetragen wird.

Gleichzeitig, wie eine Einheit, ziehen sie die Hüte.

Das Schweigen unter den im Wohnzimmer Versammelten ist zum Schneiden. Plötzlich tritt Lina aus dem Schlafzimmer, wo sie unter der Last ihres Kummers und ihrer Angst kauerte. »Raus«, sagt sie.

»Lina«, sagt Onkel Joey. »Es tut mir unendlich leid.«

»Raus. Raus aus meinem Haus«, sagt Lina. Ihre Stimme ist zum ersten Mal seit Tagen fest und klar. »Wie kannst du es wagen, sie herzubringen. Wie kannst du es wagen, das in mein Zuhause zu bringen.« Antonia merkt, dass sie dem Kern dieses Moments entgegentreibt. Irgendetwas daran sirrt vor Bedeutsamkeit.

»Lina, ich kann verstehen, dass du wütend bist«, sagt Joey. »Er war mein bester Freund.«

»Du Schuft. Schaff sie raus, auf der Stelle.« Lina deutet auf die Männer rechts und links von Onkel Joey. Antonia kann die beiden nicht einordnen. Sie weiß nicht, warum ihre Mamma Onkel Joey so wütend ankeift, der nur gekommen ist, um sein Beileid auszudrücken, wie die ganzen anderen Erwachsenen hier im Raum. Aber sie ist dankbar und erleichtert, weil zum ersten Mal seit Tagen Linas Lebenslicht aufglimmt, als gäbe es in der Hülle doch noch einen Menschen.

»Lina, bitte …«

»RAUS!« Linas Mutter richtet sich zu ihrer vollen Größe von 1,57 Metern auf und zeigt mit einem zitternden Finger zur Tür.

»Also gut«, sagt Onkel Joey und sackt in sich zusammen wie ein zerstochener Ballon. Er macht eine abrupte Bewegung mit dem Kopf. Die Geste ist subtil, aber die beiden Männer, die ihn begleiten, machen sofort kehrt und gehen. Die schweigende Versammlung reckt geschlossen den Kopf und sieht ihnen nach.

»Lina, es tut mir leid«, sagt Onkel Joey und dreht seinen Hut in der Hand hin und her, »ich weiß nicht, wie man das macht. Ich schaue bei dir vorbei …«, bricht aber angesichts von Linas hasserfüllter Miene ab. »Ich bitte Rosa, bei dir vorbeizuschauen«, sagt er. Dann wendet Onkel Joey sich zum Gehen, und als er an Tante Rosa vorbeikommt, hält sie ihn am Arm fest. Antonia hört sie sagen: *Schon gut, schon gut.*

Lina bricht zitternd auf dem Boden zusammen. Plötzlich sieht Antonia Menschen als Wassertropfen, Teil eines kosmischen und flüssigen Ganzen.

»Mamma«, fragt Antonia, »warum wolltest du sie nicht hierhaben?«

Ihre Antwort auf diese Frage wird Lina für den Rest ihres Lebens bereuen. Sie schaut zu Antonia hoch, und bevor ihr klar wird, was sie da sagt, stößt sie hervor: »Es ist seine Schuld, dass dein Vater tot ist.«

Aus Selbstschutz glaubt Antonia das nicht. Vor dieser Beerdigung hat sie eine ganze Woche mit der leeren Hülle ihre Mutter zusammengelebt und weiß, wenn der Tod ihres Vaters Onkel Joeys Schuld ist, dann hat sie überhaupt keine Familie mehr.

Nach Carlos Verschwinden blieb Linas Mutter wochenlang bei ihr und Antonia und hielt Linas Hand, wenn Lina schreiend aufwachte, überzeugt, dass der Boden unter ihren Füßen nicht mehr existierte, überzeugt, dass ihr Gesicht um hundert Jahre gealtert war, enttäuscht, dass sie überhaupt eingeschlafen war. Dann summte ihre Mutter und streichelte Linas Unterarm, und Lina fehlte nichts, weil sie wieder ein kleines Kind war.

Dann, als die Tage kürzer und kälter wurden, packte Linas Mutter ihre Tasche. »Du kannst nicht ewig trauern«, sagte sie zu Lina. »Du hast ein Kind, um das du dich kümmern musst.« Linas Mutter küsste Antonia, die sich in jedem Zimmer am liebsten in der Ecke herumdrückte. Und sie fuhr.

Dann schaute eine Weile Rosa vorbei. Und anstatt ein kleines Kind zu werden, wurde Lina wütend. »Warum haben wir diese Männer geheiratet?«, fragte sie. Rosa gab keine Antwort, weil es keine Antwort darauf gab. Sie hatte sich nie überlegt, *nicht* einen dieser Männer zu heiraten. »Warum hast du mich nicht davon abgehalten, warum hast du nichts gesagt?«, fragte Lina Rosa. Schließlich wurde auch Rosa es müde, sie hatte eine eigene Familie zu versorgen, und in den ersten Monaten der Schwangerschaft war ihr immer übel. Und so küsste Rosa Antonia. Sie sagte: »Kindchen, du kannst jederzeit zu uns kommen.« Sie ging nach Hause.

Und Lina war so erleichtert.

Sie war so erleichtert, in Ruhe gelassen zu werden.

Vier Wochen nachdem ein Priester Carlo ewige Ruhe und ewiges Licht verheißen hat, erklärt Lina Russo, dass sie keinen Gott anbetet, der ihren Mann umgebracht hat. Die Sonntagnachmittage und Heiligabend verbringt sie mit Romanen (»*Andere* erfundene Geschichten als die, mit denen ihr eure Sonntage verbringt!«, sagt sie) und dicken, liebevoll eselsohrigen Gedichtbänden. Sie füllt die Wohnung mit Bücherstapeln. Keine Bücherregale, sondern Bücher entlang der Wand, versteckt in Schränken, als Stütze eines wackligen Sofatischs, geschichtet zwischen Winterschals im Flurschrank.

Als Nächstes erklärt Lina, dass sie nie wieder an einem Sonntagsessen teilnehmen wird. Damit will sie nichts mehr zu tun haben, sagt sie, auch nicht mit den Leuten. *Du kannst gehen*, sagt sie zu Antonia. *Wenn du möchtest, dann geh.* Antonia kommt sich vor, als wäre sie entzweigeschnitten. Tante Rosa richtet das Sonntagsessen jetzt bei sich aus, ihre Wohnung ist direkt nebenan, sie kocht gut. Nach einer Weile stiehlt Antonia sich an Sonntagnachmittagen aus der Wohnung und verbringt die Abende bei einer richtigen Familie, in Sofias vertrautem Kokon und der Wärme eines Haushalts, dem Erwachsene tatsächlich vorstehen. Wenn sie, beladen mit Essensresten, die Rosa ihr aufdrängt, nach Hause kommt, schläft ihre Mamma oft auf dem Sofa.

Unter der Woche ist es still bei ihnen. Sie lesen. An manchen Tagen sprechen sie kein Wort.

Irgendwann im Frühjahr wird Lina klar, dass sie den ganzen Winter keine Miete gezahlt hat. In ihrer Vorstellung sieht sie sich und Antonia obdachlos in den schwarzen matschigen Pfützen sitzen, die an jeder Straßenecke Wache halten. Sie öffnet den Mund, beginnt zu heulen und zieht sich ins Bett zurück.

Antonia hört ihr geduldig zu, und als Lina sich über ihre Notlage ausgejammert hat, ruft Antonia bei Sofia an und sagt: »Meine Mamma braucht eine Arbeit.«

Wie durch Zauberhand meldet sich Joey in der folgenden Woche und sagt, dass er Kontakt zu einer gewerblichen Wäscherei für Restaurant- und Hotelwäsche hat. »Es ist nichts Großartiges«, sagt er. »Und ich helfe dir immer gern – ich helfe dir gern aus.« Natürlich hat Joey den Winter über ihre Miete bezahlt. Lina sitzt in der Klemme. Nur Joey kann sie aus ihrer Geiselhaft entlassen, was er natürlich nicht tut, weil sie sich ohne ihn nicht versorgen kann. Die Familie wird Lina nicht freigeben, wird sie nicht im Stich lassen. *Wir passen immer auf dich auf*, sagt Joey beinahe.

»Dein verfluchtes Blutgeld will ich nicht«, schreit sie Joey an. »Ich will nie mehr etwas damit zu tun haben.« Joey lügt: Er sagt, die Wäscherei habe keinerlei Verbindung zur Familie. Er verspricht ihr, dass sie von jetzt an ihren eigenen Lebensunterhalt verdienen wird. Lina legt den Hörer auf und sagt zu Antonia: »Jetzt sind wir die endlich los.«

Aber ein paar Tage später schlüpft Antonia zum Sonntagsessen nach nebenan, wo Joey dem Drang widersteht, sie am Arm zu berühren und sich dafür zu entschuldigen, dass er am Leben ist. Und als sie geht, drückt Rosa ihr eine abgedeckte Schüssel mit Resten in die Hand.

Es ist fast Sommer, als Rosa für zwei Tage weggeht und Rosas Mamma kommt, um auf Sofia aufzupassen. Nonna ist eine kleine Frau mit scharfen Kanten und strikten Vorschriften, was kleine Mädchen nicht tun dürfen. Lauf nicht. Schrei nicht. Zieh keine Schnute. Hampel nicht in der Kirche. Stütz dich nicht mit den Ellbogen auf den Tisch. Sei leise, sitz still, zum Himmel noch eins. Sofia scharrt mit den Füßen und wünscht, ihre Eltern würden heimkommen. Sie stellt sich vor, ein Junge zu sein, aber das macht ihr keinen Spaß: Da fehlt etwas, da ist irgendwo eine Leere. Also bleibt Sofia ein Mädchen, allerdings kein besonders artiges. Ihre Schnürsenkel sind offen, sie hat einen Fettfleck auf ihren Schoß gekleckert.

Rosa und Joey kehren mit Frankie zurück, während Sofia in der Schule ist. Als sie nach Hause kommt, öffnet ihr Papa die Wohnungstür, macht *Pscht!*, und deutet ins Wohnzimmer, wo Rosa auf der Couch sitzt und ein Deckenbündel im Arm hält. »Das ist deine Schwester«, sagt Rosa. Sofia macht große Augen und läuft, so schnell sie kann, die Treppe hinunter, zur Haustür hinaus und zu Antonia hinauf.

»Tonia, Tonia, komm mal«, kreischt sie schon, als die Tür erst halb geöffnet ist. Antonia hat ihre Schuluniform schon fast ausgezogen. In ihrer Wohnung riecht es nach ungewaschenen Haaren, nach Gespenstern.

Bei Sofia im Wohnzimmer drängen sich Sofia und Antonia um das Baby Frankie, sie streicheln den Flaum auf ihrem Kopf, untersuchen ihre Finger und Zehen. Es ist zwar nicht direkt ein Tauschgeschäft, aber beide Mädchen merken, dass sich die Welt verändert: Jemand wird aus ihrem Leben genommen und jemand wird gegeben.

»Mamma«, fragt Sofia, »woher kommt sie?«

Rosa deutet auf ihren flacher werdenden Bauch. »Da drin hat sie gelebt«, sagt sie. »Erinnert ihr euch? Ihr habt gesehen, wie sie sich bewegt.«

Sofia und Antonia schauen Rosa an, und sie schauen Frankie an. Sie blicken hin und her. »Aber, Mamma«, fragt Sofia schließlich, »wie ist sie da reingekommen?«

»Und wie«, ergänzt Antonia, »ist sie rausgekommen?«

Rosa seufzt. »Das erfahrt ihr, wenn ihr verheiratet seid«, sagt sie. »Und bis dahin müsst ihr vorsichtig sein.« Ihre Antwort genügt Sofia und Antonia nicht, wortlos schließen sie einen Pakt, dieser Sache so bald wie möglich auf den Grund zu gehen.

Erst Stunden später erhebt sich Rosa von der Couch und legt die schlafende Frankie in das Bettchen, das in dem bislang leeren Zimmer ihrer Wohnung steht. Sofia äugt zur halb geschlossenen Tür hinein. Sie versucht sich vorzustellen, dass Frankie von jetzt an immer bei ihnen wohnen wird.

Rosa wagt sich in die Küche. Es riecht nach ihrer Mamma – Seife und treibende Hefe, Rosen von ihrem Parfüm. Sie entdeckt frisches Brot und einen gefüllten Kühlschrank. Sie drückt Antonia einen Laib von Nonnas Brot und einen abgedeckten Topf in die Hand, und widerstrebend tappt Antonia die Treppe hinunter und in ihre eigene Wohnung zurück.

Später in dieser Nacht, so spät, dass die verborgensten

Geheimnisse gelüftet werden können und die Dunkelheit sie wahrt, sitzt Rosa auf der Couch, um Frankie zu stillen, und weint. Vor Dankbarkeit, wegen des Kinds in ihren Armen. Vor Erschöpfung, wegen der Mühsal, das Kind auf die Welt zu bringen. Und vor reiner, schierer Trauer, denn als Rosa das letzte Mal ein Kind auf dieser Couch stillte, war Lina da, um ihr beizustehen.

In den darauffolgenden Wochen verbringt Antonia jeden freien Moment bei den Colicchios. Sie lernt, Frankie zu baden, zu wickeln und die Windel mit Sicherheitsnadeln zu befestigen. Sofia ist zaghafter, etwas zurückhaltend wegen dieses neuen Wesens, das alle Aufmerksamkeit im Raum einfordert. Sofia ist hin und her gerissen, will Frankie beschützen und sich gegen sie behaupten. Aber auch Sofia erliegt Frankie. Sie lernt, sie zum Lachen zu bringen.

Manchmal tut Antonia, als wäre das ihr Kind, und sie ist älter und lebt in einem sauberen Haus am Meer mit gläsernen Wänden, und dort brennt immer ein Feuer, und irgendwo spielt Musik. Sie und Sofia und das Baby tanzen und schaukeln und feiern. Gemeinsam lauschen sie dem Brechen der Wellen. Sie denkt sich, wenn sie älter ist, wenn sie selbst eine Mamma ist, werden ihre Eltern ihr nicht mehr so fehlen. Sie denkt sich, ein eigenes Kind wird ihr Leben vielleicht in ein Vorher und ein Nachher teilen und sie kann endlich an diesem traurigen Kapitel vorbeiziehen. Denn obwohl Sofias Familie sie als eine der ihren behandelt, empfindet Antonia immer noch einen hässlichen Riss in dem, was sie ausmacht, und sie wünscht sich sehnlich, geflickt zu werden.

Kinder sind widerstandsfähig, und so kommt es, dass Antonia schon relativ bald nach dem Verschwinden ihres Papas wirkt, als wäre alles in Ordnung, obwohl es natürlich nicht stimmt. Aber die Welt dreht sich weiter und spült sie mit.

Rund um Sofia und Antonia wütet und taumelt die Wirtschaft wie ein sterbendes Tier. 1931 und 1932 nehmen sie einen anderen Schulweg und machen einen Bogen um die Elendssiedlungen, die auf Brachflächen aus dem Boden geschossen sind und wo *alles passieren kann*, wie Rosa sagt, während sie Frankie auf der Hüfte wiegt und Sofia ein Sandwich für die Schule mitgibt. *Mamma, es wird nichts passieren*, sagt Sofia, trotzig mit ihren neun Jahren, furchtlos und ruhend in der Sicherheit, dass ihre Familie immer auf sie aufpassen wird, dass sie selbst immer auf sich aufpassen wird. Antonia mit ihren neun Jahren hat ein Zuhause, in dem es hallt, wenn sie spricht. Der Friedhof ihres Wohnzimmers, der leere dritte Stuhl. *Alles kann passieren, Sof*, sagt sie und zieht Sofia an der Hand. *Jetzt komm schon.*

Sofia und Antonia lernen neue Wörter. Börse, Suppenküche. Arbeitslosigkeit. Sofias Vater hat mehr denn je zu tun. Er hat neue Männer eingestellt. Ihm bleibt weniger Zeit, um Sofia von seinem Tag zu erzählen, aber wenn er nach Hause kommt, schleicht er mit einem Karamell- oder Zitronenbonbon zu ihr ins Zimmer und flüstert: *Sag's aber nicht deiner Mamma.* Sofias Mutter bereitet Sonntagsessen zu, mit denen sie ganze Länder ernähren könnte, und schickt alle mit Bergen von Resten nach Hause. Sofia und Antonia beobachten, wie Rosa und Joey die Runde machen, sich mit den Männern unterhalten, die Joey eingestellt hat, und mit deren Frauen, mit Rosas Eltern, wenn sie kommen, mit

Rosas Geschwistern. Beim Essen gibt es keine Fianzos mehr. Keinen Onkel Tommy, keinen Onkel Billy mehr. Dankenswerterweise keine Fianzo-Kinder mehr, deren dicke, kneifende Finger der Fluch jedes Sonntags gewesen sind. Sofia und Antonia setzen Frankie zwischen sich, ihre Stühle stehen direkt nebeneinander, und füttern sie mit grünen Bohnen und Brotstücken. Wenn niemand hinschaut, schneiden sie Grimassen. Sie spielen Tic Tac Toe auf Servietten.

Manchmal, und erst recht, als sie schon zehn sind, und elf, lässt Sofia Frankie in Antonias Obhut zurück und wagt sich in die Grüppchen von Erwachsenen vor, die sich auf die Zimmer ihres Zuhauses verteilen. Sie liest über die Schultern der Männer hinweg die Zeitung und ahmt ihr geringschätziges Seufzen über die Wirtschaft nach, hört ihre Befürchtungen, Roosevelt könnte sich als um keinen Deut besser als Hoover erweisen, und ihre Scherze, dass die Familie durch eine erneute Prohibition wieder reich würde. Sie sagen, *Big Joe, ist das deine Tochter? Die wird dir später noch schlaflose Nächte bereiten.* Sie schlängelt sich in verschwörerisch tuschelnde Ansammlungen von Frauen, die in Gesprächen über Friseursalons und Lebensmittelhändler dürftig verschleiern, was sie wirklich über einander erfahren möchten. Die Frauen wispern ihre künftigen Familien herbei. Sofia atmet ihr Parfüm ein. Sie halten sie für frühreif, furchtlos, flegelhaft. Bald wird sie zu Antonia zurückgescheucht, der sie über Frankies Kopf hinweg *Die da ist schwanger* zuflüstert, *Die dort wollen aufs Land ziehen, brauchen aber Geld.* Einmal kehrt sie, das Gesicht glühend vor Schock und Aufregung, mit ergatterten Details über Sex zurück. Antonia ist entsetzt, dass ihr Körper durchdringbar sein soll. Bekümmert überlegt sie sich, dass sie sich als Erwachsene wohl ebenso wenig solide fühlen wird wie jetzt. Antonia bleibt lieber bei Frankie, wo sie alles erfinden und glauben kann und der Einsatz nicht so hoch ist. Wo sie nicht mitansehen muss, wie viele andere Erwachsene sich mit so viel mehr Energie und Präsenz durch die Welt bewegen als ihre eigene Mamma.

Im Großen und Ganzen sind Sofia und Antonia noch immer zu sehr damit beschäftigt herauszufinden, was ihr eigenes Leben zusammenhält, um groß über die Welt außerhalb ihres Zuhauses nachzudenken, über das, was jenseits ihrer selbst liegt. Aber je älter sie werden, desto mehr wird ihnen bewusst, wie sehr sie sich von ihren Klassenkameraden unterscheiden. Wegen der Familie werden Sofia und Antonia nicht aufgefordert, bei Spielen auf dem Pausenhof mitzumachen, sie werden mittags nicht in die engen Zirkel schwatzender Mädchen aufgenommen. Die Familie, so erfahren sie in der Schule, sind Kleinkriminelle. Sie sind Schläger. *Sie verderben den Ruf von uns anderen.* Sofia und Antonia ist als Kindern der Familie nicht zu trauen.

Da Sofia und Antonia an Türen lauschen, heimlich aus dem Bett schlüpfen und sich zwischen Beinen verstecken, wissen sie, dass Carlos Verschwinden etwas damit zu tun hatte, der Familie zu entkommen. Aber sich das vorzustellen ist, als wollte jemand der Luft oder dem Sonnenschein entkommen. Unmöglich, und unbegreiflich. Sofia und Antonia sind zu klein, um die Familie als Schläger zu sehen und sich selbst als etwas Eigenständiges. Ihre Wurzeln sind noch miteinander verbunden. Also erörtern sie die Möglichkeit, dass *sie selbst* Kriminelle sind, dass sie im Grunde nicht vertrauenswürdig sind. Aber das fühlt sich auch nicht richtig an.

Sofias Fell wird dicker. Sie kann sich nicht als die Böse sehen, aber ebenso wenig kann sie sich für ein Opfer halten. Also überzeugt sich die zehnjährige, die elfjährige Sofia selbst, dass sie sich bewusst fürs Alleinsein entschieden hat. *Genau das habe ich gewollt.* Sie lebt mit der wärmenden Gewissheit, dass Joey anderen Menschen hilft, dass es eine Ehre ist, aus einer Familie der Familie zu stammen, dass diejenigen, die sie ausschließen, nichts verstehen. Wenn ihr Carlos Verschwinden in den Sinn kommt, stopft sie es nach unten.

Antonia zieht sich in ihre eigene Haut, ihren eigenen Kopf zurück. Wo immer sie hingeht, hat sie ein Buch dabei. Während sie in der Schule die Gleichung eigentlich nach x auflösen soll, liest sie unter dem Pult.

Und natürlich haben sie einander. Als sie also zwölf sind und Angelo Barone Antonia in die dunkle Ecke des Schulhofs drängt und sagt, er wisse, wie ihr Vater gestorben sei, und Carlo habe es verdient, hört Sofia das zufällig mit, holt mit der Faust aus und versetzt ihm einen Schlag aufs Kinn. *Puttana*, zischt er, auf eine oder beide gemünzt. Vor dem Unterricht lässt Antonia in der Toilette kaltes Wasser über Sofias gerötete Faust laufen. Ihre Blicke begegnen sich im Spiegel. Angelo wird Sofia nicht verpetzen. Er wird nicht zugeben, dass ein Mädchen ihn geschlagen hat. Sofia und Antonia verwandeln ihre Gesichter in identische Masken aus Stahl und sind im Klassenzimmer, bevor die Glocke zur nächsten Stunde läutet.

Als sie dreizehn sind und Sofia heimlich zu einem Tanzabend im Souterrain einer Kirche in der Nähe gehen möchte, lügt Antonia Lina bereitwillig etwas vor und begleitet sie. Sie verbringen den Abend im verschwitzten Gedränge der Damentoilette und auf der hellen, schimmernden Tanzfläche abwechselnd in schierer Panik und blanker Ehrfurcht. Sie sind die Jüngsten, was Antonia unangenehm ist, sodass sie sich im Hintergrund hält, während Sofia dick aufträgt in der Hoffnung, für fünfzehn gehalten zu werden, für sechzehn, für eine der vielen von sich selbst überzeugten jungen Frauen, die nichts zu verbergen haben. Auf dem Heimweg durch eine Dunkelheit, in der sie nichts zu suchen haben, haken sie sich am kleinen Finger ein, und ihre Arme schwingen hin und her. Ihr Schatten sieht aus, als würde ein einzelnes Wesen durch die Straßen von Brooklyn stapfen.

An ein und demselben Morgen wachen Antonia und Sofia mit blutverschmierten Oberschenkeln auf. Sie glauben nicht, dass sie sterben. Dafür ist Antonia zu praktisch. Sie hat schon längst eine Zeichnung, wie sie ihren Schlüpfer auspolstern muss, aus einem Büchereibuch gerissen und für genau diesen Moment in ihrem Nachttisch aufbewahrt. Sofia ist nicht praktisch, aber neugierig. Sie schwelgt im metallischen Moschusgeruch, steckt ihr Laken in die Wäsche und berichtet Rosa, die die Lippen schürzt, durch die Badezimmertür Anweisungen flüstert und sagt: *Jetzt musst du aufpassen.* Sofia versteht das so, dass sie zerbrechlich ist, aber sie kommt sich nicht zerbrechlich vor.

Sofia und Antonia treffen sich vorm Haus. Sie brauchen sich nicht zu erzählen, was passiert ist. In der eiskalten Morgensonne funkeln beide vor Veränderung.

Wenig später fangen Sofia und Antonia an, von Flucht zu träumen.

Buch zwei

1937–1941

Antonia hat gerade zehn Minuten lang drei Bleistifte auf die gleiche Länge gespitzt. Sie steckt sie in das dafür vorgesehene Fach in ihrem Ranzen, streicht die Seiten ihres neuen Hefts glatt, überprüft, dass beide Riemen des Ranzens auf gleicher Höhe festgezurrt sind. Antonia geht in diesen Ritualen auf – jeden Zahn einzeln zu putzen, bis sich ihr Mund ganz glatt anfühlt, die Schnürsenkel zu gleichmäßig ovalen Schlaufen zu binden, methodisch exakt gleich große Fleischklößchen zu formen. Dann hat sie das Gefühl, dass ihr Kopf klar und ihr Körper unkompliziert sind. Deswegen überrascht es auch nicht, dass Antonia an dem noch warmen Augustabend, bevor sie mit der Highschool beginnt, ihre Kleider nach Farben sortiert verstaut, ihre Bücher nach Größe gestapelt und zwei Brotlaibe in absolut gleichmäßige Scheiben geschnitten hat.

Antonia freut sich auf die neue Schule. Deren Größe wird ihr, so hofft sie, eine gewisse Anonymität ermöglichen. Sie stellt sich vor, befreit zu sein von dem, was die Leute über sie sagen – *Hast du gehört, ihre Mamma hat das Haus seit seinem Tod nicht mehr verlassen. Hast du gewusst, dass er in Sizilien fünf Menschen auf dem Gewissen hat? Dass er deswegen herkommen musste? Angeblich trägt sie unter der Schulkleidung ein Hemd von ihm. Ich habe Frauen gesehen, die ihre*

Mamma besucht haben, die kamen mir nicht so vor, als wollten sie ihr einen Kuchen vorbeibringen.

Antonia inspiziert die Schnittlinie ihres Ponys und kürzt ein paar rebellische Haare vorsichtig mit einer Schneiderschere, hält dabei die Luft an und atmet erst wieder aus, wenn das betreffende Haar sich in die richtige Länge gefügt hat. Sie beugt sich vom Spiegel zurück, um den Pony zu betrachten. Zu dem hat Sofia sie an einem unendlich heißen, langweiligen Tag im Juli überredet. Er passt nicht zu ihrem Gesicht: Es wirkt dadurch gestaucht, außerdem kommt er ihren markanten Augenbrauen in die Quere. Ständig fängt sich der Wind darin und zerzaust ihn. Sofia gefällt er, aber Antonia beschließt, ihn wieder herauswachsen zu lassen. Sie streicht ihn aus der Stirn und steckt ihn mit einer Haarklemme fest.

Um sieben Uhr macht sie einen Auflauf warm, den Sofias Mamma am Donnerstag vorbeigebracht hat. Der Geruch von Tomaten und Käse und die Wärme des Ofens locken ihre eigene Mamma aus ihrer Höhle in den Tiefen ihres Lieblingssessels. »Hier duftet es köstlich«, sagt sie.

Antonia legt Brotscheiben in eine Schüssel, unterbricht das aber, um ihrer Mutter einen Kuss auf die Wange zu geben. »Das hat Sofias Mamma uns gebracht«, sagt sie.

»Sie ist zu gut zu uns«, sagt Lina.

»Sie kocht extra mehr«, erklärt Antonia. *Hier, Kindchen,* sagt Rosa mindestens zweimal die Woche. *Nimm das für deine Mamma mit. Pass auf, der Topf ist schwer.* Ihre Mutter weigert sich, Rosa anzurufen und ihr zu danken. Antonia erinnert sich an die Zeit, als sich Rosa und Lina nahestanden, sogar näher als sie und Sofia sich. Das Plätschern ihrer

Stimmen im anderen Zimmer. Wie warm sich die Welt damals angefühlt hat. »In zwei Minuten ist das Essen fertig.«

»Bist du aufgeregt wegen der Schule morgen?«, fragt ihre Mutter.

Antonia ist überrascht, dass ihre Mutter sich daran erinnert. »Ein bisschen«, sagt sie. Und dann: »Ich glaube, ich bin nervös.«

»Du wirst das gut schaffen«, sagt ihre Mutter.

»Glaubst du?« Sie sehnt sich verzweifelt nach der Bestätigung ihrer Mutter, ist aber gleichzeitig nicht davon überzeugt. Da ist eine sichtbare, pulsierende Ader in ihrem Beziehungsgefüge, die Antonia daran erinnert: *Du musst auf sie aufpassen.* Sie ist ein Produkt ihrer Mutter, und sie ist immer und immer wieder auch ein Produkt ihrer selbst.

»Lass die Finger von Männern mit Pomade im Haar«, sagt Lina, bevor sie sich rückwärts durch den Türrahmen verdrückt. Von Männern der Familie, meint sie. Die verräterische Tolle, Haare an den Schläfen nach hinten gekämmt. Antonia bückt sich vor die geöffnete Ofentür, um nach dem Essen zu sehen. Die Hitze trifft sie wie eine Faust.

Am nächsten Tag werden Sofia und Antonia in einem von Joeys Autos zu ihrer neuen Schule gebracht. Das sagt Antonia Lina nicht. Sie schweigen die fünfminütige Fahrt über, und als sie ankommen, bleiben sie staunend vor dem monolithischen grauen Gebäude stehen. Durch die Doppeltür aus Messing strömen Schüler aus und ein. Sofia und Antonia bleiben so nah zusammen, dass sie sich an der Hand halten könnten. Auf dem Weg die Treppe hinauf werden sie angerempelt von einem Mann, den sie für einen Erwachsenen halten – er trägt einen Bart! –, den sie dann aber doch als einen der ihren, einen Schüler, erkennen.

Sofia und Antonia werden im Gedränge der Turnhalle, wo sie sich einschreiben, rasch getrennt. »Russo« gehört zu einer völlig anderen Schlange als »Colicchio«. Der Saal hallt wider vor dem Kreischen der Teenager, dem Raunen der Hackordnung, dem Schleifen der Akten, die über die Klapptische geschoben werden, an denen mürrische Verwaltungsangestellte jedem Schüler getippte Stundenpläne aushändigen.

Antonia kratzt mit dem Daumennagel an der Nagelhaut des Zeigefingers, bis sie sich von der Fingerkuppe schält. Ihr Atem dröhnt in ihrem Kopf. Das Kleid, für das sie sich entschieden hat, kommt ihr zu eng vor, zu kurz, zu kleinmädchenhaft. Der Raum bewegt sich um sie, und sie tut ihr Bestes, nicht den Eindruck zu erwecken, als würde sie gleich in Panik geraten.

Sofia ist genauso nervös, aber sie greift zu dem Lippenstift, den ihre Mutter missbilligt, und trägt ihn auf. Dabei verwendet sie eine Spiegelscherbe, die sie in ihrer Tasche aufbewahrt. Im Spiegel sieht sie aus, als würde sie Verkleiden spielen: ein Kindergesicht mit dunkel nachgezogenem Erwachsenenmund.

»Das ist eine tolle Farbe«, sagt das Mädchen hinter Sofia. Sofia dreht sich um und lächelt. Sie bietet dem Mädchen den Lippenstift an. Die Schlange bewegt sich vorwärts, und jemand muss Sofia erinnern: »Du bist dran.« »Ich bin Sofia Colicchio«, sagt sie und tritt vor, um ihren Stundenplan entgegenzunehmen. Die Frau, die ihn ihr reicht, sieht trist und grau aus, genau wie das Gebäude.

Das Mädchen, dem Sofia ihren Lippenstift geliehen hat,

hat denselben Klassenlehrer wie sie. Sofia erfährt, dass sie Peggy heißt. Peggy hat drei Freundinnen: Alice, Margaret und Donna. Mittags essen sie gemeinsam in einer Cafeteria, in der es nach altem Gummi und ranzigem Fett riecht, und bevor sie sich hinsetzen, verrenkt Sofia sich den Hals nach Antonia, sieht sie aber nicht.

Beim Essen fragt niemand Sofia nach ihrer Familie. Niemand fragt sie nach ihrer Religion. Niemand sagt ihr, dass sie Pflichten hat oder dass sie anders ist als diese Mädchen. Stattdessen wollen sie wissen, welche Jungs sie süß findet, welche Fächer sie mag. Sie essen ihre Karottenstifte und werfen das labbrige Hühnchen in den Müll, und niemand ermahnt sie deswegen. Sie ziehen ihren Rock noch einen Zentimeter hoher, schnallen den Gürtel vor dem Toilettenspiegel noch etwas enger und werfen die Haare zurück.

Aber Sofia sehnt sich bis zum letzten Glockenläuten nach Antonia.

Im Auto, auf der Heimfahrt mit Sofia, erzählt Antonia, dass sie den Weg zu jedem Klassenzimmer fand und kein einziges Mal zu spät kam. Die Sätze sprudeln nur so aus ihr heraus: dass sie nicht stolperte, ihr Kleid zerriss oder die Bücher ihr aus der Hand fielen. Antonia erzählt Sofia von der Bibliothek, wo Tausende, »Tausende, Sof«, Bücher die hohen Metallregale füllen, und jeder, »Jeder!«, darf sie lesen. Die Freiheit, sich auf einen Stuhl zu setzen und zu merken, dass niemand sie beobachtet. An Antonias erstem Tag an der Highschool war sie anonym, und die Hoffnung erfüllte sie, es könnte in der Welt vielleicht doch einen Platz für sie geben.

Antonia sagt Sofia nicht, dass sie die Mittagspause in

der Bibliothek verbracht und den Trubel in der Cafeteria gegen einen knurrenden Magen und einen Bücherstapel, Austen und Whitman, eingetauscht hat. Dass sie jedes Mal wie ein erschrecktes Reh zusammenzuckte, wenn jemand ihren Namen sagte.

Und Sofia sagt Antonia nicht, dass sie ihr gefehlt hat. In ihrem Bericht des Tages gibt es nur dunklen Lippenstift und seidige Strümpfe. Den bewundernden Blick eines älteren Schülers. Die schusssichere Weste einer lachenden Mädchenclique.

Am Sonntag nach ihrer ersten Highschool-Woche kommt Sofia auf den Gedanken, dass sie eigentlich nicht in die Kirche sollte gehen müssen, wenn sie keine Lust dazu hat. Und wie von einer Blitzlampe geblendet sieht sie nichts anderes mehr. Als sie beim Frühstück ihren Eltern diese Entscheidung mitteilt, bekreuzigt ihre Mutter sich, und Sofia sagt: »Jetzt dramatisierst du wieder, Mamma«, und Frankie öffnet den Mund zu einem scharfen kleinen *Oh*. Ihr Vater reagiert gar nicht, bis Sofia fragt: »Hast du mich verstanden, Papa, ich habe gesagt, dass ich nicht mitgehe«, und dann hebt er eine Augenbraue, sieht sie mit einem unergründlichen Blick an und sagt: »Iss dein Frühstück.«

Sofia weiß es nicht, aber wenn ihr Vater bei der Arbeit jemanden an eine fällige Schuld erinnern will, lädt er den Betreffenden zum Mittagessen ein und erwähnt die Schulden mit keiner Silbe. Wie seine Tochter hat auch Joey eine abgründige Ader, er kostet die kriecherische Nervosität seines verschuldeten Mittagsgastes aus. Sein verängstigtes Gegenüber – ein Lokalbetreiber, ein Kinoinhaber, der

Manager einer Bar – schwankt meist zwischen scheinbar lässiger Ruhe und fast greifbarer Panik. *Es kommt, das schwör ich*, sagen sie. *Ich brauch nur noch ein bisschen Zeit, bitte.* Joey isst seinen Teller leer. Er erkundigt sich nach der Frau und den Kindern des Mannes. Er nennt sie beim Namen. Er lächelt. Er begleitet seinen Mittagsgast nach Hause und sagt: *Wir sehen uns bald.*

Angesichts des eiskalten, eisernen Willens, der sich zu einer Mauer um seine Tochter errichtet hat, versucht Joey, die Version seiner selbst heraufzubeschwören, bei der ein ausgewachsener Mann nur mit Mühe verhindern kann, sich einzunässen, ohne dass Joey auch nur ein einziges Wort zu sagen braucht. Er sucht nach seinem Vorrat an ruhigen Gesichtsmuskeln, dezenten Gesten, unerbittlichen und distanzierten Mienen.

Joey Colicchio kann einen Revolver in sechs Sekunden laden. Seine Frau schluckt nach sechzehn Jahren Ehe immer noch sein Schwert. In seinem zerklüfteten Gebiet von Brooklyn hat er das Sagen.

Aber seine vierzehnjährige Tochter findet ihn unerheblich und bedeutungslos. »Du kannst mich nicht zwingen«, sagt sie lässig, als er wütend auf die Wohnungstür deutet, wo die restliche Familie wartet. Mehr als die meisten anderen Väter ist Joey hin- und hergerissen zwischen der Bereitschaft, der temperamentvollen kleinen Frau vor sich nachzugeben, und dem Wunsch, seine männliche Dominanz hervorzukehren – *Du wirst schon sehen, wozu ich dich zwingen kann*, sagt er in seiner Vorstellung. Aber er versucht, die Arbeit nicht nach Hause mitzubringen.

Frankie ist beim Verlassen der Wohnung ganz klein und

ernst. Sie ist sechs Jahre alt und verloren ohne Sofia. *Ich will auch hierbleiben*, erklärt sie mit großen Augen. Etwas zupft Sofia an der Saite zwischen Herz und Bauch, sie fragt sich, ob sie nicht einfach mitgehen soll, in der Kirchenbank sitzen, sich mit allen anderen hinknien und fünf Minuten lang mit der Zunge über den Gaumen fahren, um die teigigen Überreste der Hostie zu entfernen. So schlimm wäre es doch gar nicht, und Frankie kann nicht verstehen, weshalb Sofia sich weigert, bei dieser einfachen Sache mitzumachen, dieser Sache, die sie jede Woche macht. Als Spiegelbild in Frankies Augen kommt Sofia sich schäbig und engstirnig vor, störrisch und sonderbar. Unfähig, wie alle anderen das Übliche zu machen. Aber Sofia setzt eine entschlossene Miene auf, weigert sich zu gehen, sieht Frankie nach, die durch den Flur schleicht, sieht, wie ihr Papa ihrer Mutter langsam quer über den Rücken streicht, als die drei die Wohnung verlassen. Sie ist allein. Sie ist begeistert. Eine unbekannte Leere füllt die Wohnung.

An dem Tag sitzt Sofia zum ersten Mal zu Hause, während der Sonntagvormittag heranreift. Durchs Wohnzimmerfenster beobachtet sie Passanten und wundert sich, dass so viele Menschen an einem Sonntag so viel Zeit haben, wo der Tag in ihrer Familie immer mit Hetze verbunden war: zur Kirche, nach Hause zum Essen, ins Bett, bevor es zu spät ist, um am Montag ausgeschlafen zu sein. Die Wohnung kommt ihr riesig vor. Sie schlendert in die Küche, fährt nachlässig über Arbeitsflächen und Stuhlrücken. Sie macht den Kühlschrank auf, taucht einen Finger in das Ragout, das in einer Schüssel auf den Sonntagstisch wartet, öffnet eine weiße Konditorschachtel und bricht eine

Ecke von einem Marmeladentörtchen ab. Der Zucker blüht auf ihrer Zunge auf, treibt ihr Tränen in die Augen.

Sofia betrachtet die Wohnung, in der sie ihr ganzes bisheriges Leben verbracht hat, mit neuen Augen: mit Highschool-Augen. Diese Augen haben die vergangene Woche in einer Welt verbracht, zu der ihre Familie keinen Zugang hat. Sofia erkennt, wie unglaublich allein sie den Großteil ihres Lebens war, von Antonia einmal abgesehen. Sofia wurde nie vom Strudel des Pausenhofs mitgerissen, sie stand nie im Mittelpunkt einer aufgeregten Schar Kinder. Sofia hat das Gefühl, als wäre sie zum Luftholen aufgetaucht, wäre ins Sonnenlicht emporgestiegen, hätte eine Schmutzschicht abgewaschen. In ihrem Innersten hat sie einen keimenden Samen von etwas entdeckt, das sich nach Wut anfühlt, nach Eifersucht. Dieses Etwas sieht sich ihren Vater, seine Arbeit, die Struktur, in der Sofia aufgewachsen ist, mit neuem Misstrauen an. *Was werde ich machen?*

Wer, fragt sich Sofia Colicchio allein in ihrer Wohnung, *werde ich sein?*

Sofia kann sich kein Bild von sich als Erwachsene machen. Sie weiß, dass sie heiraten und Kinder bekommen wird. Sie kann sich nicht daran erinnern, dass ihr das gesagt wurde, aber sie weiß, dass es stimmt. Die Ehe ist wie Kleidung, die man überstreifen muss, bevor man das Haus verlässt. Ohne sie läuft man nackt durch die Straßen.

Ein paar Häuser weiter gibt es eine Frau, die allein lebt. Sie kam vor vielen Jahren aus Sizilien, um einem Grauen zu entrinnen, etwas Vagem, das niemand näher beschreibt, das alle Eltern aber verstehen, *Ja, wir auch,* und es hat immer etwas mit Hunger zu tun und damit, vergessen zu sein. Bei ihrer Ankunft hatte sie einen zerschlissenen Lederkoffer voll Kräuter bei sich, Karten, die die Zukunft vorhersagen, und eine verschlossene Holzkiste. Man munkelt, dass Mütter, die gerade ein Kind zur Welt gebracht haben, die Frau zu sich kommen lassen und sie ihnen hilft, die Nabelschnur zu verbrennen, die Lichter zu dämpfen und Kräuter- und Blumenwickel zu machen, und sie zeigt den Müttern, in welcher Position sie die Brust am besten zum Stillen halten. Man munkelt, dass niemand sich je in einen verliebt, wenn sie einem einmal in die Augen gesehen hat. Man weiß, dass sie einen mit ein oder zwei Wörtern verfluchen kann, und mir nichts, dir nichts, verändert sich die Zukunft, ein Schatten fällt darauf, etwas Dunkles. Sofia weiß, dass die Frau eine Hexe ist, und sie und Antonia machen immer einen Bogen um das unauffällige Haus, bei dessen Dachgeschosswohnung vor allen Fenstern die Rollläden herabgelassen sind. Das tun die beiden aus Gewohnheit – weil sie es schon mit sechs Jahren auf dem Heimweg von der Schule getan haben –, aber selbst als junges Mädchen packt Sofia eine kalte Angst, eine herzflattrige Panik, wenn sie sich die Hexenfrau vorstellt, die man immer nur auf dem Weg zum Lebensmittelhändler sieht. Unter ihrem Hut stehen ihr die Haare wild in alle Richtungen ab, ihre knorrigen Finger winden sich wie Erbsenranken um ihre Einkaufstaschen, tasten umher, bis sie etwas zum Zusammendrücken finden. Niemand sieht sie an, und diese Vorstellung erschreckt Sofia bis ins Mark. Welche Leere, unter niemandes Blick durch die Welt zu gehen. Wie trostlos, von niemandem gesehen zu werden. Wie kann unter diesen Umständen irgendetwas gedeihen?

Sofia weiß auch, dass die Hexe ihr helfen würde, wenn sie Hilfe bräuchte. Doch im Gegenzug würde sie ihr etwas wegnehmen. Sofia durchforscht sich und findet nichts, von dem sie sich trennen würde. Aber sie kommt sich ohnehin unbezwingbar vor und kann sich nicht vorstellen, dass irgendetwas schiefgehen könnte. Sie ist auf dem rasenden Gipfel ihrer vierzehn Jahre, sie weiß nichts über Opfer.

Himmel, Erde, eines Tages wirst du Mutter sein: Das sind die Konstanten. Sofia interessiert sich für Jungs als Schenker von Aufmerksamkeit. Sie interessiert sich für sie als Abenteuer. Wenn sie daran denkt, einen zu küssen, spürt sie im Brustkorb und in der Zunge ein Kitzeln, ein Drängen. Sie kann sich vorstellen, in einen geöffneten Mund auszuatmen und einen neuen Atemzug zu erzeugen, der nur zwischen Körpern existiert. Aber sie kann sich nicht vorstellen, zwei Kinder über die Straße zu schleppen, während ihr die volle Einkaufstasche von der Schulter rutscht. Sie kann sich nicht vorstellen, ihre eigene Mutter zu sein, deren Frisur immer makellos sitzt, die die notwendige Hintergrundkoordination beherrscht, damit zwei Kinder und ein Mann immer satt und sauber und angezogen sind, die aber manchmal das Spülbecken umklammert, die Schultern hochzieht und stockend ein- und ausatmet. Dann gärt Erschöpfung in der Luft. Ihr Papa sieht ihre Mamma an, aber ist er der Einzige? Sofia möchte der ganzen Welt gehören.

Leichter kann Sofia sich als Joey vorstellen. Ihr Papa schreitet mit geschwellter Brust durch die Welt. Während ihre Mamma hinter den Kulissen agiert, ist ihr Papa der Star der Show. Auf ihn achtet man, ihm hört man zu, über ihn spricht man. *Aber das, was er tut, würde ich nicht tun,* sagt Sofia sich. Sie weiß, was er tut. Joey hat etwas an sich, das Sofia wütend macht, mit den Zähnen knirschen lässt. Er ist der Grund, weshalb andere Familien die Straßenseite wechseln, wenn sie die Colicchios sehen. Er ist der Grund, weshalb in der Schule kein Mädchen ihre Freundin werden durfte. *Es ist besser, keine Fragen zu stellen,* hat Rosa gesagt. Sofia hat den Verdacht, dass sie mit dem Älterwerden auch kleiner werden muss. Sich in einen engeren Raum einfügen muss.

Gerade erkennt Sofia, dass die Freiheit dieses Sonntagvormittags zu Langeweile verkümmert, als sie Antonia in einem roten Kleid mit adretten schwarzen Knöpfen und angeschnittenen Ärmeln auf der Straße sieht. Sofia drückt beide Hände und ihre Nase an die Scheibe und hält die Luft an, damit das Glas nicht beschlägt, und verfolgt, wie Antonia an der Ecke die Straße überquert.

Antonia hätte ihr gesagt, wenn sie zum Friseur gehen würde, zum Lebensmittelhändler oder zur Post – etwas Übliches. Und Antonia hätte sie ins Kino mitgenommen und sie um Rat gebeten, wenn sie irgendwo Verbotenes oder Skandalöses hätte hingehen wollen *(an einem Sonntagmittag?),* etwa in den Central Park, den allein zu besuchen ihnen streng verboten ist, oder nach Coney Island, wo die Luft brackig und fremd riecht und sie Männer beobachten, die schuldbewusst in eine Freakshow schlurfen.

Als ihre Familie zurückkommt, hört sie geduldig dem Vortrag zu, den ihr Vater ihr noch im Sonntagsstaat hält: über die Notwendigkeit, am Familienleben teilzunehmen und Anordnungen zu befolgen. Sie nickt, als ihre Mamma, mit den Tränen kämpfend, sagt: *Manchmal, Sofia, muss man Dinge tun, zu denen man keine Lust hat.* Sofia wägt diesen Gedanken ab. *Muss ich wirklich?*

Aber den Rest des Tages treibt Sofia eine tiefe, manische Neugier um. Die lässt ihre Finger zittern und veranlasst sie, mit dem rechten Fuß gegen die linke Hacke zu treten, bis sie einen blauen Fleck hat. Die treibt sie viermal zum Telefon und lässt sie zweimal Antonias Nummer wählen, bevor sie wieder auflegt. Die kaut den Nagel des linken Zeigefingers bis aufs Fleisch ab.

Um fünf kommt Antonia zum Essen, und es gelingt Sofia, sie nicht zu fragen, wo sie war. Vor zwei Jahren hätte Sofia das getan. Sie hätte Antonia klebrig und mit zuckrigem Atem in einen Schrank gezerrt und geflüstert: *Was, was war's?* Sie hätte Antonia zwischen den Rippen gekitzelt, bis Antonia das Geheimnis preisgegeben hätte, bis es ausgebreitet auf dem Boden gelegen hätte und sie beide es untersuchen konnten. Aber an diesem Abend würde es die Sache nur schlimmer machen, wenn sie zugäbe, dass Antonia ein Geheimnis hat. Davon ist Sofia überzeugt. Sie danach zu fragen wäre, als würde sie sämtliche Macht im Raum zu einer kleinen, glänzenden Goldkugel formen und in Antonias wartende Hände legen, sodass Sofia nichts übrig bliebe, als zu ihren Füßen zu betteln. Beim Essen formt Sofia kleine Auberginenstückchen zum Kreis, den sie um ihren Tellerrand schiebt. Sie bleibt still.

Aus Trotz ist Antonia in den letzten Monaten am Sonntagvormittag immer aus dem Haus geschlüpft. Wie eine Rebellion und gleichzeitig wie ein Heimkommen fühlt es sich an.

Sie lässt Lina mit ihren dünnen Zigaretten zurück, die zierlichen Knöchel in den vergilbenden Hausschuhen gekreuzt, mit ihren Bücherstapeln und der Spur der Gegenstände, die sie liegen gelassen und dann vergessen hat: Kamm, erkaltende Tasse Tee, leichter Pullover, Briefberge, alles soll dort vermodern, wo es gerade ist. Sie lässt Sofia zurück, die laut und selbstbewusst ist und Antonia die Kraft gibt weiterzumachen, die sie aber auch erschöpft. Das alles lässt sie zurück und besucht die sonntägliche Morgenmesse um elf Uhr in der Church of the Sacred Hearts of Jesus and Mary.

Sie sagt sich, dass sie wegen des Geruchs dorthin geht. Er ist eine Mischung aus alten Büchern und Weihrauch und unverbrauchter Luft, die sich in den höhlenartigen Dachsparren verfangen hat und atemzugweise an die Gemeindemitglieder ausgegeben wird. Im Winter riecht es scharf nach Kiefer, im Sommer kühl nach metallischem Stein und das ganze Jahr über nach dem unverkennbar blumigen Duft der Erleichterung.

Aber natürlich ist es mehr als der Geruch. Es sind die tief verwurzelte Ordnung, die klar definierten Regeln. Das vertraute Auf und Ab des Kyrie, die runde, regelmäßige Struktur der lateinischen Wörter, die ihre Haut streift, das Ritual des Kniens, das rhythmische Flackern kleiner Kerzen vor dem Altar, der Hauch des Weihrauchs. Es ist die Fähigkeit, jede Woche eine Stunde lang darauf zu vertrauen, dass jemand anderes die Kontrolle übernimmt.

Antonia sinkt auf die Knie. Sie bekreuzigt sich, und ihre Zukunft scheint in den Dachsparren der Kirche zu hängen. *Guten Tag, Papa*, betet sie. *Du fehlst mir.*

Hier ist das Fehlen etwas Handfestes. Ihr fehlt zu Hause

das Licht, das schleifende Geräusch, das die Füße ihrer Eltern beim Tanzen im Wohnzimmer machten. Es fehlt ihr, hochzuschauen und immer zu sehen, wie Carlo zu ihr hinunterblickt, das offene Fenster der Liebe im Gesicht; diese Gewissheit. Die Hand ihres Papas auf ihrem Rücken, wenn sie dem Schlaf entgegenschwebt.

Und hier ist Antonia zunehmend klar geworden, dass sie etwas anderes möchte als das, was ihr angeboten wird. Dass sie nicht wie ihre Mamma enden möchte, mit nichts als einem Mann, der nicht mehr da ist, und einem Kind, dem sie keine Mutter mehr ist. Hier, in den Pausen zwischen den Atemzügen, beim Heben des Kopfes und beim Öffnen der Augen nach dem Beten erkennt Antonia, dass sie ein Leben möchte, das sie selbst gestaltet. Ein Leben, in dem Papas nicht einfach grundlos verschwinden, ein Leben, das nicht von so vielen unabänderlichen, ungeschriebenen Regeln beherrscht wird, dass man im Schlaf erstickt werden könnte.

Beim Essen an dem Abend kaut Antonia langsam, schmeckt kaum, was sie isst. Der übliche Sonntagslärm umgibt sie, aber Antonia zieht sich auf ihren Stuhl zurück, versucht, sich möglichst unsichtbar zu machen. *Und morgen wieder zur Schule?*, fragt Sofias Papa, doch da es keine richtige Frage ist, genügt es, wenn Antonia *Ja* antwortet und ihre Aufmerksamkeit wieder auf ihren Teller richtet. Abgesehen von der Bibliothek, in der sich Antonia so oft wie möglich aufhält, ist sie von der Schule enttäuscht. Sicher, Antonia ist anonym. Sie sieht weniger Kinder aus ihrer alten Schule, als sie erwartet hatte. Niemand hat im Flüsterton über ihren

Vater gesprochen oder mit einem argwöhnischen Blick zu ihrer Mutter geschaut; niemand weiß etwas von ihnen. Sie und Sofia haben keinen gemeinsamen Unterricht, das ist noch nie vorgekommen. Antonia hat enttäuscht festgestellt, dass sie ohne Sofia klein und schüchtern ist und im Flur oft beiseite gedrängt wird. *Genau wie Mamma*, sagt sie zu sich selbst, und Abscheu steckt in ihrer Kehle wie ein Bissen, den sie nicht schlucken kann. *Sie hat ihren Mann verloren*, sagt Antonia sich, denn das sagen alle über Lina, wenn sie Mitgefühl ausdrücken oder die Teile von ihr rechtfertigen möchten, die nicht mehr in die übrige Welt passen.

Nebenan versinkt Lina in der Couch, wo sie ihre freien Tage allein verbringt und die Leere ihrer Wohnung in ihren Ohren summt. Es kommt ihr merkwürdig vor, in einer völlig anderen Welt zu leben als die Menschen, mit denen man früher jeden Tag zusammen war. Es kommt ihr unglaublich vor, dasselbe Gesicht wie immer zu haben, aber eine unkenntliche Seele.

An dem Abend liegt Sofia im Bett und stellt sich vor, dass Antonia eine neue beste Freundin hat. In ihrem Kopf ist die andere größer als Sofia und schlanker, und sie hat strahlendere Augen. Sie ist stiller und ruht mehr in sich. Sie ist nicht auffahrend, verliert nicht die Beherrschung, sie ist mehr wie Antonia. Die Antonia in Sofias Vorstellung ist mit ihrer neuen Freundin viel glücklicher. Sie braucht Sofia nicht mehr. Die beiden haken sich unter und teilen die stillen Geheimnisse inniger Freundschaft, sie lachen leise, ihre Achselhöhlen riechen nie beißend oder muffig. Sofia fällt in einen unruhigen und haltlosen Schlaf und hat am nächsten Morgen beim Aufwachen das Gefühl, als hätte sie etwas Entsetzliches vergessen.

An ihrem zweiten Montag in der Highschool fragt Sofia Antonia nicht, was sie am Wochenende gemacht hat, und Antonia weiß nicht, wie sie ihrer strahlenden, schönen Freundin sagen soll, dass sie sonntags jetzt in die Messe geht. In letzter Zeit hat sich das Gesicht ihres Papas an den Rand ihrer Erinnerung geschoben und will keine scharfen Konturen annehmen.

Und so haben Sofia und Antonia in diesem Jahr ihre ersten Geheimnisse voreinander. Sie trennen sich. Und in jeder beginnt etwas völlig Neues zu wachsen.

Lina Russo ist kein Gespenst. Sie ist immer noch eine Frau. Sie lebt in einer Haut, die, wenn sie in den Spiegel schaut, wie ihre Haut aussieht.

Aber sie ist in der Zeit erstarrt. Ihr Leben endete an dem Morgen, an dem Carlo verschwand. Bis zu dem Moment hatte sie ihr Leben lang mit der Angst verbracht, dass Carlo verschwinden würde oder, in ihrer Kindheit, dass jemand wie Carlo etwas Ähnliches tun könnte wie verschwinden.

Lina hat immer geahnt, dass ihr eine Welt, die sie um sich herum aufbaut, genommen werden könnte.

Sie weiß, es ist nichts mehr zu machen, nachdem das Schlimmste passiert ist.

Aber das ist jetzt sieben Jahre her. Und Lina hat auch ein Geheimnis. In den letzten Monaten nämlich legt Lina, sobald Antonia sich fortstiehlt – in die Kirche, das weiß Lina, der Weihrauchgeruch ist ihr so vertraut wie der Geruch ihrer eigenen Haut –, einen Schal um ihren Kopf und hastet die Straße hinunter zum kleinsten und schäbigsten Haus im Viertel. Sie klopft dreimal, das Herz pocht ihr wie wild in der Brust und den Fingerspitzen und hinter den Augen. Sie betritt das Zuhause der *Maga*.

Zuerst ging sie hin, um Antwort auf eine Frage zu bekommen: *Wo ist mein Mann?* Sie hatte keine Ahnung, woher die Frage Jahre nach Carlos Verschwinden mit solcher Wucht wieder auftauchte. Aber die *Maga* ist natürlich nicht da, um genau die Fragen zu beantworten, die man ihr stellt. Sie ist da, um ihren Kundinnen zu helfen, die Fragen zu finden, die sie nicht stellen. *Brauchst du einen Liebestrank?*, hatte sie sich erkundigt. Amerikanerinnen sind versessen auf Liebestränke. Damit verdient die *Maga* sozusagen ihr Brot. Lina war nicht zufrieden und ging enttäuscht nach Hause. *Mamma hatte recht*, dachte sie. *Das ist überkommener Unsinn.*

Aber eine Woche später stand Lina wieder vor der Tür. Und seitdem geht sie jede Woche dahin.

Dort werden Linas Ängste vom warmen Blick einer alten Frau beleuchtet, die praktisch kein Englisch spricht. Ihre Ängste werden im Spiegel der gezogenen Tarocchi-Karten betrachtet und leise erörtert bei Tee, in dem Blumen erblühen. Lina erfährt vom Rhythmus des Vollmonds und trägt knirschende Puppen aus Favabohnen bei sich, die sich in ihre Taschen schmiegen. Sie lernt, die vier Richtungen nach der Höhe des Sonnenstands zu erfühlen, nach der Länge der Schatten, der Neigung des Winds. Sie verankert sich auf der Erde. Sieben Jahre nach dem Tod ihres Mannes legt Lina Russo, die kein Gespenst ist, den Kopf an die

Brust von La Vecchia. Ein älteres, wilderes Wesen, dessen Geschichten und Rhythmen sie an einen Ort versetzen, der sich seltsamer-, zeitloser- und unheimlicherweise nach Zuhause anfühlt.

Zum ersten Mal im Leben tut Lina etwas, weil sie es möchte, und nicht, weil es ihr aufgetragen wurde. Zum ersten Mal trifft sie eine Entscheidung und kümmert sich nicht darum, was die Leute denken. Wenn La Vecchia eine Straße ist, die es zu überqueren gilt, schreitet Lina aus, ohne einen Blick nach rechts oder links zu werfen.

Und ohne es zu merken, wie schon in ihrer Kindheit, greift Antonia Linas Stimmung auf und nimmt den entsprechenden Raum in ihrem Zuhause ein. Stille breitet sich über ihre Wohnung: Die Hexe und das katholische Mädchen, die gemeinsam Lasagne essen.

In ihrem ersten Highschool-Jahr verbringen Antonia und Sofia mehr Zeit getrennt als gemeinsam. Das geht schleichend vor sich, wie von selbst, und als sie schließlich morgens einzeln zur Schule aufbrechen, fühlt es sich fast normal an.

Antonia stürzt sich in das stundenlange Lernen mit der Begeisterung einer Dürstenden, die auf einen klaren Bach stößt. Im Flurgedränge fühlt sie sich zwar nie wirklich wohl, aber sie findet Zuflucht in der Bibliothek und auf den Seiten ihrer Schulbücher. Antonia lernt Französisch und Latein. Sie verschlingt Bücher. Sie stellt Parabeln grafisch dar und pflügt sich durch die Daten berühmter Schlachten für die amerikanische Unabhängigkeit. Auf dem Heimweg hört Antonia sich jeden Tag selbst ab. Sie flüstert die quadratische Gleichung. Sie rezitiert den Anfang von Dantes *Inferno*.

Nachmittags spült sie Linas Geschirr, die alten Teetassen mit den bernsteinfarbenen Flecken und den Tellern, an deren Rand vertrocknete Toastkrümel hängen. Sie kocht Pasta, wärmt Reste auf oder bringt Behältnisse voll Suppe vom Feinkostladen nach Hause und versucht, Lina zu überreden, sich an den Tisch zu setzen, etwas zu essen, sich nach Antonias Tag zu erkundigen. Antonia steht jeden Abend vom Esstisch auf, um sich in ihre Bücher zu verkriechen, und stellt sich vor, sie wäre Antigone, die mit ihren Prinzipien und ihrem Gott und ihrem unvorstellbaren Verlust begraben ist. Oder sie hat das Gefühl, auf der Erde zu leben und spatenweise schwarzen Torf auf Lina in ihrem Grab zu häufen. Antonia ist Penelope, die von tapfereren Abenteurern verlassen wurde. Sie ist Circe und hat zur Gesellschaft nur die Geister von allem, was sie versäumt hat. So gelingt es Antonia, alles Bittere, Wütende und Leidenschaftliche zu erfahren, das sie sich im realen Leben versagt, wo sie vor Mühe, zu überleben, nicht darüber nachdenken kann, wie es sich eigentlich anfühlt.

Spätabends, kurz vorm Einschlafen, klappt Antonia die Bücher zu, schließt die Augen und vermisst Carlo. Das tut sie sparsam, jedes Mal nur wenige Minuten. *Gute Nacht, Papa*, flüstert sie.

Sofia findet eine Gruppe älterer Mädchen mit rot geschminkten Lippen und richtigen Frisuren, die sich Zettel zustecken, wenn der Lehrer sich umdreht, und in den Pausen lässig an ihren Schließfächern lehnen. Falls sie über Sofias Familie Bescheid wissen, sagen sie nichts. Möglicherweise kümmert es sie nicht. Von ihren neuen Freundinnen erfährt Sofia von der Macht des Hüftschwungs, der lackierten Fingernägel. Sie achtet anders auf ihre Kleidung. Sie wagt es, zum Essen stolz mit geradem Rücken und nachgezogenen, glänzenden Lippen zu erscheinen. Sie bemerkt die Blicke anderer Schülerinnen und Schüler, die ihr folgen, wenn sie durch den Korridor geht, und meistens fühlt sie sich nach solchen Begegnungen größer, blutvoller, tollkühner.

Im Schutz ihrer unangreifbaren Beliebtheit lässt sich Sofia auf eine neue Freundschaft, eine neue Besessenheit nach der anderen ein. Zwar finden die Leute Sofia Colicchio *etwas unberechenbar* (so ihre frisierten und gestylten besten Flur-Freundinnen, so die Jungs, die mit ihr ausgehen durften, so die Lehrer, in deren Unterricht sie *unter ihren Möglichkeiten blieb*), aber sie besitzt den berauschenden Zauber ihres Vaters, und so fühlen sich die Menschen unwiderstehlich zu ihr hingezogen. Obwohl sie sich dessen nicht wirklich bewusst ist, wird ihr rotierender Freundeskreis zum Stoff von Legende und periodischer Wiederkehr – ein regelmäßiges Wechselspiel, ein rhythmischer Zyklus von Herzschmerz und Schwärmerei. Sie liest Mädchen um Mädchen auf, verliebt sich in sie und lässt sie ebenso unvermittelt wieder fallen. Und trotzdem stehen sie Schlange, um mit ihr befreundet zu sein, denn es lohnt sich, zwei oder vier oder neun Wochen das Objekt von Sofias Aufmerksamkeit zu sein, ein schiefes Lächeln mit ihr zu tauschen, im Brennpunkt ihrer scharfen dunklen Augen zu schwelgen. Trotz der nie versiegenden Gerüchte wegen ihrer Familie. Trotz der Gefahr, die wie statische Ladung in der Luft um sie sirrt. Trotz der Grausamkeit von Sofias flüchtiger Zuneigung, der Schnelligkeit ihres Weiterziehens, wenn das Sonnenlicht ihrer Aufmerksamkeit unter den Horizont sinkt. Es lohnt sich, mit ihr befreundet zu sein. O ja, es lohnt sich.

Natürlich ist es bedenkenswert zu fragen, ob es Liebe ist oder *Liebe*, aber das überlegt Sofia nie: dass die Grenze bei der einen oder anderen besonders verzehrenden Freundschaft zwischen jungen Mädchen ohnehin fließend ist. Und es wäre nicht falsch zu behaupten, dass gerade Sofia sich in diese Mädchen verliebt und sie *liebt*, aber sie benennt es nicht.

So wandert Sofia unablässig weiter, und wann immer sie jemanden zurücklässt, kommt sie sich ein bisschen mehr wie sie selbst vor. *So bin ich nicht, so bin ich auch nicht, und das bin ich auch nicht. Ich bin aus etwas anderem gemacht.* Sofia, stets unter Strom, spielt ihre Macht zunehmend aus. Testet deren Grenzen.

Schließlich erzählt Antonia Sofia, dass sie jede Woche allein in die Kirche geht. Das erwähnt sie beiläufig, und es ist unverkennbar, dass Sofias Meinung ihr weit weniger wichtig ist als früher. Sofia fragt sie nicht nach dem Grund. Antonia hört gerüchteweise, dass Sofia den größten Langweiler der ganzen Schule, Lucas Fellini, die Hand unter ihre Bluse stecken ließ, aber sie traut sich nicht, mit ihr darüber zu reden, traut sich nicht zu fragen, wie es war. *War seine Hand kalt?*, überlegt sie sich. *Hast du die mit den hakeligen Knöpfen getragen?*

Sofia und Antonia füllen den Abstand zwischen sich zunehmend mit Geschichten über die Zukunft. Im Lauf ihres ersten Highschool-Jahres beschließt Antonia, dass sie aufs College gehen möchte. Ihr ist klar geworden, dass das Lesen, das immer ein Entkommen aus ihrer unmittelbaren Umgebung darstellte, ein Entkommen aus ihrem ganzen Leben bedeuten könnte. Sie wird Brooklyn verlassen, sie wird die Familie für immer verlassen – nicht so, wie ihre Mutter es getan hat, die sich in ihre eigene Haut zurückzog, sondern indem sie ausbricht, etwas völlig Neues schafft. Und dann, beschließt Antonia, wird sie jemanden kennenlernen, der noch nie von der Familie gehört hat. Ihre Kinder werden nie etwas davon wissen. Sie werden sich in der Schule nie ausgeschlossen fühlen, ihr Vater wird nie eines Tages auf Nimmerwiedersehen verschwinden. Antonia, die Polarforscherin, die Ritterin hoch zu Ross, die Safari-Abenteurerin, wird sich selbst und ihre künftige Familie aus der ungezähmten Landschaft erretten, in der sie seit Carlos Tod festsitzt.

In ihren Tagträumen kauft Antonia ein Haus mit einer umlaufenden Veranda. Sie bevölkert es mit Kindern und einem Mann, und Lina macht Urlaub bei ihnen, und Sofia kommt am Wochenende zu Besuch. Niemand geht arbeiten. Niemand spricht über die Vergangenheit.

Sofia ahnt die revolutionären Veränderungen, die demnächst ganz bestimmt und ohne jeden Zweifel kommen müssen: Ihr Leben wird ein einziges ungewisses Abenteuer sein, eines, das noch von niemandem geträumt wurde. Sie wird die Beschränkungen des Frauseins abschütteln, die ihre Zukunft schon jetzt immer fester umschnüren.

Sofia erkennt durchaus, dass sie, wie Rosa, ebendiese Beschränkungen, wann immer möglich, zu ihrem Vorteil einsetzt. Sofia eignet sich die gesenkten Augenlider an, den unergründlichen Blick. Sie lässt sich von Lucas Fellini ausführen, aber das Gerücht über ihre aufgeknöpfte Bluse und seine feuchtkalte Hand stimmt natürlich nicht.

Allerdings lernt Sofia in diesem Jahr, mit den Händen selbst über ihren Körper zu streichen. Sie steht allein vor dem Spiegel in ihrem Zimmer und entdeckt in ihrem Innern eine weichere Stelle. Das muss das Etwas sein, von dem Rosa sagt, dass sie es beschützen muss. Das muss das zerbrechliche Herz sein, das Etwas, das sie zerbrechlich macht. Das ist der Auslöser von Kriegen, die Quelle des Lebens.

Es ist beinahe genug.

Antonia und Sofia winken sich zu, wenn sie sich auf den Gängen begegnen, beim Sonntagsessen sitzen sie eng nebeneinander und sagen mit distanzierter Wärme: *Ach, wie geht es dir.* Es ist, als wäre ihre Freundschaft erstarrt, verharre in Wartestellung, und wenn sie zusammen sind, müssen sie beide an einen fremden Ort reisen, an dem sie dieselbe Sprache sprechen. Jedes Mal müssen sie einen Teil ihres gegenwärtigen Ichs zurücklassen. In Antonias ungeschminktem Gesicht spiegelt sich, auf welche Art Sofia etwas vortäuscht. Bei ihren neuen Freundinnen fragt Sofia sich nie, ob sie wirklich den neuen Pullover braucht, das Parfüm am Hals. Antonia mit ihrem Lerneifer und ihren vernünftigen Schuhen gibt Sofia das Gefühl, eine Falschspielerin zu sein. Und während sich Antonia früher in Sofias Gegenwart stärker vorkam, fühlt sie sich jetzt, am Rande von Sofias Leuchten, unbeholfen und unbehaglich und, wenn sie ganz ehrlich ist, ist so sogar etwas kritisch gegenüber Sofias neuem Gehabe. Wie stark es einen verunsichert, die Motive eines Menschen zu hinterfragen, der einem immer als Kompass gedient hat. Wie sehr es einen isoliert, sich zu fragen, ob man trotz der Familienbande und der Freundschaftsschwüre und Treuegelübde, die man geleistet hat, am Ende alleine ist.

Spätnachts, wenn die Stunden keine Namen mehr zu haben scheinen und Antonias Körper schwer ist vor Erschöpfung, aber ihre Gedanken sich millionenfach überschlagen, legt sie manchmal die flache Hand an die Ziegelwand zwischen ihrem und Sofias Zimmer. Auf der anderen Seite der Wand presst Sofia manchmal ihre Stirn dagegen. Beide stellen sich vor, dass die andere da ist.

Antonia liest die Nachrichten manisch, besessen. Sie sieht Hitlers Männer und Jungen durch die Tschechoslowakei trampeln, und als der Sommer etwas weniger grell brennt, stellt sie sich vor, dass diese Jungen und Männer nach Polen hineinströmen, wie Wasser, das in ein Glas fließt. Sie spürt das Böse durch die Risse aufsteigen, die sie allmählich in der Welt um sich her wahrnimmt.

Jeder Tag, den sie in der Enge mit Lina verbringt, erschöpft sie. Obwohl Lina sich mittlerweile etwas verändert hat, sie ist geschäftiger, weniger zerbrechlich. Lina hält es nicht für nötig, ihre Gedanken zu glätten, damit sie für jemand anderen verständlich sind, und so sind die gemeinsamen Tage durchsetzt von Zeilen aus Liedern, die Linas Mutter früher einmal sang, von Erinnerungsfetzen, die Lina in den Sinn kommen. Antonia richtet das Frühstück her, und mittendrin steht Lina auf, lässt ihren Teller unberührt stehen und erklärt, sie könne unmöglich zimmerwarmen Toast essen, oder sie sagt gar nichts und geht in unerklärlichem Schweigen davon. Lina betritt einen Raum und schwärmt von den Dingen, die sie hätte tun können, anstatt Carlo zu heiraten: Sie wäre Schriftstellerin geworden, sagt sie. Sie wäre eng mit Zelda Fitzgerald befreundet gewesen. Sie wäre Verkäuferin geworden, eine dieser einschüchternd schicken jungen Frauen, die sich in jeder Situation wohlfühlen, obwohl sie, wohin sie auch gehen, wie gut gekleidete, langgliedrige Leuchttürme hervorstechen. *Stattdessen das*, sagt Lina und hebt die Hände, die ständig rissig und von dicken weißen Placken trockener Haut bedeckt sind wegen der Großwäscherei, wo sie sich die Tage damit vertreibt, Tisch- und Bettwäsche von Mittelklassehotels zu waschen. *Stattdessen haben wir deinen Vater verloren*. Tausendmal am Tag überlegt sich Antonia, zu Sofia zu gehen, aber eine vage Mischung aus Stolz und Angst hält sie davon ab. Zwischen ihnen klafft ein Abgrund. Sofia trägt die Maske der Frauen, die sie früher beide bewundert haben, als wäre ihr dieses Gesicht immer schon vorherbestimmt gewesen. Sofia ist gepudert und perfekt. Die bloße Vorstellung, bei Sofia Trost zu suchen, ist Antonia unangenehm. Sie hat sich vorgenommen, nach Wellesley zu gehen, Professorin für klassische Literatur zu werden, sich wie Emily Dickinson in Bücher und Einsamkeit zu hüllen. Sogar für Antonia haben diese vielschichtigen Fantasien etwas Verstiegenes und Fadenscheiniges. *Dort drüben sterben Menschen, und du träumst von einem Collegeabschluss, den du dir nicht leisten kannst*. Wenn sie sich durch Sofias Augen sähe, wäre das noch schlimmer.

Also vergräbt Antonia sich in sich selbst. *Was kommt jetzt?*, heißt es in den Schlagzeilen der Zeitungen, in den Radiomeldungen, im Streiten der Tauben, die sich an Kreuzungen um Essensreste balgen. Wenn Antonia die Augen schließt, überwältigen sie Empfindungen. *Malocchio*, sagt ihre Mutter. Der böse Blick. Antonia ist sechzehn.

Die Welt ist instabil.

Plötzlich sehen Sofia und Antonia wie zwei unterschiedliche Frauen aus und nicht mehr wie zwei austauschbare Mädchen. Sofia ist hochgeschossen, ihre Lippen und Augen, die Schultern und Waden sind rund geworden. Es ist, als hielte sie in ihrem Körper zahllose Überraschungen bereit, als könnte sie jederzeit in Lachen oder in Tränen ausbrechen oder die Arme über den Kopf strecken. Antonias Haar ist dunkler geworden, und ihre Finger und Zehen sind gerade so viel länger geworden, dass sie eine unvergleichliche Anmut besitzt.

Sicher, mit sechzehn verrät der Körper Dinge, die später einmal zutreffen werden, die man aber noch nicht empfinden kann: Antonia kommt sich mit ihren anmutigen Gliedmaßen plump und ungepflegt vor, und Sofia ist fast immer zu Tode gelangweilt, möchte um jeden Preis vorwärtsstürmen, wartet ungeduldig auf etwas Neues.

Frankie ist jetzt acht, altklug und so scharfsichtig wie Rosa. *Warum bist du nicht mehr so oft bei uns?*, fragte sie Antonia am vergangenen Sonntag, und Antonias Magen machte einen Satz, als wäre sie bei etwas Verbotenem ertappt worden, und dann konzentrierte sie sich wieder darauf, Rosa beim Aufbauen zu helfen. Die zwei Kartentische, die zusammengeklappt hinter dem Sofa verwahrt werden, werden abgestaubt und aneinandergestellt, damit für alle ein Stuhl hinpasst. Und wenn eine lange braune Platte in den Esszimmertisch eingesetzt wird, bietet er gedrängt zehn Gästen Platz und nicht nur sechs, wenn sie gemütlich sitzen.

Während sie den Tisch decken, Zwiebeln hacken, die Weingläser polieren, unterhalten sich Sofia und Antonia jede Woche über Unverfängliches. Sie stehen sich nah genug, um die gleiche Luft zu atmen, und der Nachmittag ist lang genug, sodass sie sich keine Vorwürfe machen müssen, ihre Freundschaft schleifen zu lassen. Und jede von ihnen merkt: *Sie ist glücklich. Sie ist glücklich ohne mich.*

Als der Juni 1940 richtig heiß zu werden beginnt, beenden Sofia und Antonia die Unterstufe der Highschool. In der folgenden Woche meldet das Radio, dass sich Italien mit Deutschland verbündet hat, und Antonia und Sofia sitzen mit zahllosen ihnen bekannten Menschen zusammengedrängt bei den Colicchios in der Wohnung. Alle sind unruhig in der frühen Sommerhitze. Wein wird eingeschenkt, und das Zimmer füllt sich mit dickem Zigarettenrauch. Hutstapel, Pullover und Taschen begraben Sofias Schreibtisch.

»Es wird genauso sein wie beim letzten Krieg«, sagt Rosas Vater. Pop lässt sich selten beim Essen blicken, aber wenn doch, dann beherrscht er den Raum, sitzt breitbeinig in Joeys Sessel gegenüber der Couch, Hände auf dem Bauch verschränkt. Diese Geste der Ehrerbietung seitens Joey dient dazu, die natürliche Spannung zwischen Schwiegervater und Schwiegersohn zu lockern, aber sie ist auch Joeys Art, seinen Status zu behaupten: *Schau, wie selbstbewusst er ist,* denken die Leute. Joey kann Macht abgeben, ohne sie zu verlieren. *Schau, wie ehrenwert.* »Wir werden uns auf unsere wesentlichen Aufgaben beschränken müssen. Auf das rein Notwendige.«

»Aber was heißt das für uns?«, fragt Paulie DiCicco.

Das Zimmer verstummt. Fünf Männer drehen den Kopf zu Paulie: Joeys neuestem Grünschnabel, der sich nicht einfach so zu Wort hätte melden dürfen. Die Frauen, darunter Sofia und Antonia, spüren die dünne, aufgeladene Luft und verstummen kurz.

»Die Befürchtungen der Jugend«, sagt Joey entschuldigend. Die Luft wird weicher, die Frauen wenden sich wieder ihrem jeweiligen Kreis zu. Ohne es wirklich wahrzunehmen, rücken Sofia und Antonia näher zusammen. Antonia steckt eine Serviette nach der anderen in die Ringe. Sofia poliert einen Berg angelaufener Gabeln. Beide spitzen die Ohren, um der Männerseite im Raum zu lauschen.

»Aber Pop«, sagt Onkel Legs, Rosas ältester Bruder. »Im Moment sind alle Familien flüssig. Es wird nicht wie beim letzten Mal sein. Uns geht's allen gut.«

»Es wird nicht wie beim letzten Mal sein, weil dieser Krieg nicht sinnlos ist«, sagt Joey. Das wird mit allgemeinem Brummen quittiert.

Die Familie weiß nicht so recht, was sie von der Situation halten soll. Als Italiener möchten sie Italien mit jedem Atemzug und vollem Körpereinsatz unterstützen, obwohl das seit vielen Jahren recht kompliziert ist wegen der Gerüchte über Mussolinis neue Weltordnung, und nur die wenigsten überrascht es, dass die wirtschaftlich zerstörten Dörfer, denen sie und ihre Eltern entflohen, diesem neuen Übel verfallen sind. Als Einwanderer scheuen sie jeden Krieg, und sie sind skeptisch, ob sie dem Raunen über unmenschliche Gräueltaten Glauben schenken sollen, die an allen verübt werden, die sich nicht für die Ziele des Dritten Reichs einsetzen. Als Amerikaner wollen sie um keinen Preis etwas mit einer weiteren Katastrophe in Europa zu tun haben, möchten sich aus dem verfilzten Geflecht von

Politik und Kultur heraushalten, das ihre Verwandten jenseits des Atlantiks ins Verderben zieht.

Als Geschäftsmänner, oder etwas in der Art, verfolgen sie die Sache mit Spannung. Die finanzielle Lage ist in der Nach-Prohibitionszeit unsicher und wacklig geworden, man kommt über die Runden mit Schutzgeldzahlungen von Lokalbesitzern und kleinen Geschäftsleuten, die sich leicht einschüchtern lassen – ein Blumenladen, der für schöne und kostspielige Hochzeitsbouquets bekannt ist, ein Teppichimporteur auf der Atlantic Avenue, ein Reisebüro, das die Sommerferien nachrangiger Vermögender organisiert –, aber die Geschäfte florieren nicht wie zu der Zeit, als Wein nur in Gold aufzuwiegen war. Im Krieg werden einige Dinge knapp, das wissen sie. Dinge, die natürlich beschafft werden können, vorausgesetzt, man kennt die entsprechenden Leute und hat das entsprechende Geld. Außerdem bedeutet Krieg in Europa, das wird ihnen schnell klar, dass es Ausreisewillige geben wird. Diese Menschen werden *irgendwohin* ausreisen wollen. Und sie werden dabei Hilfe brauchen – insbesondere von einer diskreten Gruppe, die die Schleichwege und verschwiegenen Handelsrouten östlich des Mississippi in Richtung kanadischer Grenze kennt.

Rosa schenkt die Gläser mit ungewohnter Beklommenheit ein. Am Ende des letzten Kriegs lernte sie Joey kennen, und das Adrenalin der ganzen Welt trug sie beide störungsfrei durch die Zeit des Kennenlernens. Es füllte den Raum, wenn die Unterhaltung stockte, es verwandelte die grauen Gebäude, die ihren Horizont begrenzten, in Sternenlicht und Pracht. *Was könnte dieses Mal passieren?*, fragt sie sich und sieht sich im Raum nach Joey um. Sie möchte keine Veränderungen. Ihre hübschen Mädchen, ihr Mann: Rosa hat ihren Platz gefunden.

Joey, auf der anderen Seite des Zimmers, ist abgelenkt, er begegnet ihrem Blick nicht. Würde er sie sehen, würde er lächeln. Echte Unsicherheit hat er schon so lange nicht mehr empfunden, dass er den anderen jovial auf den Rücken klopft und Trinksprüche ausbringt. Er hat die Situation genau im Blick: Sie beschäftigt ihn, er steht unter Strom. Selbstzufriedenheit birgt die Gefahr, dass man müde wird. Stumpf. Sie lenkt einen von der Hitze ab, während das Wasser um einen herum zu sieden beginnt.

Am späten Abend, nachdem die Uhren wieder bei null begonnen haben und die Unterhaltungen, verstreut über das Wohnzimmer und die Gänge, in kleine Zellen der Sorge und Spekulation zersplittert sind, sitzen Antonia und Sofia unversehens allein in Sofias Zimmer.

Wenn die ungelenken Überreste ihre Freundschaft nicht durch die Gegenwart anderer belebt werden, wird die Luft plötzlich still und dicht. Antonia hat den unwiderstehlichen Drang, sich ständig rastlos zu bewegen, und Sofia kann Antonia nicht in die Augen sehen.

»Na ja«, sagt Sofia, »wahrscheinlich wird ab jetzt alles anders werden.«

»Alles wird ständig anders«, sagt Antonia und möchte dann die Worte am liebsten wieder zurückholen. *Warum musst du immer solche Sachen sagen?*, fragt sie sich.

Sofia verdreht die Augen zur Decke und sagt: »Das hatte ich nicht gemeint«, und plötzlich stecken sie wortlos in einem Morast ungewollter Feindseligkeit fest und finden keinen Weg hinaus.

Wie sind wir so weit gekommen?, fragt Sofia sich. Sie vermisst Antonia, die verdrossen auf ihren Schoß starrt und für Sofia scheinbar gar nichts mehr übrig hat. Und der gegenüber Sofia sich im Gegenzug wie eine Eiskönigin gibt.

»Entschuldige«, sagt Sofia. »Ich wollte nicht … Ich meine … entschuldige.«

»Schon in Ordnung«, antwortet Antonia. Sie steht auf, tritt ans Fenster und vermisst Sofia. »Ich habe gehört, dass du mit Lucas Fellini ausgegangen bist«, sagt sie schließlich.

Sofia lacht. »Ja, leider.«

Unvermittelt empfindet Antonia mehr Neugier als Ärger. »Was ist passiert?«

Sofia würde Antonia gern alles erzählen, aber es soll nicht so wirken, als könnte sie es gar nicht erwarten. »Kannst du damit umgehen?«

»Wahnsinn«, sagt Antonia. »Wahrscheinlich nicht.« Unvermittelt fühlt sie sich Sofia nah, ein alter Instinkt. Eine Erleichterung.

»Na ja«, sagt Sofia. »Ich bin auch nicht … damit umgegangen. Zu seiner großen Enttäuschung.«

Antonia verzieht das Gesicht, aber sie durchzuckt auch eine leise Angst. *Würde Sofia wirklich so weit gehen?*

Sofia feixt und klopft neben sich aufs Bett. Antonia setzt sich. »Er hat mich zum Essen eingeladen, aber ihm ist nichts zu sagen eingefallen. Zuerst hat er mir leidgetan, weil, du weißt schon, sein Hemd steckte zu fest in der Hose, die Haare hatte ihm eindeutig seine Mutter frisiert, und sein Vater hatte ihm garantiert einen Vortrag über gute Manieren gehalten, aber er hat mir keine einzige Frage gestellt, und er hat einfach Nudeln mit Butter bestellt, und dann haben wir beim Essen bloß schweigend dagesessen!« Mittlerweile grinst Antonia. Sie stellt sich vor, wie die schillernde Sofia versucht, sich auf einer Holzbank auf der Terrasse einer Trattoria einzufügen und eine Coca-Cola mit Strohhalm bestellt. Sofia und Lucas Fellini: der größte Langweiler der ganzen Schule. Sofia legt ihre Hand auf Antonias. Verschwörerisch beugt sie sich vor. »Und danach? Also, es war, als hätte er gedacht, dass es ... na ja, richtig gut gelaufen ist oder so, und er hat mich auf dem Umweg nach Hause gebracht – du weißt schon, *am Park vor der Schule vorbei...*«, und an dieser Stelle stockt Antonia der Atem, weil der Park vor der Highschool als Treffpunkt für Paare berüchtigt ist und weil im vergangenen Jahr mindestens zwei Mädchen nach einem Rendezvous dort schwanger geworden sind, »Ich weiß«, fährt Sofia fort, »und dann hat er mich so *angeschaut*, in etwa wie, *Also, jetzt mal los,* und ich habe einfach zurückgeschaut und mir gedacht, *Das kannst du vielleicht alleine machen*« – wozu Antonia sagt: »Also Sofia, ehrlich«, und Sofia winkt ab – »Ich weiß, aber du glaubst doch nicht im Ernst, dass er's nicht gleich gemacht hat, als er zu Hause war! Wie auch immer, er hat sich nicht mal getraut, sich zu mir zu beugen oder um einen Kuss zu bitten, und zu guter Letzt hat er sich einfach umgedreht und mich nach Hause begleitet!« Sofia unterbricht sich, um Luft zu holen. »Ach, Tonia, du hättest ihn sehen sollen. Wie ein geprügelter Hund stand er da und hat mich angeschaut. Als würde er mich damit rumkriegen!« Die beiden sehen sich eineinhalb Sekunden mit angehaltenem Atem an, dann schütten sie sich aus vor Lachen. »Er war so langweilig!«, prustet Sofia. »Ich dachte schon, er könnte mich damit anstecken!«

»Stell dir vor, man fängt sich *Fellinis Transusigkeit* ein!«, kreischt Antonia. Tränen rinnen ihr aus den Augenwinkeln, sie krümmt sich vor Lachen. »Glaubst du, das bekommt man einfach vom Küssen, oder müsste man …?«

»Ich würde nicht mal die Luft in seiner Nähe einatmen wollen, von küssen ganz zu schweigen!«, keucht Sofia. »Und *noch* viel weniger … igitt! Aber garantiert hat er seinen Freunden gesagt, dass wir's gemacht haben, und noch mehr, und ehrlich, fast ist es mir egal, solange ich nie wieder mit ihm reden muss!« Beinahe sagt Sofia, dass es einen Moment gegeben hat, als sie ihn angesehen hat und sich dachte: *Was, wenn ich's einfach mache? Was, wenn ich die Blusenknöpfe öffne und es einfach mache, nur so, was würde dann passieren?*, und was sie daran hinderte, nicht der Gedanke gewesen war, dass es falsch sein könnte oder dass sie sich schützen müsste, sondern eine heftige Woge der Trauer wegen der Vorstellung, dass Lucas Fellini derjenige wäre, der ihr Leben in ein Vorher und ein Nachher teilte, der Gedanke, dass, wenn sie verändert wäre, er Teil davon wäre. Stattdessen hatte sie sich zu ihm gedreht und gesagt, er solle sie nach Hause bringen, und beim Zubettgehen hatte sie immer noch gezittert, weil der Grat zwischen Ja sagen und Nein sagen so schmal war. Aber sie würde sich nackt vorkommen, wenn sie Antonia das erzählte, die ganz bestimmt nie mit sich ringen muss, ob sie Regeln bricht, so wie Sofia das muss.

Antonia tut der Bauch weh vor Lachen – vor Erleichterung, vor Liebe, vor Entsetzen über die Dinge, die zu tun Sofia reizt. Sofia legt den Kopf auf den ausgestreckten Arm, damit sie Antonia von der Seite ansehen kann.

»Es tut mir leid, weißt du?«, sagt Sofia.

Antonia fühlt sich versucht, *Was denn?* zu fragen, aber das wäre eines dieser Dinge, mit denen sie sich selbst herabsetzen und bei denen Sofia die Augen verdrehen und *Du weißt schon* sagen würde, und Antonia weiß es ja auch. Also sagt sie: »Mir auch«, und dann liegen sie nebeneinander und hören die Erwachsenen im Wohnzimmer. Gelegentlich ein Husten, das Lachen eines Mannes.

»Denkst du je daran?«, fragt Sofia. Sie deutet in Richtung der geschlossenen Schlafzimmertür.

»Wie meinst du das?«, fragt Antonia.

»Ich meine, überlegst du dir, was sie da drin machen? Überlegst du dir, was unsere ... was mein Vater macht?«

»Eher nicht«, sagt Antonia. Aber natürlich denkt sie daran: jede gelüftete Mütze ist ein Gruß an ihren Vater, jeder glänzende Anzug eine Erinnerung daran, was ihr genommen wurde. Beinahe erzählt sie Sofia, dass sie in Gedanken ein Haus mit einer umlaufenden Veranda gebaut hat. Dass sie Träume vom College, von Unabhängigkeit und Flucht hat. Sofia würde das verstehen, denkt sie. Aber Sofia würde sich auch verlassen vorkommen. Und Sofia würde wissen, dass Antonia sich etwas vormacht.

Zuerst schweigt Sofia, dann sagt sie: »Ich schon.«

»Was, du schon?«

»Ich denke schon darüber nach.« Nicht oft. Aber sie bekommt das Bild der kleinen Antonia, deren Leben durch die Machenschaften von Männern mit Macht und jeder Menge Geheimnisse auf Dauer gezeichnet wurde, nicht aus dem Kopf. Und in letzter Zeit, im Kreis von Freundinnen, die sie am Wochenende zwar nicht besuchen und nicht fragen, wie es ihr geht, die aber an ihrer Seite stehen, ein Heer von Faltenröcken gegen alles Unbekannte, verschlägt es Sofia manchmal den Atem, dann ist sie gefangen in der Erinnerung an die fehlenden Grundschulfreundinnen, an das Brennen im Hals, wenn sie unter den kritischen Blicken aus zusammengekniffenen Augen durch die Korridore ging. Und Sofia erkennt, dass das, was ihr Vater tut, um Brooklyn zu führen, nicht Neugier in ihr weckt, sondern vielmehr Wut. Wut auf das Ganze.

»Und was denkst du?«

»Ich finde es falsch.« Während Sofia das sagt, denkt sie, dass sie es glaubt. Während sie es sagt, ist sie beflügelt von einer reinen, eigenständigen Meinung. Wie ihr klar wird, ist das Joeys größte Angst: dass sie sieht, was er tut, und dass sie es ablehnt. »Ich finde es falsch, und ich glaube, dass sie Menschen wirklich verletzen.«

»Ich glaube, ganz so einfach ist es nicht«, antwortet Antonia. Antonia, die nie das Privileg hatte, unbeirrt sein zu dürfen. Die mit sämtlichen Fasern ihres Seins weiß, dass die Familie ihr Leben zerstört hat, aber auch, dass sie es erhalten hat. Es überrascht sie, das zu denken. Ihr erträumtes, zukünftiges Leben hat ein Loch bekommen, alle Luft entweicht. *Du wirst deine Familie nie im Stich lassen*, das wird ihr klar. Sie ist um keinen Deut besser als Lina, die den Familienbanden ebenso wenig entkommen kann.

»Wieso?«, fragt Sofia. Sie spürt, dass Antonia recht hat.

Der Gedanke lodert unvermittelt in ihr auf. »Wie kannst *du*« – es sprudelt hervor, es gibt kein Halten –, »ausgerechnet du denken, dass es nicht so einfach ist?«

»Wie bitte?« Antonia steht auf, und plötzlich haben sie diesen Punkt erreicht, die Schwelle von etwas Unausgesprochenem. Ihnen schwindelt, sie sind den Tränen nahe, noch ist ihr Zusammenhalt zerbrechlich. Sie möchten keinen Bruch, nicht schon wieder, aber es wäre leicht.

Das Feuer lodert in Sofias Bauch und Brust und greift nach ihrer Kehle. »Nach dem, was sie deinem Papa angetan haben. Wie kannst du nur! Wie kannst du nur denken, dass es nicht so einfach ist!«

»Sie zahlen meine Miete, Sof. Und deine auch, falls du das vergessen hast.« Antonia funkelt sie an. »Ist es nicht ein bisschen scheinheilig, sie zu kritisieren?«

Plötzlich tut es Sofia leid, und gleichzeitig ist sie noch wütender. Hinter ihren Augen bilden sich Tränen. Hitze steigt in ihr auf, sie weiß, dass ihr Gesicht rot wird. Die Stimme klebt ihr am Gaumen. »Es tut mir leid«, sagt sie. »So habe ich es nicht gemeint.«

»Ist schon in Ordnung«, sagt Antonia, und das stimmt auch: Welche Erleichterung, etwas zu haben, worüber sie streiten können. Irgendwie ist das besser, als einander gar nichts zu sagen zu haben.

Sofia sieht Antonia an und öffnet den Mund, um tausend Fragen zu stellen. »Bist du nicht wütend?«, ist das, was sie fragt. »Auf sie? Auf uns?«

Antonia sieht Sofia an. Sie steht in der Tür von Sofias Zimmer, im Licht der Lampe auf Sofias Schreibtisch. Sie hat das gleiche Gesicht wie mit fünf, mit neun, mit dreizehn. »Doch. Jede Sekunde«, ist das, was sie sagt. »Aber was soll ich sonst machen?«

Als Antonia gegangen ist, denkt Sofia über ihre frisch entdeckte Wut nach. Sie ist heiß wie geschmolzener Stahl. Sie neigt den Kopf, zum Raunen des Nach-Tischgesprächs aus dem Wohnzimmer, kann es aber nicht ganz verstehen. Auf Strümpfen stiehlt sie sich hinaus. Während sie sich dem Wohnzimmer nähert, löst sich das Raunen auf in die Stimmen ihres Papas, der sich mit ihrem Onkel und ihrem Großvater unterhält.

Sofia späht durch einen Spalt in der angelehnten Flügeltür zum Wohnzimmer. Joey sitzt aufrecht da, der Rücken kerzengerade, die breiten Schultern zu Rosas Vater vorgebeugt. »Ich beneide dich nicht«, sagt Sofias Großvater gerade. »Bei Kriegsausbruch etwas Neues anzufangen – im Krieg ist es schwierig, die Leute dazu zu bringen, überhaupt etwas zu kaufen.«

»Wir müssen eben zusehen, dass wir etwas verkaufen, ohne das sie nicht auskommen«, erwidert Joey. Auf seiner Stirn erscheint von Nord nach Süd eine Falte. Sofia sieht die Gedanken in ihm arbeiten. Es fällt ihr schwer, an ihrer Wut festzuhalten, wenn sie das vertraute Gesicht ihres Papas ansieht. Sofia ist zu stur, um sich zu fragen, ob ihre Wut nicht eine dürftige Maske für etwas Tiefgründigeres und Komplizierteres ist, aber wenn sie Joey sieht, weiß etwas in ihr, dass sie nicht nur wütend ist. Noch ist Sofia nicht bereit, ihre unbändige Neugier zuzugeben. Denn das gibt ihr das Gefühl, eine Verräterin zu sein: gegenüber Antonia, die von den Machenschaften der Familie so tief verletzt wurde.

Gegenüber ihrer Mamma, die immer nur wollte, dass Sofia zufrieden ist mit dem Platz in der Welt, der für sie geschaffen wurde.

Gegenüber Joey allerdings wird sie dadurch nicht zur Verräterin. Dadurch kommt Sofia ihm näher. Näher, als sie sich je vorstellen konnte.

Bis Antonia Rosa geküsst und die Tür zu Sofias Wohnung geschlossen hat, bei Sofia die Treppe hinunter- und in ihrem eigenen Haus hinaufgestiegen ist, hat sie ihren Traum von einem Collegeabschluss in einer Stadt, wo keiner ihren Namen kennt, aufgegeben. Ohne die Familie, ohne ihre Geschichte und ohne Sofia ist sie eine leere Hülle. Allein schafft sie es nie. Das sagt sie sich, aber die Wahrheit ist natürlich nicht ganz so einfach: Plötzlich weiß Antonia nicht, ob sie es überhaupt allein schaffen möchte. Es muss doch möglich sein, denkt sie, der Kontrolle der Familie zu entkommen, ohne die Menschen zurückzulassen, die sie liebt. Es muss doch möglich sein, alles zu bekommen, was sie will.

Als sich die Nacht wie Schweigen über Brooklyn breitet, legen Sofia und Antonia ihre Hände an die Ziegelwand zwischen ihren Wohnungen, und jede weiß, dass die andere da ist. Jede weiß, dass sie einander nicht im Stich lassen werden. Sie geben sich der Stärke der Verbindung geschlagen, die sie geschaffen hat.

Draußen wächst der Krieg. Die ganze Welt ist in Aufruhr. Niemand geht rechtzeitig zu Bett, und das Radio läuft weiter und krächzt und knistert, bis nur noch Musik aus der Konserve und dann statisches Rauschen erklingt. Und trotzdem treibt sich, während die Nacht vergeht, immer jemand in der Nähe des Radios herum und hört zu. Wartet auf Informationen, auf einen Grund. Auf einen Beweis dafür, dass die Welt nicht untergeht. Auf die Stimme eines längst verlorenen Verwandten, oder auf eine Nachricht von Gott.

Bis zu den Frühnachrichten kommt nur statisches Rauschen.

Als Antonia Paolo Luigio das erste Mal sieht, ist er eine verschwommene Gestalt mit geröteten Augen und hängenden Schultern auf dem Weg zu den Colicchios, und sie schaut nicht, wohin sie geht. Sie stößt mit ihm zusammen, und ein braunes Papierpäckchen fällt ihm aus dem Arm, und Pässe – steife, rote, nagelneue, voll Verheißung und Verpflichtungen – verteilen sich über den Boden. Benommen stehen Paolo und Antonia einen Moment da.

Antonia bückt sich, sammelt ein paar Pässe auf und reicht sie ihm. »Verzeihung«, sagt sie und rennt regelrecht über die Straße davon. Dann hält sie inne, dreht sich um und sagt: »Ich bin spät dran für die Schule«, und Hitze prickelt ihr übers Gesicht und den Rücken hinunter.

»Morgen, Miss«, sagt er und tippt sich an den Hut.

So einfach ist es, oder so unendlich kompliziert.

Erst als Antonia im Sozialkundeunterricht sitzt und die Nähte ihres gestärkten Schulkleids durchschwitzt, wundert sie sich, warum ein Mann, den sie nie zuvor gesehen hat, Pässe bei Sofia vorbeibringt.

Als sie ihn zwei Wochen später wiedersieht, sagt sie: »Guten Morgen«, und er lächelt. Wann immer ihr im Lauf des Tages ihre Begegnung wieder in den Sinn kommt, ist sie peinlich berührt. Die Worte stolperten lauter und barscher als beabsichtigt über ihre kindischen Lippen. Seine sanften Augen, sein Nicken. Antonia schaudert und fühlt sich plötzlich unwohler als je zuvor in ihrem beengten Körper.

Antonia ertappt sich dabei, dass sie auf den Anblick von Paolos Hut wartet, der jeden Morgen den Bürgersteig herunterkommt. Sie sagt selten mehr als *Guten Morgen*, aber jeden Tag glaubt sie, dass sie ihn an ihren Kleidern riechen kann. In seiner Gegenwart ist sie schmelzende Butter. Flüssige Lava. Eine kleine grüne Pflanze, die dem Licht zustrebt und sich entfaltet.

Paolo Luigio wurde in der Elizabeth Street geboren, in einem der kastenartigen Wohnblöcke mit mehr Wänden, als ursprünglich darin errichtet wurden, und mehr Bewohnern, als dafür vorgesehen waren. Er ist der jüngste von vier Brüdern und der erste, der sich aufmacht, um in Brooklyn zu arbeiten. Seine gestochene Schrift und seine handwerklichen Fertigkeiten sind nützlich, um Dokumente zu fälschen – Pässe, Geburtsurkunden, Arbeitszeugnisse –, die jüdische Flüchtlinge benötigen, um eine legale amerikanische Arbeit zu bekommen. Die ausgefallenen Arbeitszeiten stören ihn nicht, auch nicht die zweifelhafte Moral seiner Tätigkeit. Er träumt davon, einen ebenso gut geschnittenen Anzug wie seine Bosse zu tragen, einen Raum zu betreten und zu merken, dass sich Stille ausbreitet. Größe, der schillernde Maßstab, nach dem einige Jungen von Geburt an ihr Leben bewerten, lockte ihn von klein auf.

Als die ersten Bäume das Laub verlieren, lädt Paolo Antonia zum Mittagessen ein. Sie will Nein sagen, will nicht mit einem Mann ausgehen, der ganz eindeutig für Joey

Colicchio arbeitet, aber dann öffnet sie den Mund, und nichts kommt heraus, sie stellt fest, dass sie nickt. Ihr Blick verschwimmt, sie selbst ist warmflüssiger Sirup. Sie ist ein Eiswürfel in der Sonne. Antonia denkt, dass Paolo an zwei Orten zugleich existiert: hier im Flur, wo er sie anlächelt, und auch irgendwo, irgendwie in einer Zukunft, die seiner eigenen Vorstellung entspricht. Keiner von ihnen lebt mit den Füßen fest auf dem Boden. Sie gehen ins Café an der Ecke, und Antonia erfährt, dass Paolo zwanzig ist. Sie erfährt, dass er gern liest, aber zu Hause mit Italienisch aufgewachsen ist, und das Lesen, ob Englisch oder Italienisch, fällt ihm schwerer, als einer Unterhaltung zu folgen. Sie erfährt, dass ihm die Arbeit für Sofias Vater Spaß macht, aber nicht, worin sie besteht. »Sie wissen doch, wie es ist«, sagt er als Nicht-Erklärung, und sie weiß es tatsächlich. Sie erzählt ihm, dass ihr Vater starb, als sie noch klein war, aber nicht wie. »Es war eine dieser Sachen«, sagt sie als Nicht-Erklärung, und er nickt. Sie erfährt, dass Paolo Höhenangst hat, und während er davon erzählt, spielt er gedankenlos mit dem Serviettenring, dem Buttermesser, und sie erfährt, dass er, obwohl sein übriger Körper ruhig ist, nie still hält. Sie sagt ihm, dass sie in größeren Menschenansammlungen schüchtern ist. »Das sollten Sie aber nicht sein«, sagt er mit Nachdruck, und sie fragt: »Warum?«, und er antwortet: »Weil Sie sensationell sind«, und verstummt. Als Paolo Antonia im mittäglichen Dunst des Restaurants beobachtet, fällt ihm auf, dass ihre Gedanken fast nie still stehen, sie aber fast immer ruhig ist.

Nachdem sie bezahlt haben, begleitet Paolo Antonia nach Hause, und auf der King Street spürt sie die allgegenwärtigen Blicke der Nachbarinnen durch die Vorhänge im ersten Stock, und die Wärme von Paolos Körper neben sich, und die Wellen des Verkehrs, in denen Müllmänner sich mit Rufen einen Weg den Block hinunter freibahnen.

Am Fuß ihrer Treppe tippt sich Paolo mit drei Fingern an den Hut und zwinkert kaum merklich. In der nächsten Stunde wiederholt sich die Szene in ihrem Kopf in Dauerschleife: der angewinkelte Ellbogen, sein Abschied schneller, als sie sich vorgestellt hatte, ihre Hand auf dem gusseisernen Geländer, während sie die Stufen hinaufsteigt. An sein Aussehen kann sich Antonia erst beim nächsten Wiedersehen erinnern.

So vergeht der Herbst: Mittagessen mit Paolo, dann Kaffee und langsame Spaziergänge am Rand von Antonias Viertel, wo die Wahrscheinlichkeit, Bekannten zu begegnen, weniger groß ist. Sie ist besorgt: Sie hatte nicht damit gerechnet, sich in einen Mann zu verlieben, den Joey angeheuert hat. Sie hatte nicht damit gerechnet, sich überhaupt zu verlieben. In Antonias Vorstellung entsteht langsam eine alternative Zukunft. Sie wird Paolo heiraten. Sie wird Linas Wohnung entkommen, ohne Lina im Stich zu lassen. Antonia möchte um jeden Preis gut sein. Und zum ersten Mal, seit sie denken kann, kommt es ihr vor, als könnte es ihr gelingen.

Joey Colicchio ist mittlerweile der Drahtzieher eines großen Schmuggelimperiums. Mithilfe der Kontakte, die er zu Exporteuren von Olivenöl und geräucherten Wurstwaren in Italien aufgebaut hat, hat Joey – ohne dass man irgendetwas mit ihm direkt in Verbindung bringen könnte – ein erstklassiges Netzwerk von Brindisi nach Red Hook geknüpft. Zu einem stattlichen Preis werden jüdische Familien zwischen Parmesanlaiben und Zwei-Liter-Flaschen Chianti diskret nach Amerika verschifft. Natürlich sind es nicht nur Juden. Auch Katholiken. Und Homosexuelle. Eine Roma-Familie verkauft den Familienschmuck vieler Generationen, um die Überfahrt zu begleichen. Joey ist es gleichgültig: Wenn sie bezahlen können, sorgt er für ihren Transport. Wenn sie mehr bezahlen können, sorgt er für Pässe, die gefälschte Vergangenheit, die Empfehlungsschreiben, ohne die sie keine schäbige, überfüllte Wohnung mieten können.

Die Geschäfte laufen besser denn je. Als die ersten Berichte über das Grauen in Dachau und Buchenwald Joeys Ohr erreichen, hebt er die Preise an. (Natürlich hält sich beharrlich das Gerücht, dass er Frauen und Kinder, die nicht bezahlen können, nicht abweist. Natürlich ist die Vorstellung, Joey Colicchio könnte für irgendetwas dieser Art verantwortlich sein, an sich schon ein Gerücht, völlig aus der Luft gegriffen. Es gibt keine Beweise auf Papier, entlang der Route kennt kaum jemand auch nur Joeys Namen, und die wenigen, die ihn doch kennen, würden sich lieber die Augen aus dem Schädel schneiden lassen, als ihn preiszugeben.)

Ende 1940 wird Joey klar, dass er einen Assistenten braucht.

Empfindet Sofia eine Wärme, ein Beben, das Gefühl, dass sich tief in ihrem Inneren etwas öffnet, als Saul Grossman aus dem Ozeandampfer steigt, wo er zwei Wochen lang mit fünfzehn anderen abgerissenen Juden im Frachtraum kauerte und Galle in einen Eimer spie?

Wird sie etwas ruhiger, fügt sich in den ihr bestimmten Platz im Universum ein?

Um Punkt elf Uhr abends, zwei Monate, nachdem er aus dem Frachtraum der *SS Hermes* ins amerikanische Sonnenlicht getaumelt ist, trifft Saul Grossman in dem Deli ein, wo er Sandwiches für hungrige New Yorker Nachtschwärmer macht. Die eisige Winterluft treibt ihm Wasser in Strömen aus Augen und Nase, er wischt sie am Ärmel ab, während er den Block hochhastet. Er schiebt sich durch die Schlangen der Theatergänger, die sich draußen bilden, schlüpft durch das Gitter, das von der Ludlow Street ins Souterrain führt, und stampft auf dem Weg nach unten kräftig mit den Füßen auf, um die Ratten zu vertreiben. Es überrascht ihn nicht mehr, wie viele Menschen in New York erwarten, zu jeder beliebigen Tages- und Nachtzeit etwas zu essen.

»Dich hör ich immer kommen, Saul«, sagt Lenny. »Du klingst nach vier Zentnern!« Lenny, dreihundert Pfund schwer und lebendes Inventar des Ladens, hat den schleppenden Brooklyn-Akzent und ein Lächeln, das sich übers ganze Gesicht ausbreitet. Er verströmt fürsorgliche Sanftmut, eine schwer zu erschütternde Loyalität, einen moralischen Kompass mit Diamantspitze. Er sorgte dafür, dass Saul nicht umkippte und verhungerte, als er das erste Mal heimwehkrank und ausgemergelt in den Laden stolperte.

»Wir brauchen ein paar Katzen, Lenny«, sagt Saul. »Ich hab gerade eine Ratte so groß wie eine Pastramiseite verjagt.«

»Quatsch«, sagt Lenny. »Wir haben doch dich, um sie auf Trab zu halten!«

Lenny grinst, als Saul sich im dunklen Souterrain an ihm vorbeiquetscht. Im Halbdunkel sieht er aus wie ein Irrer. »He, Saul?«, fragt er.

Saul dreht sich um.

»Schön zu sehen, dass es dir 'n bisschen besser geht«, sagt Lenny.

»Danke«, sagt Saul. »Ich tu mein Bestes. Die Woche habe ich einen Brief von zu Hause bekommen.«

»Na, es wird doch«, meint Lenny. »Gute Nachrichten?«

Saul schüttelt den Kopf. »Er ist von meiner Mutter, und sie lügt. Sie sagt, dass alles in Ordnung ist, dass sie Arbeit als Straßenfegerin bekommen hat. Es ist bestimmt viel schlimmer, als sie zugibt.« Nach vier Jahren Unterricht am Gymnasium und monatelangem Eintauchen in die neue Umgebung ist sein Englisch fast perfekt, aber der deutsche Zungenschlag schleicht sich bei den Konsonanten ein, vor allem, wenn ihm etwas zu schaffen macht.

»Sie wird schon rauskommen, Saul.«

Saul nickt und geht in den rückwärtigen Teil des Souterrains. Er ist erschöpft davon, sich auszumalen, was mit seiner Mutter, seiner Heimat alles passiert sein könnte. Er holt sich eine Schürze und eine Mütze und hängt im Personalraum seinen Mantel an einen Haken. Er wäscht sich die Hände, trocknet sie an der Schürze ab, schaut in den Spiegel und blinzelt den Schlaf aus den Augen, bevor er die Treppe zum Laden hochgeht.

Dort herrscht schon Gedränge, der hungrige Atem der schiebenden, stoßenden Menge vor der Tür lässt die Fenster beschlagen. »An die Arbeit, Grossman!«, bellt Carol. Saul hätte geschworen, dass er nicht länger als einen halben

Atemzug innegehalten hat, aber er nickt nur und schlängelt sich an der Reihe der anderen Sandwichmacher vorbei zu seiner Station vor.

Saul schichtet Roastbeef zu schwankenden Stapeln, belegt Roggenbrot mit dampfenden Putenstücken, spießt Scheiben von Ochsenbrust auf und schöpft das Fett darüber. Geschickt hantiert er mit Brotlaiben und Fleischstücken, mit Löffeln voll Sauce und Dressing, Senf und Mayonnaise. Die Welt reduziert sich auf das Schwirren, Schrillen, Schlagen eines geschäftigen Deli. Gedanken an seine Mutter und seine Heimat gehen im Quietschen von Gummisohlen auf Böden unter, im Zischen von schmelzendem Käse, im Scheppern leerer Metalltabletts, die durch neue ersetzt werden, im zufriedenen Schmatzen und Palavern der Kunden, die mit den Stühlen scharren und sich die Finger ablecken. Ein Stück weiter den Tresen entlang ist Lenny vom Souterrain, wo er die Buchhaltung macht, an der Pickles-Station aufgetaucht und schreit: »Einmal sauer, einmal sauer, zwei halbe, Gurke, Gurke, Dillgurke, wie viele, Ma'am, ja, dreimal sauer, 'n guten!«

»Hey, Junge!«

Saul dreht sich zum Tresen und überlegt, was er vergessen haben könnte. Pastrami auf Roggen, zwei Essiggurken – ihm fällt nichts ein. »Wie kann ich helfen?«

Der Mann, der ihn angesprochen hat, ist groß und hat einen dunklen Teint wie Saul, aber die breite Brust, die kantigen Wangenknochen und das mit Pomade zurückgekämmte Haar, das er mittlerweile eher mit Italienern als mit Juden in Verbindung bringt. »Du machst verdammt gute Sandwiches«, sagt er.

»Danke, Sir«, sagt Saul. Er spürt, wie Carols wachsamer Blick ihm ein Loch in die Schürze brennt. »Also …«, und er dreht sich fort, um den Bon des nächsten Kunden entgegenzunehmen. Es gehört nicht zum Repertoire seiner Muskeln, still stehen zu bleiben, wenn es im Deli laut und hoch hergeht.

»Hey!«, sagt der Großgewachsene. Saul dreht sich wieder zu ihm. »Hör mal, Junge«, sagt der Großgewachsene, balanciert sein Sandwich in einer Hand und führt mit der anderen eine Gewürzgurke zum Mund, »ich habe gesagt, du machst verdammt gute Sandwiches – Heiliger im Himmel, das nenne ich 'ne gute Gurke –, aber ich halte dich für einen aufgeweckten Kerl.«

»Ach ja?«, fragt Saul.

»Doch. Und ich handle sozusagen mit aufgeweckten Kerlen.« Der Mann hat die Essiggurke aufgegessen und hält Ausschau nach etwas, an dem er sich die Finger abwischen kann. Schließlich fährt er mit Daumen und Zeigefinger über die Manschette des anderen Ärmels und zwinkert.

»Danke, Sir«, sagt Saul, »aber ich sollte mich wirklich wieder an die Arbeit machen.«

»Na gut, schon klar, du bist hier schwer zugange. Ich komme mal zur Sache.« Der Großgewachsene reicht Saul über den Tresen hinweg die Hand und sagt: »Ich bin Joey Colicchio, ich würde dich gern befördern.« In Wirklichkeit weiß Joey Colicchio, dass Saul vor seiner Flucht vier Jahre lang Englisch gelernt hat, er beobachtet ihn seit Wochen. Er ist jung, er ist stark, und er verbringt seine ganze Freizeit allein. Er ist der perfekte Kandidat für einen heiklen Posten.

Während Saul still dasteht und der Deli um ihn her tobt,

während er den Italiener anschaut, der ihm aus keinem ersichtlichen Grund gerade eine Stelle angeboten hat, fühlt er sich wie aufgespannt zwischen Neugier und Angst. *Vertrau niemandem*, hatte seine Mutter gesagt. Aber auch: *Mach mir keine Schande.*

»Grossman!«, kommt Carols herrisches Knurren. Saul schaut auf, lässt Joey Colicchios Hand fallen, sagt: »Jetzt muss ich wirklich wieder an die Arbeit«, und kehrt an seine Station zurück, wo am Rand des Tresens mindestens zehn Bons nebeneinander aufgereiht liegen. »Pute auf Weiß«, wiederholt Saul und konzentriert sich wieder auf das Anstehende, »Pastrami auf Roggen, Pute auf Roggen, Zunge mit Senf.«

»Wir sehen uns wieder, Junge«, sagt Joey Colicchios Stimme hinter ihm. Und dann: »Verdammt, ist das Sandwich gut.«

Sieben Stunden später steht Saul auf der Houston Street und sieht den Frühmorgenverkehr vorbeidonnern. Der Himmel ist rosa und lilablau, durchsetzt von den ersten gelben Lichtstreifen der Sonne, die aufgegangen ist über den Brücken, die Manhattan durch spinnwebenzarte Fäden mit Brooklyn verbinden. Wie an jedem klaren, kalten Morgen erscheinen ihm der überwältigende Geruch und der Lärm bei der Arbeit wie ein Traum.

In Brooklyn angekommen, küsst Joey Colicchio seine schlafende Frau auf die Stirn und atmet den vertrauten Staub- und Putzmittelgeruch seines Schlafzimmers ein. Am Fenster bleibt er stehen und schaut zu den noch schlafenden

Gebäuden von South Brooklyn hinaus, dann lässt er zum Schutz vor der gleißenden Morgensonne das Rollo herab. Er entkleidet sich, die Hose landet mit angeklemmten Hosenträgern in einem Haufen am Boden, daneben die Socken in zwei kleinen weißen Kugeln. Ohne einen Blick nach unten zu werfen, weiß er, dass sein Körper die unverkennbaren Anzeichen des Älterwerdens trägt: Seine Beine haben an Spannung verloren, sein Rumpf ist tonnenförmiger als früher, seine Haut hängt weicher an den Muskeln, die nicht mehr so fest wie früher mit dem Knochen verbunden sind. Die Löckchenpracht auf seiner Brust ist grau gesprenkelt und wächst auf dünner werdender Haut. Er legt sich zu seiner Frau ins Bett und drückt sich mit seiner Körpermasse an ihre anschmiegsamen Kurven. Sie lässt sich gegen ihn sinken, und ihr Geruch, aus der Höhle ihrer Decken befreit, steigt in die Luft. Draußen warten unerfüllte Aufgaben – ein junger Mann, der noch nicht angestellt ist, Pläne, die nicht umgesetzt wurden, Schulden, die zu begleichen sind.

Nach dem Gespräch mit Saul hatte Joey noch mehrere Besprechungen. Mitten in der Nacht, in einem Moment kalter, kalkulierter Entschlossenheit, hatte er die Faust erhoben und einem Mann ins Gesicht geschlagen. Ein Schlag ins Gesicht, darauf versteht sich Joey besonders gut. Aufs Geratewohl ausgeführt, können die Handknochen entzweibrechen wie Brotstangen. Aber Joey Colicchio kann, ohne auch nur nachzudenken, einen vernichtenden Hieb landen: Finger fest eingerollt, Daumen außen, Handgelenk leicht nach unten abgewinkelt, sodass die kraftvolle Stelle zwischen Joeys Zeige- und Mittelfingerknöchel das Wangenfleisch des anderen trifft. Kein Ausholen, vielmehr ein kurzes, scharfes, kraftvolles Zustoßen, ein direkter Weg von Joeys Faust zum weichen Gewebe von Giancarlo Rubios Wange. Adrenalin ist im Spiel. Eine unaussprechliche, berauschende Befriedigung. *Wir fackeln nicht lange, wenn du uns was schuldest*, hatte Joey gezischt. *Und sei froh, dass ich hier bin.* Joey wischte sich die Hand am Taschentuch ab. *Du kannst von Glück reden, dass heute Abend ich gekommen bin und nicht einer meiner Jungs. Die sind nicht so nett wie ich.* Giancarlo Rubio hatte die Lippe, eine aufgeplatzte Frucht, mit einer Hand zusammengehalten und *Ich weiß, ich weiß, es kommt ja auch* gesagt. Giancarlo besitzt ein Restaurant im wachsenden italienischen Viertel von Carroll Gardens. Joeys Zulieferer sorgen dafür, dass sein Olivenöl, sein *prosciutto*, sein Wein rechtzeitig bei ihm eintreffen. Unbeschädigt. Giancarlo hat eine Frau und fünf Kinder. Die werden, wenn er sich nach Hause schleppt, in ihren schmalen Etagenbetten schlafen, aber seine Frau wird ihm ein Glas Wein einschenken. Sie wird Eis auf Giancarlos geschwollenes, sich dunkel verfärbendes Auge legen, wird so lange auf den klaffenden Riss in seinem Gesicht drücken, bis Giancarlo kein zähflüssiges Blut mehr spuckt. *Entweder haben deine Kinder zu essen oder meine*, möchte Joey manchmal sagen. Aber er kann nicht zugeben, will nicht glauben, dass er keine Wahl hat. Er weiß nicht mehr, welcher Teil seiner Arbeit ein System ist, aus dem sich auszubrechen lohnt, und welcher Teil davon ein Vermächtnis ist, das Herz, die fruchtbare Erde, aus der er wächst.

Joey ist überzeugt, dass der jüdische Junge die Stelle annehmen wird. In dem jungen Mann sieht er etwas von sich selbst. Lenny im Deli sagt, dass er pünktlicher ist als eine

Standuhr und selbst bei Hochbetrieb, wenn die Kunden vor Hunger und Ungeduld geifern, ruhig, freundlich, gelassen bleibt. Joey vertraut Lennys Urteil. Lenny steht seit vielen Jahren auf der Gehaltsliste der Colicchios, er ist ein unschätzbarer Aktivposten in dieser Gegend, die eigentlich Eli Leibovichs Territorium ist. Saul hat ein Händchen für die Arbeit, das sieht Joey, und auch, dass er den Vorteil einer Arbeit zu schätzen wissen wird, die sich erstaunlich nach Familie anfühlt. Es ist eine gute Stelle für jemanden, der keine Wurzeln mehr hat. Wie Joey aus eigener Erfahrung weiß.

Joey legt den Kopf auf das Kissen seiner Frau und vergräbt die Nase in ihren Haaren. *Eine Stunde noch*, hofft er, als ihre Atemzüge länger werden und sie offenbar dem Aufwachen entgegentreibt. *Bleib noch eine Stunde.*

Sofia ist wach. Wach seit der dunkelsten Stunde der Nacht, wenn unvorstellbar scheint, dass es je wieder hell wird. Wenn man schon beim ersten Aufschlagen der Augen das Gefühl hat, dass man durch den Spalt in den Vorhängen den nackten Leib der Welt erblickt, nichts als verletzliche Falten und sanfte Rundungen. Sofia weiß nicht, was sie geweckt hat, aber es war eine namenlose Unruhe, die nicht zuließ, dass sie wieder in den Schlaf eintauchte.

Sofia brennen die Augen, als es in ihrem Zimmer grau und dann heller wird, die Glieder tun ihr weh. Bald wird ihr Wecker klingeln, und sie wird den Arm automatisch ausstrecken und auf den Chromknopf drücken, um ihn auszustellen. Es ist der erste Tag ihres letzten Trimesters an der Highschool.

Das neue Jahr bricht eiskalt und gewaltsam an. Der Krieg ist wie ein Mantel, den sich die Welt um die Schultern legt. Antonia liest die Nachrichten, auch nachdem Lina die *Times* aus der Wohnung verbannt hat. Sie hört Radio mit zusammengekniffenen Augen. In London sterben Menschen in unvorstellbarer Zahl. Sie sterben in Eritrea. In Bukarest. Antonia spürt jeden einzelnen dieser Verluste als Prickeln entlang der Wirbelsäule. Mit jedem Tag tickt die Uhr schneller: Es gibt keine Zeit zu verlieren. Offenbar sind die Menschen verletzlicher, als selbst Antonia es sich vorstellen konnte. Sie stürzt sich in die Beziehung mit Paolo. Der Krieg verändert die Rangordnung ihrer Prioritäten. Der Krieg sagt ihr, dass sie Wurzeln schlagen soll oder sonst die Gelegenheit dazu verpassen wird. Er sagt ihr, dass die Welt ihretwegen nicht alle Mängel und Unsicherheiten wegbügeln wird und sie sich mit dem bescheiden soll, was ihr gegeben wird. Paolo nimmt sie ernst. Er gibt ihr ein Gefühl von Sicherheit. Sie einigen sich auf drei Kinder: weniger Chaos als ins Paolos Kindheit, weniger Stille als in Antonias. Es ist der Krieg, der sie zu diesem Gespräch veranlasst. Menschen hören nicht auf zu sterben. Antonia verwendet ihre ganze Energie darauf, eine Zukunft aufzubauen, die dem sie umgebenden Chaos der Welt standhalten wird. An den meisten Tagen glaubt sie, dass ihr das gelingen wird, auch ohne der Familie entkommen zu müssen.

Sofia träumt in Technicolor. Ihre Aufmerksamkeit wandert, aber sie lebt jeden Moment in der Gegenwart, und so sind ihre Tage ein ewig sich veränderndes Gewebe von Freundschaften und Unternehmungen, von Hausaufgaben, auf die sie sich nicht konzentriert, und Treffen, zu denen sie sich verspätet. Der Gedanke ans Ende der Schulzeit macht sie unruhig und ängstlich. Dem Zug gehen die Gleise aus, aber die tollkühne Sofia Colicchio hat noch nicht herausgefunden, was sie tun möchte. Der Krieg macht das nur umso deutlicher.

Jeden Tag, so hat sie den Eindruck, schließt Joey die Türen des Wohnzimmers zu einer weiteren abendlichen Besprechung, wringt Rosa ein Geschirrhandtuch, bis es in Fetzen hängt, bevor sie Joeys Partnern ein Tablett mit Kaffee und Kuchen vorsetzt, kommt Frankie von der Schule nach Hause und erzählt allen von Donny Giordano, der gesagt habe, dass sein Bruder sich melde und jeder, der das nicht tue, ein krautfressender Feigling sei, der Amerika hasse und die Nazis verehre. Und dann wird es plötzlich still im Zimmer, denn Joey beschäftigt eine ganze Schar kriegstauglicher junger Männer, die bereits jetzt eine Art Krieg führen, aber beim Abendessen nicht darüber sprechen, und später lässt Rosa in unverkennbarer Absicht Stricknadeln auf Sofias Bett liegen, weil es nicht infrage kommt, dass sie wie die anderen Frauen in einer Fabrik arbeitet, aber es müsste schon mit dem Teufel zugehen, wenn sie nicht doch einen Beitrag leistete, und es müssten ja Socken in die Carepakete für die Soldaten gelegt werden. Jeden Tag rückt der Krieg in Spiralen näher und sagt Sofia: *Entweder du entscheidest dich, etwas Nützliches zu tun, oder ich treffe die Entscheidung für dich.*

Ich weiß nicht, was ich tun soll, sagt sie ihm verzweifelt. Schlaff wie ein Laken hängt sie aus ihrem Schlafzimmerfenster hinaus, überall in der Wohnung drapiert sie sich auf die Möbel. Halb komatös liegt Sofia auf dem Sofa, fläzt auf dem Sessel, lümmelt in der Küche, sodass Rosa beinahe über sie stolpert. *Ich weiß nicht, was ich will.*

Antonia hat sich aus Sofias Blickfeld gestohlen. Ein Teil von Antonia – ein Teil, den Sofia praktisch immer erschnuppern, ertasten konnte – fehlt. Oder vielmehr ist der Teil irgendwo, wo Sofia keinen Zugriff hat. Während die letzten Monate der Highschool verstreichen, erwägt Sofia die Möglichkeiten, die vor ihr liegen: Heirat, Studium und anschließend Heirat, Sekretärinnenschule und anschließend Heirat. Nichts davon erscheint ihr wie ein Leben, das sie führen möchte. Mit nur sich selbst zur Gesellschaft wird Sofia heftig mit ihrer mangelnden Entschlussfreude konfrontiert, und bringt das zum Ausdruck, indem sie mit ihrer Mutter Streit vom Zaun bricht und Frankie gegenüber ausfällig wird. *Seit einiger Zeit bist du die reinste Nervensäge,* sagt die neunjährige Frankie zu Sofia im gleichen aufreizend nüchternen Ton, in dem sie mit allen spricht, ob Kind oder Erwachsenem, Familie oder Großeltern. Während Sofia immer im Mittelpunkt stehen wollte, gelingt es Frankie mühelos, sich in jede Situation einzufügen. Sonntags beim Essen verfolgt sie die Diskussionen der Männer über Politik und Geld. Wenn sie auf das Essen auf dem Herd aufpassen soll, lässt sie es nie anbrennen. Für sie scheinen die Vorschriften gelockert, als hätte es Rosa und Joey ermüdet, Sofia zu erziehen, und wenn Frankie jetzt morgens keine Lust hat, sich zu kämmen, dann wird sie nicht dazu gezwungen, und wenn Frankie mit einer Freundin, aber ohne Erwachsenenbegleitung ins Kino gehen möchte, dann darf sie das. Niemand sagt je: *Frankie, du gehörst nicht hierher*. Und Frankie gelingt es sowieso immer zu tun, wozu sie Lust hat.

Du bist immer eine Nervensäge, keift Sofia zurück, stürmt in ihr Zimmer und kommt sich wie ein klobiges Monster vor.

Wenn Paolo Antonia zum Essen zu sich nach Hause einlädt, kommt sie fünf Minuten zu früh, steigt die knarzenden Stufen langsam hinauf und hört auf den Rhythmus, die Melodie der Familien hinter den Türen, von denen die Farbe abblättert. In Paolos Wohnung gibt es vier an einem langen, schmalen Gang aneinandergereihte Zimmer. Die vergilbten Wände riechen schwach nach köchelnden Tomaten und staubiger Farbe und dem Schweiß von vier Söhnen. Die Holzböden sind von Steinchen und Arbeitsstiefeln und dreißigjährigem Möbelrücken verschrammt und von Jungen, die ewig die Dielenbretter der Länge nach auf und ab sausen. Die Wohnung würde selbst dann noch Bände über ihre Bewohner sprechen, wenn sie nicht da wären. Sie tut ihr Bestes, Paolos Familie zu beherbergen – die Gerüche des Kochens aufzunehmen, den Dampf der Dusche und die Tränen der Raufereien. Paolo teilt sich mit einem Bruder ein Zimmer, zwei ältere Brüder stapeln sich in ein zweites, die Eltern schlafen in einem dritten, und alle sechs gemeinsam kochen, trinken, essen, streiten, lachen, weinen und atmen im vierten. Das Zusammenleben auf dem engen Raum gelingt ihnen scheinbar nur, weil sich alle so schnell bewegen, dass ihnen kaum zu folgen ist. Wenn Antonia am Küchentisch sitzt und Servietten faltet, kommt sie sich vor wie auf einem Karussell und versucht leicht schwindelig und leicht beschwingt erfolglos, den ständig sich verändernden Anblick zu erfassen. Seine Familie ist laut und liebevoll. Seine Mutter, klein, breit, überschwänglich, küsst Antonia auf beide Wangen, umfasst ihr Gesicht, schaut ihr in die Augen und sagt: »Ah, das ist also das schöne Mädchen, das dafür sorgt, dass unser Paolo in letzter Zeit so oft auf der anderen Seite vom Fluss bleibt?«, und Antonia versucht zu lächeln, doch weil Paolos Mutter immer noch ihr Gesicht hält, bringt sie nur eine merkwürdige Grimasse zustande. Paolos Vater ist groß, mit dicker schwarzer Brille und Armen und Beinen so lang wie ein Oktopus, er ruft: »*Basta*, Viviana, lass doch den armen Jungen in Ruhe!«, und Paolos Mutter schlägt mit einem Geschirrtuch nach ihm und dreht sich wieder zum Herd. Paolos Brüder achten gar nicht auf Antonia, sie gehen ganz in ihrer lauten Auseinandersetzung darüber auf, ob sie sich freiwillig zum Militär melden. »Ich schneid euch im Schlaf die Füße ab, bevor ich mitansehe, wie ihr in den Krieg zieht«, warnt Viviana und fuchtelt mit ihrem Fleischermesser, und die Jungs ducken sich für den Fall, sie könnte ihre Warnung gleich in die Tat umsetzen.

Paolo möchte, dass Antonia ihn heiratet. In Antonia schlägt der Wunsch, Ja zu sagen, wie eine Trommel in ihrer Brust. Oft denkt sie an Sofia: Welche Erleichterung es doch sein muss zu tun, wozu man Lust hat und wann man Lust dazu hat.

Aber Antonia hat noch niemandem von Paolo erzählt, und vorher kann sie ihn nicht heiraten. Wenn sie mit ihrer Mamma oder Sofia über ihn spricht, dann, so fürchtet sie, könnten ihre Gründe, weshalb sie ihn liebt, als lächerlich entlarvt werden. Wenn sie ihrer überlebensgroßen Freundin Sofia von ihm erzählt, dann, so fürchtet sie, könnte er kleiner oder unbedeutender werden. Sofia will Antonia nie absichtlich klein machen, und vielleicht lässt Antonia es auch zu leicht mit sich geschehen, aber sie fürchtet immer noch Sofias kritisches Stirnrunzeln, die Art, wie ihr Kirschmund vor Schock und vielleicht auch vor Lachen ein O formt und sich etwas Verächtliches einschleicht in das *Ach wirklich, du?* und das *Und, wer ist er denn? Also ich hab auf jeden Fall noch nie von ihm gehört*. Dann fällt Antonias sorgsam errichtete Beziehung in sich zusammen. Ihre Mamma wird wütend und enttäuscht sein, dass sie einen Mann liebt, der für die Familie arbeitet. Ihre Mamma könnte unter der Last von Antonias unwillentlichem, aber umfassendem Verrat zusammenbrechen. *Lass die Finger von Männern mit Pomade im Haar.* Paolos Haare sind braun, allerdings ein so dunkles Braun, dass sie als schwarz durchgehen, und sie wachsen von selbst nach hinten und bilden eine Welle, die sein Gesicht umrahmt.

Und er hat eine gute Arbeit. Gut insofern, als sie reicht, um Antonia aus ihrer Wohnungsgruft zu retten. Gut insofern, als damit das Essen ihrer zukünftigen Kinder und deren Kleidung und Bücher gekauft werden können. Gut insofern, als Antonia sich, indem sie Paolo heiratet, Zeit erkauft, und Platz. Keine umlaufende Veranda, aber eine Wohnung mit mehreren Zimmern. Ein Sicherheitsnetz für ihre Kinder. Als Tochter des Verlusts kann Antonia aus allem, was sie bekommt, etwas aufbauen. Ihr Leben rollt sich wie ein unendlich langer Teppich vor ihr aus. Antonia und Paolo bauen für immer und ewig und von Grund auf ein Zuhause neu auf. Sie schleppen nichts mit, das sie zurückhält.

Sie möchte zuerst ihrer Mutter von ihm erzählen. Sie möchte Sofia von ihm erzählen. Mittlerweile wird sie mitten in der Nacht von dem Geheimnis geweckt, es windet seine Finger um ihr Haar und hält sie fest. Aber die Worte sind irgendwie unterhalb ihrer Lunge eingeschlossen, und sie findet den Schlüssel nicht.

New York liegt an der mittelatlantischen Küste. Im Sommer ist die Stadt zum Teil ein Morast, im Winter zum Teil unwirtliche Brache. Und wie ein Gebirge erzeugt die Stadt auch selbst Wetter: Im Sommer stauen Pflaster und Gebäude die Luft und erwärmen sie, im Winter heult der Wind durch die langen Straßen, die schiere Natur fegt durch den Betondschungel.

In manchen Jahren können die New Yorker schon im Herbst sagen, dass der Winter lang sein wird. Dann haben der schneidende Wind und das monochrome Grau der noch schneelosen Tage etwas Geduldiges an sich. Selbst blauer Himmel strahlt sadistische Brillanz aus – klare Tage machen die laublosen Bäume nur umso sichtbarer, heben die Leblosigkeit der Landschaft noch stärker hervor.

Der Winter dämpft den Verkehr und hält die Uhren an.

Es ist, als wäre es immer schon kalt gewesen. Noch ehe New Yorker bewusst wahrnehmen, was ihnen bevorsteht, wappnen sich ihre Körper dafür. Sie ziehen in Erwartung dessen die Schultern hoch, ihr Gang wird langsamer, gemessener, um sich durch die Schneewehen ihrer Fantasie zu pflügen.

Saul Grossman ist der Winter nicht fremd, denn er ist in Berlin aufgewachsen, wo an den dunkelsten Tagen die Sonne erst am späten Vormittag aufgeht und wieder sinkt, kaum ist sie über den Horizont gestiegen. Wo sich in schlecht isolierten Arbeitsstiefeln Zehen binnen eines Tages schwarz verfärben können, wo Dunkelheit und Kälte im Bauch brodeln und einen Hunger hervorrufen, der auch in den fruchtbarsten Jahren und mit dem üppigsten Essen nicht zu stillen ist. Als Kind juchzte er über die ersten Schneeengel, das Schlittensausen auf den nicht geräumten Bürgersteigen und darüber, wie die Wärme der Wohnung auf den eisigen Wangen brannte, ehe sie sie auftaute, über den Schwall Warmluft, der aus Lokalen und Bäckereien drang, wenn die Türen geöffnet und wieder geschlossen wurden. Er sehnte die Winterferien herbei, in denen seine Mutter ihn zur Arbeit mitnahm. Dann lag Saul den ganzen Vormittag auf dem Boden der vornehmen Häuser und las, während seine Mutter Fliesen schrubbte und Kamine ausfegte. Am Nachmittag kaufte sie ihm bei Straßenhändlern Leckereien. Wärmende Schlucke Apfelmost und Lebkuchen, während seine Nase ungehindert lief und seine Mutter ihm den Schal fester um den Hals band. Wenn es schneite, war Saul der Erste im Wohnblock, der nach draußen stürmte, bald gefolgt von einer Schar vermummter Kinder, die Hände in Wollfäustlingen, Schlitten unter dem Arm. Selbst später noch, nach Nürnberg, gab es verschneite Tage, an denen er sorglos war und sich für unbezwinglich hielt.

Aber in diesem Jahr sieht Saul dem Anbruch des Winters mit unerbittlicher, klammer Verzweiflung entgegen.

Wenn die Seele warm ist vor Liebe, das Zuhause angefüllt mit Familie und geliebten Habseligkeiten und Wohlgerüchen und die Arbeit befriedigend ist, wenn man nachts gut schläft, tagsüber gut isst und sich die Muskeln in den Händen und Füßen nicht verkrampfen, dann kann der Winter willkommen sein, um die Welt auf ihre wesentlichen Bestandteile zu beschränken. Aber Saul ist allein in einem neuen Land, zutiefst besorgt wegen seiner alten Heimat, und er hat nichts, das ihn wärmt oder hält. Er schwankt zwischen der Gewissheit, dass sein Leben in Deutschland ein Traum war, und dem Misstrauen, ob er wirklich Boden unter den Füßen hat, seit er vor drei Monaten zitternd aus dem Schiffsladeraum gekrochen ist. Er kommt sich vor, als wäre er in zwei schartige Hälften gerissen, und stellt sich dem Winter mit nichts als seinem fehlbaren Körper und einem kargen Zimmer in einer Pension in der Lower East Side, um seine Knochen vor der Kälte zu schützen.

In den ersten bitterkalten Wochen des Jahres 1941 kämpft sich Saul gegen den Wind zum Deli vor und im Morgengrauen gegen den Wind nach Hause zurück. Irgendwie pfeift der Wind jede Straße hinunter, auf der er geht. Durch sein spärliches Netzwerk dringen die ersten Nachrichtenfetzen aus Europa. Die Bruchstücke werden aus zerfledderten Briefen erahnt, die gegen das Licht gehalten werden, und von noch seekranken Flüchtlingen so leise gewispert, dass sie wie Gebete klingen. Saul kann vor Sorge nicht schlafen. In den dunkelsten Stunden der Nacht sieht er seine Mutter in der Hauptrolle einer jeden kleinen Nachricht, die er gehört hat. Ein ganzes Dorf, das gezwungen wurde, sein eigenes Grab zu schaufeln, sich am Rand der frisch aufgeworfenen Erde aufzureihen und erschossen wurde. Kranke Kinder, die in Arbeitslagern zusammen schuften. Typhus und Grippe, die in den ständig kleiner werdenden jüdischen Ghettos wüten wie ein Feuer im Heuhaufen. Männer, die nackt im Schnee stehen, bis ihr Zittern aufhört und ihr Blick weich wird, deren Goldzähne zu Schmuck werden. Eisenbahnzüge, die das aufgerissene Fleisch von Polen, Österreich und Ungarn schneiden. Es ist unvorstellbar, am Leben zu sein, zwischen Laken zu schlafen, jeden Morgen die Tür zu seinem Zimmer hinter sich zu schließen, Kaffee in der Sonne zu trinken. Saul weiß nicht, ob er lieber dort wäre. Die durchsickernden Gerüchte, mit denen er sich am Leben hält, haben etwas Quälendes, gleichzeitig tröstet ihn die Vorstellung, dass seine Mutter am Leben ist – irgendwo. Im Schlaf formen seine Lippen manchmal die Worte des Freitagssegens. *Baruch atah Adonai*, flüstert er. *Gepriesen seist Du*. Im Wachzustand spricht er nicht zu Gott, kann er die Vorstellung von Gott und der Krankheit, die Europa heimsucht, nicht miteinander versöhnen. *So einfach ist Gott nicht*, würde seine Mutter sagen, das weiß er. Aber seine Mutter ist nicht da, um es zu sagen.

Ob Saul den Winter körperlich allein überlebt hätte oder nicht – sein Verstand und seine Seele hätten zweifellos Spuren davongetragen. Aber zum Glück taucht Mitte Februar

Joey Colicchio wieder auf, dieses Mal vor der Tür von Sauls Pension. In Europa sterben Menschen, Heerscharen fallen wie Dominosteine, ganze Städte werden ausgelöscht. Die Männer der Familie rechnen mit einer ständig wachsenden Flut von Immigranten, mehr als je zuvor, die sich der Gnade des Atlantiks und der westlichen Bürokratie ausliefern.

Der menschliche Überlebensinstinkt setzt ein, wenn wir es am wenigsten erwarten. Im verzweifelten Wunsch nach einer Veränderung nimmt Saul den Job an.

Nachdem Joey Saul eingestellt hat, fährt er nach Hause. Rosa, die putzt und kocht und Frankie mit Argusaugen überwacht, um sicherzustellen, dass sie auch ihre Hausaufgaben macht, gibt ihm einen Kuss auf die Wange. Joey greift mit beiden Händen nach ihr, umfasst ihre Taille, zieht sie mit den Händen auf ihrem Rücken zu sich, will ihren Mund mit seinem ausforschen. Aber Rosa wirbelt fort, schlägt mit dem Handrücken nach ihm. »Essen in zehn Minuten«, sagt sie. Joey spürt eine Kälte dort, wo er gehofft hatte, Rosa in die Arme zu schließen, an sich zu drücken, und er küsst Frankie auf den Scheitel. »Papa, meine Haare«, sagt Frankie und entzieht sich ihm.

Am anderen Ende des Flurs sitzt Sofia an ihrem Schreibtisch, den Kopf in die Hand gestützt, ihr Haar glänzt im Schein der Lampe. Joey sieht die vierjährige Sofia vor sich, die zu ihm läuft, sobald er nach Hause kommt. Sechs, und sie sitzt auf seinem Schoß, wenn ihnen bei Tisch die Stühle ausgehen, isst von seinen Oliven, wenn sie glaubt, dass er nicht hinschaut, und strahlt ihn dann an, grinsend, närrisch, hell wie ein Blitz.

Sofia, mit acht, die Hand auf dem Rücken der kleinen Antonia, die zum zweiten Mal in der Woche an ihrem Küchentisch in Schluchzen ausgebrochen ist. Halb gilt ihre Aufmerksamkeit dem Kummer ihrer Freundin, halb beobachtet sie Joeys Miene, so, wie ein Raubvogel hundert Meter unter sich auf dem Boden eine Wühlmaus zucken sieht. *Ich weiß, was du getan hast.*

Ich wollte dir immer nur das Leben leichter machen, möchte Joey Sofia sagen. Aber dann taucht Carlos Gesicht vor ihm auf. Das und der Sog der Macht. Die absolute Kontrolle. *Lügner*, sagt seine Erinnerung.

Sofia mit vierzehn, die ihn furchtlos anfunkelt, als er und Rosa und Frankie zur Kirche aufbrechen. Sie war immer schon seine Tochter.

Geh zu ihr, befiehlt er sich. Nichts passiert.

Sofia mit siebzehn spürt die Verzweiflung ihres Papas nicht, sie kann sich auch nicht in sich selbst mit vier, sechs, acht, vierzehn hineinversetzen. Siebzehn ist ein Abgrund. Sie empfindet eine Kluft zu ihren früheren Ichs, deren Kummer eindeutiger war. Und die Zukunft – mittlerweile so nah, dass die Mauern der Gegenwart unter deren Gewicht nachgeben – ist immer noch eine strudelnde Panik. Sofia kommt sich allein vor. Verbindungslos.

Und als sie eines Sonntags auf der anderen Seite des Esstischs zum ersten Mal Saul Grossman sieht, entscheidet sie im Handumdrehen, was sie braucht, um wieder eine Verbindung zur Erde zu bekommen.

Saul ist dünn und hat dunkle Augen. Er ist glatt rasiert. Sofia beobachtet ihn beim Essen. Er vermischt alles, kleine Häppchen Bohnen und Fleisch und eingelegte Zitronenschale und süße Melone, alles auf eine Gabel. Er kaut sorgsam.

Sofia stößt Antonia unter dem Tisch ans Knie. »Weißt du, wer das ist?«

Antonia schaut ihn an. »Den habe ich noch nie gesehen«, antwortet sie. *Ich kann Paolo fragen*, sagt sie fast. Es würde ihr so leicht über die Lippen kommen. Sie richtet ihre Aufmerksamkeit wieder auf ihren Teller.

»Ich habe meine Eltern reden gehört«, sagt Sofia. »Mein Vater hat einen Juden eingestellt, einen aus Deutschland. Findest du, dass er wie ein Jude aussieht?«

»Ich weiß es nicht, Sofia«, antwortet Antonia. Vor Ungeduld klingt das Ende ihrer Worte hart. Jetzt wird Sofia sich verknallen, wie immer. In einer Woche wird sie über beide Ohren verliebt sein.

»Ich finde schon«, sagt Sofia. Saul, ihr gegenüber, ist still, wachsam. Er hört mit beiden Augen und beiden Händen zu, als Joey mit ihm über Geschäftliches spricht, als Rosa ihm einen zweiten Nachschlag von allem anbietet. »Ich habe nie gedacht, dass ich mich in jemanden verliebe, der für meinen Papa arbeitet.«

Antonia verdreht nicht die Augen und sagt Sofia auch nicht, dass es lächerlich wäre, sich in jemanden zu verlieben, den man gerade einmal zehn Sekunden lang auf der anderen Tischseite gesehen hat.

Paolo wird, wie alle von Joeys Leuten, jede Woche zum Essen eingeladen. Er bleibt bei seiner eigenen Familie in Manhattan, weil Antonia nicht glaubt, drei Stunden lang so tun zu können, als kennte sie ihn nicht. *Dafür gibt es eine einfache Lösung, Tonia*, sagt Paolo. Antonia presst die Lippen aufeinander. Paolo möchte, dass sie ihrer Mutter von ihnen erzählt. Er möchte, dass sie einwilligt, ihn zu heiraten. Beim Kaffee haben sie gestritten, und Paolo hat seine Tasse traurig auf dem Tisch stehen lassen. Er sah enttäuscht aus, wütend, und draußen warf er die Hände in die Luft und sagte: *Ich weiß nicht, ob ich das noch länger aushalte,* und ging fort, und Antonia blieb bedrückt allein auf dem Bürgersteig zurück. Die ganze Woche über hat sie ihn sich vorgestellt, behaglich in den lauten, duftenden Nischen seiner Wohnung, im Kreis seiner Familie. Sie selbst läuft Gefahr, von ihrem eigenen Bett nach oben zu schweben, von der Matratze fort, und sich in der Nachtluft aufzulösen.

»Antonia?«

»Entschuldige«, sagt Antonia. *Das ist der richtige Moment*, sagt sie sich. *Erzähl's ihr. Was glaubst du denn, was passiert?* Aber sie sagt: »Ich weiß nicht. Wahrscheinlich lernt man einfach den kennen, den man eben trifft.«

»Wahrscheinlich«, sagt Sofia. Und dann: »Ich hätte dich nicht fragen sollen, stimmt's?«, was gemein ist, wie selbst Sofia weiß, aber sie kann nicht anders, jetzt fühlt sie sich gemein: außer Kontrolle, wie geronnene Milch. Innerlich verdorrt etwas in ihr, etwas, das auf Antonia zugehen wollte. Was immer es war, es löst sich auf. *Menschen verändern sich*, sagt sie sich.

Sie richtet ihre Aufmerksamkeit auf Saul, der weiche Locken hat und zum Friseur gehen sollte. Sie beobachtet ihn für den Rest des Essens. Wie er eine Serviette hält, ein Glas Wasser, die Hand eines anderen Mannes zur Begrüßung, so vorsichtig, dass alles, was er hält, heilig wirkt. So möchte auch Sofia gehalten werden. Wie ein Glas Wasser. Wie ein Büchereibuch. Wie ein zusammengelegtes Paar Socken.

Neben Sofia sitzend ringt Antonia mit sich selbst. *Sag's ihr*, fordert Antonia sich auf. *Erzähl's ihr.* Aber der Nachtisch, der sich auf ihrer Zunge und den Hals hinab ausbreitet, ist zu trocken.

Als Antonia nach Hause gegangen ist, sitzt Sofia auf ihrem Bett und sagt sich: *Das darfst du nicht.* Bislang hat das bei ihr nie funktioniert. Sie zählt die Dinge auf, die sie verbotenerweise getan hat: die Schule geschwänzt, um auf einer Parkbank in der Sonne mit den Beinen zu baumeln. Den Bauarbeitern zuzuzwinkern, die sich an den Helm tippen und die Lippen schürzen. Einmal hat sie ihren Eltern gesagt, sie würde auf Frankie aufpassen, blieb aber die ganze Zeit in ihrem Zimmer und ließ Frankie allein in die Badewanne steigen. Sie hat den BH gekauft, den ihre Mamma *nie im Leben für ihre Tochter kaufen würde*, den mit der Bogenspitze an den Kanten und dem modernen Schnitt. Sie ist allein von der Canal zur Fourteenth Street gegangen, mit herausgestreckter Brust und erhobenem Kopf.

Am Ende des Flurs hat Saul Grossman gewartet, um mit ihrem Vater zu sprechen. Das Schließen der Türen zum Wohnzimmer hallt wider, die Abendluft wird dichter. Sofia Colicchio, der die Haut kribbelt, die in ihrem Zimmer vor Neugier bebt.

Antonia stapft nach Hause, sie trägt einen Teller mit Resten für Lina. Ihre Wut ist wie glühende Kohle, etwas Verdichtetes, Brennendes. Sie wirft die Wohnungstür fester ins Schloss, als sie beabsichtigt hat, und da sie weder mit Tellern noch mit Beleidigungen um sich wirft, macht sie Tee. Das Wasser kocht, und Antonia gießt es in die Kanne. Die Blätter weichen auf und verteilen sich. Und als der Tee durchs Sieb goldfarben in die Tasse ihrer Mamma rinnt, wird Antonia immer wütender.

Sie ist wütend auf Paolo, weil er ihr dieses schreckliche Ultimatum stellt. Sie ist wütend auf Sofia, weil sie sich bei Aubergine und Wurst verknallt, weil sie so ausschließlich in ihren eigenen Gefühlen lebt. Weil sie *Ich hätte dich nicht fragen sollen* mit einer Beiläufigkeit sagte, als besäße Antonia keine Tiefen, in die Sofia greifen, die sie ausschöpfen und durchkämmen könnte. Sie ist wütend auf ihre Mutter, weil sie ihr Leben dem Bedauern und der Trauer überlassen hat. Vor allem ist Antonia wütend auf sich selbst. Weil sie unfähig ist, den Mut aufzubringen, sich vor den Menschen, die sie am meisten lieben, zu zeigen, wie sie wirklich ist, und weil sie sich weigert, einem Mann, der nichts als liebevoll und warmherzig und großzügig zu ihr ist, zu zeigen, dass sie seine Liebe erwidert. Weil sie dem Glück ins Gesicht schaut und ihm sagt: *Ich bin noch nicht so weit.*

Antonia stellt die Teetasse ihrer Mamma auf ein Tablett. Sie gibt einen Würfel Zucker hinein und rührt um. »Mamma«, ruft sie, »ich habe dir einen Tee gemacht.« Sie schaltet den Backofen auf die niedrigste Stufe und stellt Linas Teller zum Aufwärmen hinein.

Lina schlurft ins Zimmer, sie trägt Morgenrock und Pantoffeln. Ihr Haar ist fedrig und zerzaust, weil sie sich mit dem Hinterkopf an die Couch gelehnt hat. Sie umfasst mit langen Fingern die Stuhllehne. Ihre Nägel sind brüchig, die sie umgebende Haut ausgebleicht. »Du bist später als sonst nach Hause gekommen«, sagt Lina.

»Mamma, ich habe mich verliebt«, sagt Antonia und schlägt sich die Hand vor den Mund, und dann nimmt sie die Hand wieder fort, weil mehr Worte herauskommen, rasch, ein kleiner Sturzbach. »In einen Mann. Einen Mann aus der Familie. Er heißt Paolo.«

Lina schaut ihre Tochter an, als würde sie ein Gemälde oder einen Anblick in weiter Ferne studieren. Antonia steht breitbeinig da, als wollte sie sich für einen Kampf wappnen, aber ihre Hände zittern, ihr Gesicht ist blutleer und ihre Haare stehen chaotisch um ihren Kopf ab. Seit Jahren ist Antonia größer als ihre Mutter, doch jetzt scheint sie zu schrumpfen, den Kopf einzuziehen.

Lina ist kein böser Mensch. Sie ist vielleicht schwach, verloren. Und als sie jetzt ihre Tochter betrachtet – ihre schöne, intelligente, plötzlich erwachsene Tochter –, erinnert sie sich an den Morgen von Antonias Geburt. Es war in dieser Ecke, wo der Tisch steht – sie und Antonia starren sich über die Stelle hinweg an, wo sie vor fast achtzehn Jahren in einem Schmerz gefangen war, ein Schmerz wesentlich größer als sie selbst. Unter seiner Wucht war sie in die Knie gegangen, war auf alle viere gezwungen worden, und als sie das erste Mal ihre Tochter ansah und Antonia ihre feuchten braunen Augen öffnete und ihren Blick erwiderte – da war es da. *Ich halte dich fest*, hatte sie ihrer kleinen Tochter versprochen. Und auch: *danke*.

Unvermittelt hängt Lina im Nirgendwo, kann sich nur gerade eben auf dem Faden ihres Lebens halten. *Wohin*, fragt diese Erinnerung Lina, *ist diese kämpferische Frau verschwunden?* Und Lina will diese Frage nicht hören, weil sie schon vor Langem zu dem Schluss gekommen ist, dass Hilflosigkeit und ein langsames Dahinschrumpfen die einzige Lösung sind für den Schmerz, mit dem das Leben sie überspült hat. *Ich will nicht kämpfen*, hat sie beschlossen. Und sie hat auch nicht gekämpft. Sie hat sich verschlingen lassen: Ihr Körper ist klein, ihre Atemzüge verbrauchen weniger Sauerstoff. Sie trifft möglichst wenige Entscheidungen. Sie tut ihr Bestes, keine Spuren zu hinterlassen –

keine Fußspuren im Schlamm der Erinnerungen anderer. Aber die Erinnerung an ihre neugeborene Tochter, die sie ansieht – voll Vertrauen, voll Liebe, voll Geheimnis –, wirbelt durch die Luft und sagt Lina: *Es ist Zeit. Hier ist deine Tochter. Sie ist ganz erwachsen, und sie hat Angst, dir zu erzählen, dass sie sich verliebt hat, weil du ihr zehn Jahre lang keine Mutter warst. Du wolltest nichts anderes, als dass sie ein Leben ohne Angst führt, und du hast versagt. Du hast sie gezwungen, sich um dich zu kümmern, um dich zu trauern, für dich zu leben. Du hast ihr den Auftrag gegeben, deine Vorurteile weiterzutragen. Du bist die Last, die sie vom Glück fortzieht.*

Antonia steht da, ängstlich, trotzig, unbemuttert.

Und Lina erkennt, dass es ihr nicht gelungen ist zu verschwinden. Vor ihr steht der greifbare Beweis ihres Versagens.

Es tut ihr unendlich leid. Sie ist so erfüllt von Reue, dass sie aufzuplatzen droht. Dieses Mal wird sie nicht davonlaufen. Sie wird ihre Tochter nicht bitten, ihr die Hand zu halten.

»Erzähl mir von ihm«, sagt sie. *Lass mich wieder deine Mamma sein.*

Am Abend, nachdem sie Mamma von Paolo erzählt hat, ruft Antonia bei Sofia an, denn jetzt hat sie vor nichts mehr Angst, und Sofia hört zu, als Antonia *Ich habe mich verliebt* sagt, und beim Zuhören drückt etwas Kleines, Ranziges auf ihr Herz, aber sie sagt: *Ich freue mich so für dich,* und legt den Hörer auf und sitzt mit ihrem schäbigen Herzen und ihren albernen Fantasien allein in ihrem Zimmer.

Sofia fängt an, sich vor der Wohnzimmertür herumzutreiben und Paolo und Saul beim Arbeiten zu belauschen. So hat sie erfahren, dass Saul aus Berlin kommt, woher seine Angewohnheit stammt, Wortendungen deutlich auszusprechen und leise *Ja* zu sagen, was ihm beim Zuhören manchmal entschlüpft. Sie kennt seinen Zeitplan auswendig, weil sie gehört hat, wie er seine Runden zu den Pensionen und Hotels beschrieb, in völlig fremden Vierteln wie Borough Park und in Teilen der Lower East Side, die so tief gelegen und so weit östlich sind, dass man sie schon für Wasser halten könnte, für den bröckelnden Rand der Insel. Sie hat gesehen, wie Paolo Namen von langen Listen strich und sorgsam eingewickelte Päckchen überreichte, die, wie sie herausgefunden hat, wertvolle gefälschte Papiere für wohlhabende europäische Juden enthalten, die bereit sind, Geld für ein neues Leben hinzulegen. Und sie hat ihren Vater gesehen, der wie ein Gewissen im Raum lauert, mit geübter Hand Notenbündel wiegt und Paolo und Saul küsst, bevor sie das Haus verlassen.

Sofia betrachtet sowohl die Familie als auch Deutschland wie einen Albtraum, an den man sich nur bruchstückhaft erinnert – etwas Finsteres liegt in beidem, das sagen ihr ihr Bauch und ihre Kehle –, aber sie fühlt sich lieber von dem Gemurmel Sauls und Paolos und ihres Papas getröstet, die in ihrem Bariton Pläne schmieden und gegen ein vages, unsagbares Böses arbeiten. Alle drei gemeinsam können nicht auf der falschen Seite stehen.

An dem Tag, an dem Paolo zum Essen zu ihnen kommt, verbringt Antonia den Nachmittag mit Putzen. Bei dem abgewetzten Sofa, dessen tiefe Kuhle Linas Lieblingsplatz verrät, und den verfärbten Teppichen in der Küche und im Wohnzimmer ist wenig zu machen. Aber Antonia poliert die Spiegel und Oberflächen auf Hochglanz. Sie kocht, und die Wohnung füllt sich mit Dampf und den Düften von warmem Knoblauch und dem frischen Geruch von Zitronen. Sie bedrängt Lina, bis Lina duscht, sich anzieht, das Haar aus dem Gesicht frisiert. Lina sieht fast normal aus, findet Antonia. *Fast wie eine richtige Mutter.* Antonia schüttelt den Kopf, um diese Scheußlichkeit loszuwerden. Seit der ersten zaghaften Unterhaltung über Paolo steht es gut zwischen ihr und Lina. Antonia glaubt, dass Lina ihre Tochter glücklich sehen will. Aber Lina ist seltsam und wird immer seltsamer: Zunehmend stehlen sich Frauen ins Wohnzimmer, um sie zu besuchen, wenn Lina glaubt, dass Antonia schläft. Lina folgt ihrem eigenen Weg. Obwohl Antonia das bewundert, ein Teil von ihr ist noch zu wütend. Sie vertraut nicht darauf, dass Lina duscht, bevor Besuch kommt, oder dass sie Ratschläge zu Details der Hochzeit erteilt. Sie vertraut nicht darauf, dass Lina lang genug in der Wirklichkeit bleibt, um gemeinsam mit ihrem Verlobten zu essen, und so verbringt Antonia den Tag mit Putzen und Kochen, und mit einem Auge folgt sie misstrauisch Lina, die möchte, dass ihr vertraut wird, die aber den Aufwand scheut, sich für Besuch herzurichten oder zu einer festgelegten Zeit zu essen und nicht dann, wann sie entscheidet, Hunger zu haben.

Die Frauen, die Lina besuchen, kommen auf Anregung der *Maga*. Schließlich ist es die Aufgabe der *Maga*, die ungestellte Frage zu erörtern, die in Linas Fall damit zu tun hatte, wie man weitergeht, wenn man weiß, dass kein Weg eine Garantie vor Schmerz und Enttäuschung bietet. Und so brennt jetzt in Linas Fenster die Kerze, und nachdem Antonia zum Sonntagsessen verschwunden ist, schlüpfen die Frauen zur Wohnungstür herein. Die Frauen möchten sich bei aufgedeckten Tarocchi-Karten unterhalten, oder sie möchten die Worte hören, die Lina zu jedem Vollmond flüstert. Die Frauen kommen immer wieder. Und sie bezahlen ihr genug, sodass Lina überlegt, nach Antonias Hochzeit die Arbeit in der Wäscherei aufzugeben. Keine wunden Hände mehr, über die sich von den Fingerkuppen hinab schmerzhafte Risse ziehen, so viel Olivenöl sie auch hineinreibt. Sie wird sich nie wieder nach dem Ticken einer Uhr richten müssen.

Sie wird sich nicht mehr von der Angst bestimmen lassen. Und wenn Antonia sich diesem Schrecken aussetzen will – Lina kann sie nicht daran hindern. Niemand hätte Lina daran hindern können, als sie Carlo heiratete. Die Unausweichlichkeit von Schmerz – dass Liebe bestimmte Arten von Kummer unvermeidlich macht – weckt Lina Nacht für Nacht mit wild klopfendem Herzen und Grauen in den Adern.

Nicht mehr, denkt sie, als der Verlobte ihrer Tochter an ihre Tür klopft, die unvermeidliche Pomade im Haar, die unwiderstehlichen hohen Wangenknochen, das breite Lächeln, ein Mundwinkel, der nach oben zeigt, sodass alles ein Scherz ist, alles Sex ist, alles Spannung und Energie und Charme. Er verströmt das Selbstbewusstsein des ahnungslosen jungen Mannes, die Zuversicht, dass sich die Welt wie ein roter Teppich vor ihm ausrollen wird, die Leugnung von

Sterblichkeit. *Du hast dich nie verletzlich gefühlt*, denkt Lina, als sie ihm die Hand gibt, als er freundlich den Kopf neigt, als sie ihn hereinbittet, als Antonia dasteht und zwischen ihrem Verlobten und ihrer Mutter hin und her sieht. Mittlerweile versteht Lina die Macht von Angst: Sie lässt das Wesentliche deutlich hervortreten. *Du bist nie verletzt worden*, denkt sie und schenkt Paolo ein Lächeln.

Paolo wiederum wird sich später weder an das Essen noch an das Gespräch dieses Abends erinnern. Er wird sich an Antonias Leuchten erinnern, wenn sie sich über ein Gericht beugt. Daran, wie Antonia sich vergewissert, dass ihre Mamma von allem auf dem Teller hat, bevor sie sich selbst etwas nimmt. An das Strahlen auf ihrem Gesicht, als sie ihn ansieht, die Kraft in ihrer entschlossenen Miene, die Bestimmtheit, die beim Essen wellenförmig über Paolo und Lina hereinbricht. *Das ist eine Frau, mit der man etwas aufbauen kann*, denkt Paolo. *Das ist eine Frau, für die man sorgen kann. Das ist eine Frau, die für mich sorgen wird.*

Zwei Wochen später, an einem Donnerstagabend im April, hört Sofia die Türglocke und springt vom Lernen auf, was sie ohnehin nur halbherzig getan hat. Sie hofft, dass es Saul ist, und so ist es auch – sie hört ihn ihre Mamma begrüßen. Die Geschmeidigkeit seiner Stimme und Schritte hallt durch den Flur.

Auf sie zu. Er kommt auf sie zu.

Sofia beobachtet Saul durch die einen Spaltbreit geöffnete Tür. Allein seine Art, sich zu bewegen, zeigt Sofia, dass Menschen ihm wichtig sind. Hinter seinen halb geschlossenen Augenlidern ringen Geheimnisse um Raum, seine Lippen verziehen sich finster nach unten, wenn er eine Frage nicht beantworten möchte. Sofia verschlägt es den Atem. Ihr Herz wummert, sodass ihre ganze Brust mitschwingt, und droht, ihr aus dem Mund zu springen. Alles pocht, von ihrem Gesicht bis zu den Fingerspitzen und ihren gummiartigen Beinen. Er ist einen Meter von ihr entfernt. Gleich wird er die Badezimmertür öffnen.

»Guten Abend«, sagt Sofia. Er sieht auf. Sie stehen sich gegenüber, Sofia halb hinter der einen Spaltbreit geöffneten Tür verborgen, Saul mit fragendem Blick, die Hand schon an der Badtür, sieht Sofia direkt an.

»Guten Abend«, sagt er.

Und da explodiert in Sofia etwas. Sie streckt die Hand aus, sie packt ihn am Hemd und zieht ihn zu sich, und seine Augen weiten sich vor gelinder Überraschung, als Sofia ihr Gesicht zu ihm hebt und ihn küsst, feucht und atemlos, ungenau und schnell.

Sie löst sich von ihm und sieht ihm ins Gesicht. Sofia hat genügend Jungen geküsst, um zu wissen, dass sie verblüfft aussehen müssten, nachdem sie sich von ihnen gelöst hat. Erstaunt über ihr Glück.

Saul lächelt, aber er sieht nicht verblüfft aus. Er sieht aus, als würde er gleich lachen. »Sofia, oder?«, fragt er.

Eine quälende Sekunde glaubt Sofia, ihre Demütigung werde so groß sein, dass sie sich in die Erde vergraben müsse. Sie schließt die Augen und möchte ihren Körper zwingen, direkt im Fußboden zu versinken.

Als sie die Augen wieder öffnet, steht Saul immer noch vor ihr. »Entschuldigung«, stottert sie. »Es tut mir …«

»Schon gut«, sagt er, und so, wie er es sagt, hat Sofia das

Gefühl, es könnte wirklich gut sein. »Ich habe eine Besprechung mit Ihrem Vater«, sagt er. »Ich sollte ...«

»Gehen Sie«, sagt sie. »Gehen Sie.«

In der Nacht wälzt sich Sofia in einer Lache Angstschweiß, das feuchte Haar klebt ihr im Nacken, unter der Decke ist ihr heiß und dann wieder jämmerlich kalt. *Was werde ich zu dir sagen*, fragt sie sich, *wenn ich dich wiedersehe?*

Lang braucht sie sich das nicht zu fragen. Sofia schaut den ganzen Samstag unruhig aus ihrem Zimmerfenster, aber am Sonntag kommt Saul frühzeitig, vor Sofias erweiterter Familie, vor der Gruppe von drei bis fünf Onkels, Vito oder Nico oder Bugs, etwas in der Art, jeder von ihnen vor ihren Frauen, die Sofia früher für den Inbegriff von Eleganz hielt, aber deren Acrylnägel und sorgsam onduliertes Haar und überparfümierten Hals Sofia jetzt trostlos findet, langweilig, platt. Das spiegelt natürlich nur Sofias eigene Langeweile, ihre eigene Trostlosigkeit, ihre eigenen unbeantworteten Fragen. Es liegen gerade noch zwei Monate Highschool vor ihr und dann das Nichts.

Antonia kommt nicht, sie ist wieder bei Paolos Familie in Manhattan, und Sofia ist erleichtert, sich nicht Antonias wissendem Blick ausliefern zu müssen, der Art, wie sie alles versteht, was Sofia denkt, ohne dass Sofia auch nur ein Wort sagt. Es zehrt an ihren Kräften zu sehen, wie Antonias Leben sich in genau berechneten Sprüngen vorwärtsbewegt. Das gibt Sofia das Gefühl, alles falsch zu machen.

In der Küche läuft das Radio, und Rosa siebt Puderzucker über Törtchen und Haselnusskekse, und auf dem Herd steht der große Topf mit kochendem Wasser. Sofia rollt auf der Arbeitsfläche Teig aus, atmet jedes Mal aus, wenn sie das Nudelholz von sich fortschiebt, und neben ihr steht Frankie, hackt Zwiebeln und wickelt endlose Mengen Basilikumblätter zu dünnen Röhrchen, um sie dann in feine Streifen zu schneiden. Sofias Haare haben sich zu einer staubigen, bemehlten Wolke um ihren Kopf aufgelöst, und aus ihren Augenwinkeln tropfen brennende Zwiebeltränen, als sie eine Stimme fragen hört: »Sind Sie sicher, dass ich Ihnen nicht helfen kann?«

Sofia drückt das Nudelholz so fest auf, dass der Teig in zwei Hälften bricht, eine von der Arbeitsfläche fällt und vor Sauls Füßen landet, der gerade hereingekommen ist, der gerade angeboten hat, beim Kochen zu helfen, sofern Sofias Ohren richtig funktionieren. Er hebt den Teig auf und reicht ihn ihr, er ist mit Stückchen von Zwiebelschale und Kräuterstielen übersät, die zu Boden gefallen sind. Rosa reißt Sofia den Teig aus der Hand, sagt etwas wie *Das kriege ich nie alles rechtzeitig raus* und macht sich daran, Brotbrösel und Chiliflocken aus dem ehemals seidigen Nudelteig zu klauben. »Entschuldige, Mamma«, brummelt Sofia. Und dann schaut sie zu Saul, und ehe sie sich's versieht, sagt sie: »Ich glaube, Sie haben schon genug geholfen«, und Saul schaut betroffen drein und zieht sich ins Wohnzimmer zurück. Sofias Magen macht einen Satz. *Was ist mit dir los?*, tadelt sie sich. *Wieso bist du so hässlich?*

»Ein bisschen komisch ist er schon, oder?«, fragt Rosa. »Will beim Kochen helfen?«

»Sofia mag ihn«, sagt Frankie. »Schau, wie rot sie ist.«

»Das stimmt nicht!«, schreit Sofia beinahe. Frankie ist immer noch kleiner als Sofia, begegnet ihrem wütenden

Gesicht aber mit einem furchtlosen, beinahe unmerklichen Zwinkern. Am liebsten würde Sofia sie erwürgen.

»Ich glaube, er ist Jude«, sagt Rosa, als wäre die Sache damit erledigt. Rosa weiß, dass er Jude ist, aber das ist eben ihre Art: Tatsachen als Fragen zu verpacken. Und, denkt Sofia, während sie die heil gebliebene Hälfte des Ravioliteigs weiter ausrollt, sich selbst als Frage zu verpacken. Rosa weiß mehr als alle zusammen in jedem x-beliebigen Raum, was man ihrer Art zu sprechen aber nie entnehmen würde. *Will beim Kochen helfen?* Rosas Tonfall hat etwas Einfältiges, etwas, das in Sofia den Wunsch weckt, mit der Abrissbirne ihr Zuhause zu zerschlagen. *Ich glaube, er ist Jude* – als würden sich auch alle anderen Anwesenden jeder unsichtbaren, unzerstörbaren Regel beugen, die Rosa zu beschwören beliebt. Den restlichen Nachmittag schäumt Sofia innerlich und versucht, Frankies forschendem Blick auszuweichen.

Später, nachdem Sofia sich Gesicht und Hände gewaschen, die Schürze ausgezogen und die Haare geglättet hat, schlüpft sie ins Wohnzimmer, wo Frankie sich gerade auf den leeren Platz neben Rosa zwängt. »Da drüben ist noch einer«, sagt Frankie und deutet mit dem Kopf auf den Stuhl gegenüber von Saul, der Wein trinkt und eine braune Weste und eine runde Brille trägt und dessen Haar ihm in Locken ins Gesicht fällt, sodass Sofia nichts lieber täte, als es ihm aus der Stirn zu streichen.

»Frankie, bitte«, sagt Sofia zu Frankie, die sich gleichmütig abwendet, als würde sie Sofia nicht hören.

Und so setzt Sofia sich auf den Stuhl am Ende des Tisches, gegenüber von Saul, der hochschaut und sagt: »Noch mal guten Abend.«

»Guten Abend«, sagt Sofia und blickt auf ihren Teller. *Diesmal versuch, mit ihm zu reden*, sagt die Antonia in ihrem Kopf, aber Sofia stellt fest, dass jeder Gedanke, den sie je hatte, verschwunden ist, dass es in ihrem Kopf hallt wie in einem leeren Marmorgang.

»Es tut mir leid wegen vorhin«, sagt Saul. Jemand reicht ihm einen Korb mit heißem Knoblauchbrot. Sofia knurrt der Magen so laut, dass Saul es zweifellos hören muss. Dampf lässt seine Brille beschlagen.

»Nein«, widerspricht sie. »Mir tut es leid. Ich hätte nicht so …« Sofia verliert die Worte in ihrem Mund und füllt ihn stattdessen mit Brot.

»Ich weiß noch nicht, was sich hier gehört«, sagt Saul. Sein Akzent ist schwach, stolpert aber doch ein wenig über seiner Zunge, sodass Sofia an seinen Lippen klebt. »Ich koche sehr gern, aber ich glaube, das steht mir nicht zu.«

Sofia lacht. »Ganz bestimmt nicht«, sagt sie. »Ich koche nicht gern, aber mir bleibt nichts anderes übrig.«

»Ein Jammer, dass wir nicht tauschen können«, sagt Saul. Er reicht ihr eine Schüssel mit Fleischklößchen.

Sofia lächelt, und irgendetwas schmilzt in der Luft, die sie trennt. »Wo haben Sie denn kochen gelernt?«, fragt sie.

»Von meiner Mutter«, antwortet Saul. »Es gab nur sie und mich, also habe ich ihr geholfen.«

»Ihre Mutter – sie ist noch in … Deutschland?«

»In Berlin«, sagt Saul. »Das glaube ich zumindest.« Plötzlich richtet er seine ganze Aufmerksamkeit darauf, eine grüne Bohne aufzuspießen.

»Sie wissen es nicht?«

»Das kann man nicht wissen. Die Nazis. Es ist sehr

schlimm dort.« Aber in seiner Stimme liegt etwas Barsches, was Sofia zuvor nie bemerkt hat, sie kommt sich aufdringlich vor.

»Das tut mir leid«, sagt sie. Saul begegnet ihrem Blick, und unvermittelt geht es um etwas wesentlich Bedeutenderes als die Politik beim Sonntagsessen. Dort draußen gibt es eine richtige Welt mit richtigen Konsequenzen, denkt Sofia. Eine Welt, in der Menschen nicht wissen, wo ihre Mutter ist. Eine Welt, wo die größte Sorge nicht darin besteht, ob ein Mann angeboten hat, beim Kochen zu helfen.

Und dann ruft Bugs oder Vito Sauls Namen, und er wendet sich von Sofia ab, und sie fragt sich, ob sie sich die ganze Unterhaltung nicht eingebildet hat. »Sofia«, sagt Rosa laut, »reichst du uns bitte das Brot«, und Sofia steht auf und bringt den Korb mit Knoblauchbrot ans andere Tischende, wo Rosa Joey und Pop gegenübersitzt, der in den Korb greift und sich ohne hinzusehen, und ohne Sofia anzusehen, das schönste Stück nimmt. Plötzlich fühlt sich Sofia an die Welt gefesselt, die sie bereits kennt. Sie schaut den Tisch hinunter, Saul ist ins Gespräch vertieft. Vito klopft ihm auf den Arm, und beide lachen. Frankie redet mit Rosa und Nonna und einer Frau, von der Sofia glaubt, dass sie Bugs' Frau ist. Es hat den Anschein, dass die vier ganz in ihrer Unterhaltung aufgehen. Sofia ist wieder allein.

Aber später am Abend trocknet Sofia Geschirr ab. Rosa hat die Küche verlassen, um zur Toilette zu gehen, und Nonna hat sich mit Pops schon verabschiedet und ihre Adleraugen mitgenommen. Niemand sieht, wie Saul leise durch die Küchentür tritt und sich Sofia nähert, er kommt so nah, dass sie ihn riechen kann, so nah, dass sich die Härchen auf ihren Armen und in ihrem Nacken ihm entgegensträuben.

»Bis nächste Woche«, sagt er.

In Sofias Adern fließt kochendes, dickes Blut. Stromschnellen rauschen durch sie, pumpen gegen ihre heißen Wangen, ihre Fingerspitzen, die Kniekehlen. Veränderung trommelt dicht unter ihrer Haut und droht, jeden Moment hervorzuplatzen.

Buch drei

1941–1942

Paolo liebt Antonia mit einer Verzweiflung, die ihn nachts weckt und mit ihrer Heftigkeit überrascht. Wenn er mit ihr zusammen ist, verschmelzen die Atome seines Körpers, strecken sich, wirken zusammen, um ihr näher zu sein. Wenn er nicht bei ihr ist, ziehen die Schnüre seiner Besessenheit an ihm, weben ihn zu ihr hin. Paolos Fixierung findet mittlerweile ihren Ausdruck in Schlaflosigkeit. Er liegt wach, starrt zur blätternden Farbe an seiner Zimmerdecke und spürt, wie sich unter seiner salzigen Haut etwas windet.

Vor Antonia spielten sich Paolos Fantasien über das Leben als Erwachsener in Schwarz-Weiß ab. Er war ein Produkt der gewalttätigen, verwinkelten Mietshaussiedlungen, wo Spuckeschwüre und Spielplatzschlägereien in ein primitives Erwachsenenleben mündeten. Immer ging es ums Überleben – überleben von Polio und Masern, von Gewalt, die vom Abschaum der Five Points Gang und den größeren, gemeineren Schlägern an der Schule verübt wurde, überleben von Fabrikarbeit, bei der sich einem der Kopf drehte und die Finger blutig wurden. Freude war etwas Zufälliges, das man ohne einen Gedanken an deren Konsequenzen oder Dauerhaftigkeit hinnahm. Sie bestand aus Fleisch außerhalb vom Sonntagsessen, einem hinuntergekippten Whiskey, der in der trockenen Kehle brannte, dem weichen Bett einer leichtlebigen Frau. Gerade genug entkamen, kehrten an den Feiertagen zurück und berichteten von Erfolg als Broadway-Produzent oder Banker, damit die anderen nachts im sicheren Wissen schlafen konnten, dass sich harte Arbeit bezahlt machte, dass der amerikanische Traum blühte, wuchs und gedieh. Paolos Mutter war nicht für Unsinn zu haben, und dazu gehörten *versponnene Tagträume* – sie hatte ihre Söhne dazu erzogen, hart zu arbeiten und sich mit dem kleinen Glück zu bescheiden. *Dieses Abendessen,* sagte sie. *Die schönsten Rettiche!* Und dann funkelte sie ihre Söhne an, hob die Augenbrauen und sagte: *Wenn ihr Glück habt, eine gute Frau.*

Als Kind hielt Paolo Frauen lediglich für die Zutat eines erfolgreichen Erwachsenenlebens: eine gute Arbeit, eine gute Frau, ein gutes Zuhause. Er wollte dem Rat seiner Mutter nicht nur folgen, er wollte ihn auch übertreffen, wollte ein schöneres, ordentlicheres, vernünftigeres Zuhause als das Wirbelsturmchaos der Wohnung seiner Kindheit. Er wollte auf der Straße unter seinem eigenen Namen bekannt sein und nicht in der Schar der Luigio-Jungs untergehen: *Du bist doch der Jüngste, oder? Der Kleinste?*

Seine Gedanken an Antonia sind ganz in Farbe. Seine Fantasien der Gegenwart und der Zukunft sind derart verwoben, dass er nicht immer weiß, ob er die Antonia liebt, die vor ihm steht, oder die Antonia in fünfzehn Jahren, die er im Kopf vor sich sieht. Aber Paolo ist einundzwanzig, und alles passiert noch immer gleichzeitig, und er glaubt zu verstehen, was ihn ausmacht und was ihn antreibt. Wie seine Mutter ihn mit einem einzigen Wort in die dürftigste, unglücklichste Version seiner Selbst verwandeln kann. Wie ihm beim Aufwachen vor unvollendeten Gedanken an Antonia alles wehtut, von den Zehenspitzen bis zur Haut zwischen seinen Fingern. Die Vorstellung, wie Antonia die Tür zu ihrem gemeinsamen Heim öffnet, das lichtdurchflutet ist, prächtig und makellos möbliert. Antonia, die die Tür zu einem Schlafzimmer öffnet. Antonia, die die Knöpfe an ihrem Kleid öffnet. Die den Mund öffnet. Ihn völlig verschlingt.

Im Juli träumt Antonia von ihrem ersten Tag an der Uni. Sie geht in ein mit Efeu bewachsenes Gebäude und betritt ihr Kindergarten-Klassenzimmer. Die anderen Studenten lachen sie aus, als sie sich hinter ein Kinderpult zu quetschen versucht. Maria Panzini flüstert ihrer Nachbarin hinter vorgehaltener Hand etwas zu, und Antonia weiß, dass es um sie geht. *Hier wollte ich immer herkommen*, sagt sie sich. *Es wird schon besser werden.*

Fröstelnd wacht Antonia auf, obwohl die dichte Sommerluft in ihrem Zimmer brütet. Sie wickelt sich in ein Laken, schleicht auf Zehenspitzen ins Wohnzimmer und schmiegt sich in die Kuhle, die Linas Körper auf der Couch hinterlassen hat. Sie ist überwältigt von Dankbarkeit, nicht immer in dieser Wohnung bleiben zu müssen.

Antonia hat sich erfolgreich davon überzeugt, dass die Ehe – das Leben mit Paolo, das sie so sorgsam aufbaut – genau das ist, was sie will. Auch Paolo möchte etwas anderes als die Welt, in der er aufgewachsen ist. Für ihn ist die Familie die Veränderung – die Familie, aus der Antonia immer glaubte ausbrechen zu müssen, um voranzukommen. Aber Paolo ist sich sicher. Er ist, wie sie, ein Träumer, aber er ist auch vorsichtig, bedacht, praktisch. Paolo hat einen Plan. Er spart seinen Lohn für eine Wohnung, für Möbel, für Bettzeug. Sie werden im kommenden Frühjahr heiraten. In Paolos Zukunft gibt es nur saubere Räume, wohlerzogene Kinder, Wärme und Sicherheit. Diese Zukunft hat Antonia als die ihre angenommen.

Wenn sie Paolo gegenüber von einem Studium spricht, schaut er verwirrt drein. Er kann die Vorstellung, dass Antonia auf einen Abschluss hinarbeitet, nicht in seine Fantasie von der Zukunft einbauen, aber er liebt sie. *Er liebt mich.* Er möchte, dass sie glücklich ist. Er sagt, er werde versuchen, das Problem für sich zu lösen. *Wir werden es lösen.*

Wie Paolo kann Saul den ganzen Sommer 1941 nicht schlafen. Er geht endlos durch die Stadt und denkt an Frauen. In den dunklen Stunden durchstreift er Manhattan von Nord nach Süd und wieder zurück, er ist unterwegs, bis seine Beine vor Müdigkeit brennen, sucht dann in der schwülen U-Bahn Zuflucht, wo die schwere Luft ihm hilft, nicht den Kopf zu verlieren. In manchen Nächten wird Saul vor Gedanken an Sofia ekstatisch. In Sofias Gegenwart löst sich das Grauen, das ihm die Zunge bitter macht und den Magen verkrampft, in nichts auf. Sofia gibt ihm das Gefühl, auf eigenen Beinen zu stehen. Er ist betört von ihrem Duft und ihrer Kraft, von ihrer körperlichen, überraschenden Art, vom Honig ihres Lachens und von der Erde, die er in ihrem Haar riecht.

In anderen Nächten empfindet er die Sehnsucht nach seiner Mutter wie eine Bestie, die auf den von Gaslampen beleuchteten Straßen neben ihm hergeht.

Nach Ende der Highschool sitzt Sofia eine Woche lang planlos in ihrem Zimmer, gefangen in einer atemberaubenden Freiheit, die ihr leer und unwirklich und überwältigend erscheint. Der Rest ihres Lebens – der bis Juni lediglich eine surreale Abstraktion gewesen war – verlangt von ihr, in einer Zeitspanne zu denken, die sie nie zuvor erwogen hat. Er umgibt jede kleine Entscheidung, die zu treffen sie überlegt, mit dem grellen Schein der Ewigkeit. »Weißt du, du könntest auch studieren«, sagt Frankie und späht in Sofias Zimmer, wo Sofia zum dritten Mal in derselben Zeitschrift blättert oder sinnlos zum Fenster hinausstarrt. »Du wirst bald jemanden kennenlernen«, sagt ihre Mutter. Sofia möchte nicht studieren, wo man ihr nur noch viele weitere Jahre erklären würde, was falsch und was richtig ist. Und sie will niemanden kennenlernen. Das heißt, niemand anderen als Saul, und er wird den Anforderungen ihrer Eltern von »jemanden kennenlernen« nie genügen. Sie werden nie heiraten. Sie werden nie Kinder bekommen. Sauls Name wird nie an erster Stelle auf Karten stehen, die an sie beide adressiert sind, sie werden weder durch Kirche oder Kultur noch durch irgendetwas anderes verbunden sein als durch ihr eigenes Netz von Geheimnissen, Lügen und Liebe. Das macht die Zeit, die sie zusammen verbringen, unwiderstehlich. Das ermöglicht es Sofia, die beim Gedanken an Heirat und Kinder immer ein vages Grauen empfand, wie besessen in Saul verliebt zu sein, der ungefährlich ist und keine Bedrohung für Sofias Unabhängigkeit. Langsam versteht Sofia Widersprüche: dass es möglich ist, etwas mehr als alles andere zu wollen und es gleichzeitig nicht zu wollen, dass manchmal die Unerfüllbarkeit eines Traums genau das Verlockende daran ist.

Sofia gleitet dahin im Strom ihres neuen Geheimnisses. Sie und Saul begegnen sich im Flur, zwischen ihnen ist etwas Magnetisches, Schmelzflüssiges. Sie fassen sich in Hauseingängen an der Hand, sie gehen kurz gemeinsam um den Block, sie sprechen direkt in den Mund des anderen, sprudeln Sätze wie Flüssigkeit hervor, reiten auf einer Welle, die aus schierem animalischem Verlangen besteht, aus bloßer Atemlosigkeit.

Wenn Saul zu den Colicchios kommt, stecken er und Sofia sich Zettelchen zu. Sie verabreden sich in anderen Vierteln. Sie tauchen in kleine Restaurants ab und kosten Essen aus Ländern, die sie nur von der Landkarte kennen: Marokko, Griechenland, Malaya. Saul weiß nicht, welche Viertel gefährlich sind, und er behandelt Sofia nicht, als wäre sie zerbrechlich. Sie gehen so weit nach Westen, wie es möglich ist, ohne in den Hudson zu fallen, und als die Sonne untergeht, sehen sie die Lichter in New Jersey und am Times Square angehen, finden sie sich auf einer Insel wieder, einer undurchdringlichen, dunklen Industriebrache am Rande der Welt.

Bei Saul hat Sofia das Gefühl, Platz zu haben. Saul fragt Sofia, wer sie ist, wer sie sein möchte, und nie droht Enttäuschung, nie passt Sofia nicht in einen vorherbestimmten Platz. *Ich glaube, ich möchte Macht haben wie mein Vater*, sagt sie zu Saul, *aber ich werde es nie so machen wie er.* Zwar weiß sie nicht, was sie machen wird, aber *irgendetwas* ganz bestimmt, das ist ihr klar. Im Lauf des Sommers denkt sie zunehmend an Saul, auch wenn sie beschlossen hat, dass sie zusammen nur ein bisschen Spaß haben, nur gegen die Regeln verstoßen.

Saul, der in Sofia verliebt ist, obwohl es unerträglich ist, verliebt zu sein, wenn man seine Heimat und seine Familie verloren hat, versteht etwas von Widersprüchen. Und davon, etwas Unerreichbarem ausgesetzt zu sein. Allmählich bekommt Saul das Gefühl, aus einem tiefen Winterschlaf zu erwachen, einem lebenslangen Winter, sein dumpfer Herzschlag beschleunigt sich, während Sofia vor ihm immer wärmer wird, ihn in Hitze badet. Allmählich versteht er den Wert von Empfindung, die brennende Notwendigkeit von Gegenwart. Während er früher in Erinnerungen gelebt hat, in Mutmaßungen, in tiefer Sorge, hangelt er sich jetzt seinem Leben entgegen, das sich mit jedem Moment entfaltet.

Im Herbst kehren Sofia und Antonia nicht zur Schule zurück, zum ersten Mal, seit sie sich erinnern können. Der September klafft vor ihnen auf, und sie stürzen kopfüber hinein. Der Fluss ihres Lebens trägt sie mit. Sie treiben auf etwas zu, das sich wie eine Steilwand anfühlt, starren einen Wasserfall hinunter, an dessen Ende es nur Ehe und Kinder gibt, vernünftige Kleidung, die Aufgabe, einen Haushalt zu führen. Getrennt fechten sie stille Kämpfe mit sich aus: was sie sich wünschen, was trotz ihrer Wünsche einfach passieren wird. Liebe, so wird ihnen klar, ist etwas, das passieren kann unabhängig davon, ob man sie will. Sie wissen nicht, ob Liebe der Fluss selbst ist oder ein Rettungsfloß. Sie müssen ihre Vorstellung von Liebe anpassen.

Joey Colicchio hat zu viel gearbeitet. Er hat sich übernommen, sich zum Zerreißen gespannt zwischen der Welt, in der er der Vater zweier Mädchen mit langen Beinen und kritischem Blick ist, und der Welt, in der er die leibhaftige Brutalität ist, der Terror im Raum, der Grund, weshalb Männer mitten in der Nacht schweißgebadet aufwachen. In beiden Welten wird sein Bestes von ihm gefordert, es wird ihm genommen, ihm entrissen. In beiden Welten ist er der Mittelpunkt. Das schlagende Herz.

Joey hatte gedacht, dass die kriegsbedingten Schmuggeloperationen, an deren Spitze er stand, ihm einen Teil seiner Schuldgefühle nehmen würden, die sich wie Felsbrocken in seinen Eingeweiden eingerichtet haben. Er hatte geglaubt, dass sie ihm helfen würden, seinen, im Vergleich zu vielen anderen Leuten in seiner Bekanntschaft, relativ üppigen Lebensstil zu rechtfertigen. Joey möchte glauben, dass er seinen Männern so viel wie möglich bezahlt. Er möchte glauben, dass er Gewalt so zurückhaltend wie möglich einsetzt.

Aber ein Teil von Joey weiß, dass das nicht stimmt. *Du hast dich für dieses Leben entschieden*, erinnert er sich. Es wäre in der Maurergewerkschaft zu weniger Gewalt gekommen, wenn er den Mund gehalten und seine Beiträge bezahlt hätte. Er hätte weniger Angst verbreitet, wenn er bis zu seiner Hochzeit bei seinen Eltern geblieben wäre und zehn oder zwölf Enkelkinder in eine verwahrloste Mietskaserne gesetzt hätte. Er wäre auf dem Friedhof neben seinem Vater zu Erde zerfallen. *Staub zu Staub.* Joey überlegt, ob er ein guter Mensch ist.

Rosa sucht schon seit vielen Jahren keinen Trost mehr bei Lina, aber in letzter Zeit – seit Sofia den ganzen Tag verschwindet und ihre Pläne geheimnisvoll abwehrend verschweigt, seit Frankie bei der mindesten Provokation in Flammen aufgeht und Joey selten zu Hause ist, und wenn doch, dann rastlos wirkt – malt sie sich in den stillen Nachtstunden öfter aus, wie sie in Pantoffeln und Morgenrock nach nebenan tappt und wieder in den vertrauten alten Rhythmus verfällt.

Sie weiß, dass es unmöglich ist. Lina ist zu einer Kuriosität verkommen, zu einem abschreckenden Beispiel. Abgesehen von ihren Brüdern, von den Ehefrauen, die allsonntäglich erscheinen, muss sich Rosa allein durch die Woche schlagen. Und wie immer versteht Rosa das. Sie weiß, weshalb es so ist. Sie versteht die Strukturen, deretwegen das notwendig ist.

Trotzdem bleibt Rosa nachts auf und stellt sich vor, wie es wäre: die knarzende Wohnungstür zu schließen und auf Zehenspitzen durch die Flure zu gehen, auf die Straße hinaus, und sich die dunkle Treppe bei Lina und Antonia im Haus hinaufzutasten, wo Lina sie womöglich in die Arme schließt und sagt: *Ich habe gehofft, dass du kommst.* Und wo sie, mit etwas Glück, wieder wissen würden, wo ihre Töchter sind und ob die Töchter bereits schlafen.

Am 7. Dezember wird Pearl Harbor überfallen. Nichts bleibt verschont. Der Krieg, der eine ferne Tragödie, das Problem anderer, etwas Unzugängliches gewesen war, dringt in die Häuser der Amerikaner vor. Er packt sie an der Kehle. Er zwingt sie, ihm ins Gesicht zu blicken.

Sofia entkommt der Wohnung, wo sich ihre Eltern in Erwachsenensorgen vergraben, einer Art Depression, bei der Sofia das Gefühl hat, der Boden unter ihren Füßen wäre Treibsand. Sie wissen nicht, was sie tun sollen. Sie wissen nicht, was passieren wird. Sofia nimmt ein Taxi nach Manhattan. Die Stahlseile der Brooklyn Bridge streichen an ihr vorbei, und sie erinnert sich daran, als sie vier war und auf dem Weg zum Sonntagsessen. Geschmiegt auf den Schoß ihres Vaters, dem Inbegriff von Sicherheit. Wie kann sie ihre eigene Mitte finden? Wie kann sie entscheiden, etwas zu tun, wenn die Welt von den Grundfesten auf zerbröckelt?

Sofia trifft Saul im Schutz eines dunklen Kinos downtown. Der Film läuft bereits, als sie sich zu ihm vorschiebt, also legt sie ihm zur Begrüßung eine Hand auf die Schulter, presst ihren Körper in der Dunkelheit an seinen. Er bietet ihr einen halb leeren Karton Popcorn an, und plötzlich ist sie am Verhungern. Handvollweise nimmt sie davon, bis sich das Salz unter ihren Nägeln ansammelt und das Fett in ihre Haut einzieht. Sofia schlängelt einen Arm in Sauls Ellenbeuge und legt den Kopf an seine Schulter. Sie spürt die Knochen seines Arms, der sich lang und dünn von seinem Herz aus erstreckt. Saul ist solide und sicher und lebendig. Etwas in Sofia wird ruhiger. Etwas öffnet sich.

Nach dem Film schlendern Saul und Sofia über die

baumbestandenen Wege des Washington Square Park und bemühen sich, nicht wie lohnende Opfer von Taschendieben zu wirken. In einer zwielichtigen Künstlerkneipe an der MacDougal Street bestellt Saul zwei kleine dunkle Biere, die sie im Stehen trinken, aneinander gelehnt an einem hohen Ecktisch. Sofia gefällt, dass sie sich nach dem Bier leicht und tollkühn fühlt, und trinkt noch eins, während Saul sich an einer Zigarette festhält. Sofia betreibt Konversation über den Film, sie erfindet Geschichten über die anderen Gäste (eine Geliebte, die Frau in dem allzu engen Kleid und den sorgfältig gelegten Locken; ein Journalist, beladen mit Notizbüchern, der einen Ehering am Finger dreht und noch nicht nach Hause gehen möchte; eine Künstlerin, die ihr Elternhaus in New Jersey verlassen hat und jetzt nur Milchkästen als Möbel besitzt). Sie füllt die Leerstellen in ihrem Gespräch und denkt dabei unablässig an die Knochen in Sauls Arm, an die Krümmung der Fingerknöchel unter seiner Haut, an seine tanzenden, träumenden Wimpern. In Sofia schreitet das Etwas, das sich in ihr geöffnet hat, ungeduldig hin und her. Es hat Hunger. Saul ist still, sein Blick sieht durch sie hindurch.

»Woran denkst du?«, fragt sie, und Saul reißt die Augen weiter auf und richtet den Blick auf sie, als habe er vergessen, wo er ist. Er verzieht das Gesicht, ihr gemeinsamer persönlicher Scherz, ein Blick, den er ihr über die Schulter von Männern hinweg zuwirft, mit denen er sich unterhält, wenn Sofia direkt vorm Zimmer steht und alles verfolgt. *Ich bin hier*, soll das Gesicht sagen. *Aber ich wäre viel lieber da drüben bei dir.*

»Nichts«, sagt er, was er immer sagt, wenn er an seine

Familie denkt, und an Deutschland und die unsagbaren Geheimnisse, die sein Leben in Europa umgeben.

Sofia greift nach Sauls Hand, und er gibt sie ihr, doch sein Blick bleibt neutral, richtet sich auf einen Punkt jenseits ihrer Schulter. Sie weiß nicht, wohin er geht, aber sie wünscht, er würde zurückkommen.

»Du bist woanders«, sagt sie.

»Ich bin hier«, sagt er. Aber das stimmt nicht. Und Sofia, die oft zu ihren eigenen Gedanken zurückkehrt, wenn Gespräche mit Saul einen toten Punkt erreichen, bekommt eine energische Miene und legt Saul die Hand auf die Brust. »Erzähl mir doch davon«, fordert sie ihn auf.

»Hast du die Nachrichten nicht gehört?«, fragt Saul.

»Doch, natürlich«, antwortet sie.

»Na ja, ich …«, Saul bricht ab. Er zuckt mit den Schultern. »Dann denke ich wohl daran.«

»Und ich versuche wohl, nicht daran zu denken«, sagt Sofia. Sie denkt an Sauls Hände, an die Bläschen, die in ihrem Bierglas aufsteigen.

»Tja«, meint Saul. »Ich kann nicht anders.«

»Also gut«, sagt Sofia. Sie möchte, dass sie Saul genug ist. Sie möchte, dass ihre Gegenwart ihn aus sich heraus und empor zieht. Sie möchte mitansehen, wie ihr das gelingt, und das Gefühl haben, dass sie womöglich doch gut ist, dass kein leerer Raum vor ihr liegt, wo doch ein Weg sein sollte. »Vielleicht sollte ich gehen«, sagt sie. Es würde sie trösten, Saul zu trösten.

»Sofia«, sagt Saul, und seine Stimme hat eine Dringlichkeit, die Sofia nicht kennt, »kümmert es dich gar nicht, dass die Welt gerade zerfällt? Angeblich sind gestern Tausende gestorben. Und es ist Krieg, das heißt, wenn Menschen sterben, sterben in der Folge noch mehr Menschen. Und jeder dieser Menschen ist Teil von etwas. Sie haben Mütter, sie haben Söhne ...« Abrupt bricht Saul ab. Eine Röte ist ihm ins Gesicht gestiegen, seine Augen leuchten angeregt.

»Natürlich kümmert es mich«, sagt Sofia. »Aber ich bin hier, um von meiner Familie wegzukommen, um dich zu sehen, und du verhältst dich genau wie sie, und ich kann dich nicht erreichen, egal, was ich tue, als könnte ich niemanden erreichen, als könnte ich überhaupt nichts tun. Ich will mich nicht so hilflos fühlen, Saul. Ich könnte ja nach Hause gehen, aber meine Mamma würde mir ... würde mir ... Stricknadeln geben, damit ich Socken stricke, und ich glaube nicht, dass Socken zu stricken irgendjemandem hilft.«

»Schon gut«, sagt Saul. »Schon gut.« Gäste von anderen Tischen beobachten sie aus dem Augenwinkel. Saul deutet zur Tür, und er und Sofia verlassen die Kneipe und gehen auf die eisige Straße hinaus. »Ich glaube, du hast recht«, sagt Saul.

»Womit?« Sofia hat sich für einen Streit gerüstet.

»Die Sorgen – die helfen nichts und niemandem. Ich habe einfach Schuldgefühle.«

In Sofia hat sich Energie aufgestaut, Ärger, Wut, Luft, Adrenalin. Aber sie hat ihren Streit nicht bekommen, und sie weiß nicht, wie sie ihn auflösen soll, ohne alles loszuwerden, ohne in die fahle, vage Wintersonne zu schreien, ohne gegen alles anzuschreien, was ihr im Weg steht. »Du hast überhaupt keinen Grund, Schuldgefühle zu haben«, fährt sie ihn an. Sie klingt barscher als beabsichtigt.

»Welcher Sohn würde keine Schuldgefühle haben, wenn er seine Mutter im Stich gelassen hat?«

»Du hast sie nicht im Stich gelassen«, widerspricht Sofia.

»Doch«, sagt Saul. Bei der Schlichtheit dieser Antwort drohen Sofia Tränen in der Kehle aufzuwallen. Gemeinsam stiefeln sie die MacDougal Richtung Bleecker Street entlang. Wärme suchend beugen sie sich zueinander. Die Dezemberluft bahnt sich eisig einen Weg in ihre Mäntel. Die Qual, hilflos zu sein, steigt wieder in Sofia auf und setzt sich in ihrem Hals fest.

Als Saul nach rechts abbiegen will, Richtung Sixth Avenue, wo Sofia ein Taxi nach Brooklyn nehmen wird, hält sie ihn zurück.

»Ich habe eine Idee«, sagt sie, aber die Worte verlieren sich in den Falten ihres Schals, und Saul muss sich zu ihr vorbeugen und sie bitten, den Satz zu wiederholen. »Nimm mich mit zu dir«, sagt sie ihm ins Ohr. Ihr Atem ist heiß und gefriert dann an seinem Ohrläppchen.

Den Rest seines Lebens wird Saul sich an diesen Moment erinnern, als er nickte und *gut* sagte und sein Gesicht in Sofias Schal und Haare drückte, um sie zu küssen und ihr einen Arm um die Schultern zu legen. Immer wird er die metallische Kälte in der Luft schmecken und Sofias drängenden, sich an ihn schmiegenden Körper spüren, so, als wäre der Moment in der Gegenwart. Immer wird er sich sein Leben so vorstellen können, wie er es in dem Augenblick vor sich sah: dass es sich unendlich vor ihm erstreckte und nichts als ewige Freuden bereithielt. Sofia war immer die Einzige, die in seine Tiefen greifen und ihn wieder an die Oberfläche holen konnte, wenn er sich in Dinge vergrub, die er nicht unter Kontrolle hatte. *Nimm mich mit zu dir*, sagte sie, und das Eis an seinem Ohrläppchen erinnerte ihn daran, dass er lebte und dass er in New York stand, auf seinen eigenen zwei Beinen mit einem Mädchen, das er liebte.

»Gut«, sagt er, und sie gehen Richtung Osten davon, zitternd vor Kälte und Erwartung, und beide sind still, lassen sich von der Flut der heimkehrenden Pendler mitreißen.

Später an dem Abend liegt Sofia im Unvertrauten, auf Sauls schmalem Pensionsbett. Sie kommt sich anonym und mächtig vor: eine zeitlose Frau, Teil eines Rituals, das weit größer ist als sie selbst. Der Mond scheint durchs Fenster und wirft gespenstische Schatten an die Wand. Ein Baum, der, vom Wind verweht, wächst und schrumpft, die unnatürlich verlängerten Körper von Passanten mit kleinen Köpfen überqueren in einer surrealen Parade die Zimmerdecke.

Sofia glaubt an Gott so, wie ein Kind glaubt, dass seine Eltern stets wissen, wann es eine Vorschrift übertritt. Sie ist neugierig und auch etwas empört, aber Gott ist, wie alle großen Gefüge, gegen die Sofia auf Sinnsuche ihre Unabhängigkeit verteidigt, in ihrer Welt allgegenwärtig. Gott besteht aus den rituellen Messen, die zu besuchen sie als Teenager aufhörte, nur um zu sehen, ob danach etwas anders würde. Aus Insalata di mare und Baccala an Heiligabend. Er besteht darin, sich so automatisch zu bekreuzigen, wenn sie an einer Kirche vorbeikommt, wie Luft zu holen. Gott ist in den Gerüchen der Küche ihrer Mamma. Gott ist im Bündchen ihres Rocks, des Rocks, der sich anfühlt, als stellte er allzu persönliche Fragen an ihre Hüftknochen, der Sofia aber bestärkt, sie abrundet und zum

Brennpunkt des Interesses jedes Mannes macht, dem sie auf der Straße begegnet. Kurz bevor Sofia einschläft, fragt sie sich, ob Gott wohl weiß, dass sie nackt und unverheiratet im Bett eines jüdischen Mannes liegt.

Sie wacht im Grau der ersten Morgendämmerung auf und denkt über die Verbindung ihres nackten Körpers zu Sauls Bettzeug nach. *Was habe ich gemacht?* All ihres Gebarens zum Trotz hat Sofia noch nie eine so verbotene Grenze überschritten.

Sie steht auf, wickelt ein Hemd um sich und öffnet vorsichtig die Tür von Sauls Zimmer. Das Bad liegt fünf Meter den knarzenden Korridor hinunter, in dem sie absolut nichts verloren hat. Auf Zehenspitzen schleicht sie an der Wand entlang und hofft auf Erbarmen von den uralten Dielen. Sie verriegelt die Tür und betrachtet ihr Gesicht im fleckigen Spiegel, fragt sich, ob irgendjemand etwas wird feststellen können. Sie sieht noch genauso aus, wenn auch ein bisschen blass vom Schlafmangel. Sie spritzt sich eisiges Wasser ins Gesicht und hockt sich auf die Toilette, die so kalt ist, dass ihr der Atem stockt.

In Sauls Zimmer legt sich Sofia mit noch immer brennenden Oberschenkeln und wild klopfendem Herzen wieder ins Bett und starrt zur Decke. Sie weiß nicht, ob sie sich mehr oder weniger ganz fühlt. Sie ist unsicher, ob es ihr gelungen ist, Saul in die Gegenwart zu holen. Die Angst, dass sie womöglich nicht genug war, würgt sie. Dass sie im Grunde nichts verändert hat, dass alles noch ist wie vorher. Die Vorstellung blendet sie. Sie ringt nach Luft, nach Licht.

Saul regt sich neben ihr. Sofia dreht den Kopf und betrachtet ihn. Sie hat seine Gesichtszüge noch nie so entspannt gesehen. Ein leises Pfeifen begleitet sein Ausatmen, und das zu wissen, ist Sofia unangenehm. Es kommt ihr zu persönlich vor. Jetzt ist sie erstarrt. Am liebsten würde sie aus dem Bett springen, in der aufkommenden Morgendämmerung die eisige Lower East Side hinunterlaufen, gegen etwas Größeres als sie selbst anhämmern, andonnern, während das Licht die morgendliche Stadt aufbricht wie ein geplatztes Ei.

Sofia liegt im Bett und schlägt sich die Hand vor den Mund, um nicht zu weinen. Ihr Leben lang wurde ihr gesagt, dass *das* sie verändern würde. Wie enttäuschend, gegen die strengste Vorschrift zu verstoßen und sich anschließend in derselben Haut wiederzufinden.

Sie verlässt Sauls Zimmer mit einem vagen Unbehagen, einer an Ekel grenzenden Enttäuschung. Nicht Sauls wegen – Sofia wirft ihm beim Gehen ein Lächeln zu, er fragt, wie es ihr geht, sie lügt –, der immer liebevoll ist und in dessen Augen Sofia nichts zerstört hat, nichts verschenkt hat, kein Vertrauen gebrochen hat. Ihr ekelt vor den Lügen, die ihr über den eigenen Körper erzählt wurden. Sie vertraut niemandem. Auf dem Heimweg im Taxi hält sie die Arme leicht vom Körper ab. An der Ecke steigt sie aus und schaut zu den mit Gardinen verhängten Fenstern der Häuser in ihrem Block hinauf, die sie alle zu beobachten scheinen. *Ich war nur bei Antonia*, sagt sie ihrer aufgebrachten und panisch besorgten Mutter, ihrer neugierigen und scharfsichtigen Schwester. *Ich bin einfach eingeschlafen. Es tut mir leid. Ich weiß, Mamma, es tut mir leid.* Im Bad zieht

Sofia sich aus, dreht das Wasser voll auf und steht unter der Dusche, bis ihre Haut vor Hitze glänzt.

Als sich der Dampf verzieht, zwingt sie sich, sich im Spiegel zu betrachten. Sie sieht genauso aus wie vorher. Sie fühlt sich weder gebrochen noch beschädigt. Sie fühlt sich nicht verletzt. Rosa hat nicht nach einem kurzen Blick *Was hast du gemacht?* gefragt.

Jede Vorschrift, die dir je eingebläut wurde, erkennt Sofia, *ist eine Lüge.*

Und dann schließlich rinnen Sofia die Tränen über die Wangen, die sich in ihr aufstauen, seit sie mit Saul an der Ecke Bleecker und MacDougal stand. Während sie im Bad das Handtuch an ihren Körper drückt und weint, kommt es Sofia vor, als hätte die Welt endgültig ihr Innerstes nach außen gekehrt.

Aber Rosa fragt sich natürlich, was mit Sofia los ist, die sich den ganzen Sommer und Herbst aus dem Haus gestohlen hat und ihrer Familie aus dem Weg gegangen ist. Sie weiß auf die Art, wie man etwas wissen kann, ohne es wissen zu wollen, dass Sofia nicht bei Antonia eingeschlafen ist, denn sie weiß, natürlich weiß sie das, dass sich Sofia und Antonia nicht mehr so nah sind wie früher; dass beide vollauf damit beschäftigt sind, fast Erwachsene zu sein und herauszufinden, wie das aussehen soll. Antonia hat einen Verlobten, den wunderhübschen Jungen aus Manhattan, und Rosa freut sich für Antonia, sosehr ihr das möglich ist, während sie sich verzweifelt wünscht, Sofia würde auch einen Mann kennenlernen, Sofia würde ihre gewaltige Energie auf ein als solches erkennbares Leben richten. Und Rosa weiß nicht, wo Sofia die vergangene Nacht war, aber sie weiß, dass Sofia lügt.

Sofia sieht Saul erst beim nächsten Sonntagsessen wieder, wo er sie kaum anzusehen wagt aus Angst, Joey Colicchio könnte nach einem Blick wissen, was er getan hat. Das kommt Sofia sehr gelegen. Sie hat die ganze Woche in ihrem Zimmer Trübsal geblasen und nicht gewusst, was sie zu Saul sagen würde, selbst wenn sie eine Gelegenheit dazu bekäme. Das Ausmaß dessen, was sie getan haben, steht wie eine Betonmauer zwischen ihnen. In der darauffolgenden Woche ist Weihnachten, danach kommt Silvester, und dann gibt es in den ersten Wochen des Jahres 1942 für Joey und sein Team ungewöhnlich viel zu tun, und Sauls Arbeitszeiten sind ausgefallen, und Sofia unternimmt, in Pelz gehüllt, Spaziergänge an den Grenzen ihres Viertels, und der Wind peitscht ihr an jeder Straßenecke Tränen übers Gesicht. So begegnen sie sich nicht, und keiner greift zum Hörer. *Was ist denn in dich gefahren?*, fragt Rosa. *Ich finde dich noch seltsamer als sonst*, sagt Frankie.

Sofia ist seltsamer als sonst. Sie erkennt sich selbst nicht mehr. Und so sitzt Sofia schließlich in ihrem Zimmer auf dem Bett und will sich zwingen, Antonia anzurufen. Es ist Mitte Februar. Antonia plant ihre Hochzeit, sie kennt kein anderes Thema. Sofia mag sie nicht anrufen. Aber es gibt niemand anderen, der ihr helfen könnte, also starrt sie das Telefon an. Sie befiehlt sich, abzuheben. *Wähl die Nummer.*

Sofia weiß, dass nichts zu machen ist, aber sie ist überzeugt, dass Antonia etwas zu tun einfällt. Oder besser: Sofia ist überzeugt, dass sie sich in Antonias Augen wieder wie sie selbst vorkommen wird.

Sie greift zum Hörer. Sie sagt: »Ich muss mit dir reden.«

Bist du dir sicher?«

Sofia, die Hände im Schoß, nickt. Sie sitzt auf Antonias Bett, in Antonias muffiger Wohnung, so vertraut wie ein alter Mantel. Ihre Knie berühren Antonias. »Ja. Ich meine, ich bin mir so sicher, wie ... zweieinhalb Monate ist es her, Antonia. Im Januar habe ich jeden Morgen gekotzt.« Sie zuckt mit den Achseln. »Doch, ich bin mir sicher.«

»Aber ...« Antonia sitzt, aus Respekt vor der vorliegenden Krise, still neben Sofia. »Wie?«

Sofia hebt die Augenbrauen.

»Ich meine, ich weiß *wie*. Aber ... wann? Nein, das weiß ich auch.« Antonia schweigt einen Augenblick, dann fragt sie: »Wo?«

»In seinem Zimmer, im Dezember.«

»Irre, Sofia, irre!«

»Ich weiß«, sagt Sofia.

»Du bist nicht verheiratet«, sagt Antonia.

»Ich weiß«, erwidert Sofia.

»Ach, Sofia, er ist Jude!«

»Ich weiß.« Sofia dreht sich zu Antonia, der Ausdruck auf ihrem großen weißen Gesicht ist klein und verängstigt. »Meine Eltern wissen nicht einmal, dass er und ich ... dass wir ... mein Vater arbeitet jeden Tag mit ihm. Antonia, ich glaube, er bringt ihn um.«

»Das tut er bestimmt nicht«, beruhigt Antonia und legt Sofia einen Arm um die Taille. Davon ist sie zwar nicht überzeugt, aber sie weiß, die Unmittelbarkeit, die Beständigkeit und die unwiderlegbare Existenz eines dritten Lebens hier im Raum bedeutet, dass alles gut werden muss. Es muss klappen. Sofia und Antonia, die gemeinsam Fantasiewelten erfanden, gingen immer davon aus, dass es nichts gab, das sie gemeinsam nicht bewältigen könnten.

»Ich kann abends mal zum Essen kommen«, schlägt Antonia vor. »Möchtest du warten und es ihnen dann sagen?«

Und da ist es: Sofia fühlt sich wieder wie sie selbst. Energie durchströmt sie. Ihre Finger straffen sich, ihre Zehen kribbeln. *Gott sei Dank*, denkt sie. Und dann streckt sie die Hände aus und umarmt Antonia, zieht Antonia an ihre Brust, drückt ihr Gesicht in Antonias Haare. »Danke«, sagt sie. Antonias Hände sind mit ihren verwoben, Antonias Blick ruht auf ihrem Gesicht. »Aber ich glaube, ich muss dazu mit ihnen allein sein. Das ist die einzige Möglichkeit – ich muss sie zwingen, mich das Ganze erklären zu lassen. Wenn du dabei wärst, wäre es zu offensichtlich – unsere Tochter, das gefallene Mädchen, neben ihrer Freundin, die den guten katholischen Jungen heiratet, verstehst du?« Sie weiß nicht genau, was sie erklären will, weil »das Ganze« ihr selbst noch schleierhaft ist – die Schritte, die sie in diese Situation geführt haben, die Art, wie ihr Leben jetzt verlaufen wird. Aber jetzt ist sie ungeduldig, bereit für die nächsten Schritte. Sie hat einen Plan. Es gibt etwas, das sie tun muss. Die nervöse Energie droht, sie hier auf dem Bett zu überschwemmen. Sie steht auf und wendet sich zum Gehen. »Danke«, sagt Sofia noch einmal. Sie verlässt Antonias Zimmer.

»Sofia«, ruft Antonia.

»Ja?«

»Weiß Saul Bescheid?«

»Nein«, antwortet Sofia. Sie steht schon fast vor Antonias Wohnungstür.

Wenn sie allein sind, wünscht Antonia sich manchmal inbrünstig, wortlos, Paolo würde auf dem Sofa oder am Tisch den Abstand zwischen ihnen überwinden und sie um die Taille fassen und die Bluse von ihren Schultern, den Rock über ihre Schenkel streifen. Beim Schweben, bevor sie einschläft, kann sie sich das Gewicht seines Körpers vorstellen. Warmer Honig füllt sie.

Wie schmal die Grenze ist, wird Antonia bewusst. Wie fein die Linie zwischen dem Vorstellen und dem Darum-Bitten.

Wie fast mühelos es scheint, sie zu überqueren.

Sofia kann sich nicht dazu überwinden, Reue zu empfinden, aber sie hat Angst.

Manchmal liegt sie nachts wach und stellt sich vor, es zu verheimlichen. Viele schlaflose Stunden lang entwirft sie weite Blusen, Jacken mit ausladenden Krägen, Röcke, die sich um ihre Taille bauschen.

Manchmal malt sie sich aus, wie sie und Saul und ihr Kind in einer Hütte im Wald leben oder Zelte auf dem Rücken tragen wie die Indianer. Saul würde Wild jagen, und sie würde Eicheln für Mehl sammeln und Austern, um sie in der Glut ihres Feuers zu rösten. Sie würden ihr Kind in gewebte Gräser kleiden. Sie würden ineinander geschmiegt unter den Sternen schlafen.

Sie stellt sich vor, dass ihre Mutter Saul umarmt und weint und ihr Vater ihm auf dem Rücken klopft, zu Sofia schaut, streng, aber stolz. Sie werden eine große Hochzeit planen – draußen, vor den Augen ihrer beiden Götter, und Sofia wird sich in Juwelen und Seide kleiden, und sie werden bis zum Sonnenaufgang tanzen.

Sie sorgt sich, sie könnte einsam und verlassen sein, das Kind mit einem alten Schal an ihre tropfenden Brüste gebunden, und in der Gosse nach Münzen suchen.

Sie stellt sich vor, wie es wächst, aber sie empfindet nichts.

Als Erstes sagt sie es Saul. Er hat seit Sommer 1941 nicht mehr von seiner Mutter gehört. Er war seit Dezember, als Sofia die Nacht bei ihm verbrachte, nicht mehr mit ihr allein in einem Raum. Es ist nicht seine Art, ihr Vorwürfe zu machen, dass sie ihm aus dem Weg gegangen ist. *Was kann ich tun?*, fragt er. Sie sieht nicht schwanger aus, und es fällt Saul schwer zu begreifen, was ihm da erzählt wird. *Was brauchst du?* Sofia braucht nichts. Selbst wenn sie nur dastünde und nichts täte, würde in ihr ein menschliches Wesen heranwachsen. Aber Saul zu sehen macht sie glücklicher, als sie gedacht hätte. Er küsst sie, und in Sofia blüht etwas auf, etwas Heißes und Wartendes, dieses Etwas hat von diesem Moment geträumt. Sie packt ihn mit beiden Händen am Hemd und zieht.

Sie lädt Saul zum Essen ein, ohne ihrer Mamma davon zu erzählen, was Rosa in eine Spirale der Nervosität versetzen wird, das ist Sofia klar. Aber Sofia hat keine Ahnung, wie sie Rosa und Joey sagen könnte, dass Saul kommt, ohne einen Grund zu nennen, und Saul möchte dabei sein. *Es ist auch meine Verantwortung*, sagt er mit der ernsten Falte zwischen den Brauen. Das Problem ist zu einem »es« geworden, ist geteilt, benannt und auf diese Art ins Leben geholt worden, in ihre gemeinsame Welt. Sofia setzt sich in ein Taxi und sieht Saul davongehen, er kratzt sich kreisförmig am Hinterkopf. Etwas an seinem langsamen Gang rührt sie, Brocken eines aufsteigenden Lachens, die sie schlucken muss. *Du liebst ihn*, sagt eine Stimme in ihrem Kopf. *Das hast du nicht erwartet, aber es stimmt.* Es klingt wie Frankie. *Halt den Mund*, entgegnet Sofia. Sie dreht den Kopf nach vorne. Das Taxi fährt nach Brooklyn.

Saul ist sehr früh bei den Colicchios, Rosa wischt sich gerade die Hände an einem Geschirrtuch ab und sagt: »Joey kommt gleich.« Er dankt ihr, weil es unmöglich ist zu sagen: *Eigentlich bin ich zum Essen hier*. Zum Glück hört Sofia ihn, sie steckt den Kopf zur Wohnzimmertür herein und sagt: »Mamma macht gerade Fleischklößchen. Magst du bleiben?«, und nach einem scharfsinnigen Blick auf Sofia sagt Rosa: »Ja, natürlich, es kommt nicht infrage, dass Sie in die Kälte rausgehen, ich bitte Sie«, und bietet Saul ein Glas Wein an und verschwindet durch den Flur, um mit Joey zu tuscheln. Sofia und Saul hören Joey sagen: »Nein, keine Besprechung«, und sie werfen sich verstohlen einen Blick zu.

Als das Essen serviert ist, sitzen Sofia und Frankie und Saul und Joey und Rosa einen Moment schweigend am

Tisch und schauen auf ihre unberührten Teller, von denen Dampf in wirbelnden Wölkchen aufsteigt. Alle werden von oben von der Glühbirne beleuchtet und von vorne durch die Kerzen auf dem Tisch. Frankie macht den ersten Bissen und hilft ihnen über das Schweigen hinweg.

Nur Sofia isst ihren Teller leer: Sie ist ausgehungert, aller Platz in ihr schreit danach, gefüllt zu werden.

Und dann kommt der Moment, in dem alle innehalten, in dem die Kerzen noch flackern und die Aufmerksamkeit am Tisch auf Sofia und auf Saul ruht. Und Sofia wischt sich den Mund an der Serviette ab, verschränkt die Finger, und ihre Stimme öffnet sich knarzend.

»Mamma«, sagt sie. »Papa.« Sie sieht zu den beiden und dann wieder auf die Mitte des Tischs, wo die noch halb vollen Servierschüsseln stehen. Und sie überlegt sich, wie Antonia das wohl sagen würde. Sie würde vielleicht von der Beziehung sprechen, die sie und Saul aufgebaut haben, wie sie sich unmerklich zu schätzen gelernt haben, wie überraschend es für sie beide war. Und dann sagt sie: »Saul und ich bekommen ein Kind«, was das Abrupteste, Taktloseste, Antonia Unähnlichste ist, was sie überhaupt nur hätte sagen können.

Vor Schreck holt Frankie hörbar Luft, und dann grinst sie: Was jetzt folgt, wird etwas Gewaltiges sein, und sie weiß, dass sie es als Beobachterin, aber auf die eine oder andere Art auch als Beteiligte miterleben wird. Das ist pikant. Das ist beispiellos.

Rosa sagt: »Sag so etwas nicht. Was in aller Welt ist in dich gefahren, so etwas zu sagen«, aber noch ehe sie den Satz beendet hat, geht ihr auf, dass Sofia das nicht erfindet, und sie verstummt. Und dann dreht sie sich zu Joey und fordert: »Sag was!«

Joey sagt nichts.

»Sofia, das ist absurd«, fährt Rosa fort. »Er ist nicht katholisch. Was denkst du dir bloß? Wie willst du so ein Leben aufbauen? Wo sollen deine Kinder zur Schule gehen? Was machst du an Weihnachten? Warum gibst du mir keine Antwort, Sofia, sag was!« Rosas Panik steigert sich wie ein in einem Raum gefangener Vogel, der wie wild gegen die Möbel und die Fenster flattert.

»Ich weiß es nicht, Mamma!«, sagt Sofia. Und auch ihre Stimme ist laut, aber sie ist klar, und jetzt blickt wieder jeder zu Sofia, wieder dorthin, wo ihr Gravitationszentrum sie alle in ihre Umlaufbahn gezogen hat. »Wir haben das nicht geplant. Wir haben nicht – ich wollte mich nicht in ihn verlieben. Aber, Mamma, er ist interessant, er ist ein guter Mensch, und er liebt mich, und es ist mir egal, dass er nicht katholisch ist und dass wir alles nicht der Reihe nach machen. Das schert mich nicht!«

»Giuseppe Colicchio«, sagt Rosa und dreht sich zu Joey, »jetzt sag endlich was! Sprich mit deiner Tochter!«

Aber Joeys Blick ruht auf Saul. Sein Gesicht ist nicht zu deuten. Sein Blick ist wie eine Nadel, mit dem er Saul auf seinem Stuhl feststeckt, wie ein Insekt auf ein Korkbrett. Einen Moment schweigt er, dann spricht er, ruhig und deutlich.

»Ihr werdet heiraten«, sagt Joey. »Ich spreche mit Father Alonso, er wird die Zeremonie durchführen, auch wenn du«, er sieht zu Saul, »nicht katholisch bist. Aber du kannst katholisch werden. Und zwar mir zuliebe. Uns zuliebe. Du kannst den Namen Colicchio annehmen. Ich sorge dafür, dass das kein Problem ist.«

Saul will sich von seiner besten Seite zeigen, und so lächelt er und nickt zu Joeys Worten, bevor deren Bedeutung sich in seinem Kopf zusammenfügt. Er versteht, dass Sofias Mutter lächelt, dass Sofia selbst glücklich wirkt oder zumindest überrascht. Er hört Joey Colicchio sagen, dass er seinen Namen, seine Sprache, seine Wurzeln aufgeben muss. Er versteht, dass er im Gegenzug etwas Gigantisches dafür bekommt. »Danke«, hört er sich sagen. *Danke?*

»Papa, ich«, setzt Sofia an. *Papa, danke, dass du den Mann, den ich liebe, nicht umbringst. Papa, ich kann es nicht mehr ertragen, dass du mich so traurig anschaust. Papa, es ist Jahre her – wann habe ich aufgehört, dein kleiner Liebling zu sein?*

Papa, du kannst unmöglich erwarten, dass Saul alles aufgibt.

»Papa, das ist verrückt.« Aber es ist nicht Sofia, die das sagt, sondern Frankie. Ihre adrette Gestalt neben Rosa an einer Seite des Tischs. Ihre hellen Augen funkeln.

»Das wird nicht diskutiert«, sagt Joey automatisch, fast noch bevor ihm klar wird, dass er mit Frankie spricht, seiner Jüngsten. Frankie, die nach vier Fehlgeburten geboren wurde und bei Sonnenaufgang aus ihrer Mutter herausgeschnitten werden musste, die in ihren ersten Lebensmonaten weinte und schrie und mit nichts zu trösten war, die aber, als sie sich an die Welt gewöhnt hatte, Freude am Geschmack neuer Lebensmittel und am Lachen ihrer Schwester fand und seitdem kaum je wieder geweint hat. »Das wird nicht diskutiert«, wiederholt Joey.

»Sollte es aber«, widerspricht Frankie. »Papa, das ist ungerecht. Du hast noch nicht einmal gefragt, was Sofia und

Saul möchten.« Das sagt sie so nüchtern wie alles, das sie sagt. Die Wahrheit ihrer Feststellung lastet auf allen. Niemand hat Sofia und Saul gefragt, was sie möchten.

Saul empfindet das überwältigende Bedürfnis, etwas Beschwichtigendes zu sagen wie *Es ist schon in Ordnung* oder *Wirklich, ich habe nichts dagegen*, aber er schweigt. Woher soll er wissen, in welchen Augenblicken er die Kontrolle hat über die Richtung, die sein Leben einschlägt, und in welchen Augenblicken ihm nichts anderes übrig bleibt, als sich größeren Mächten geschlagen zu geben? Er versteht sich darauf, den Kopf über Wasser zu halten und das Beste aus jeder Situation zu machen, so unerwartet sie auch sein mag. Aber hier, in diesem entscheidenden Moment, stellt Saul fest, dass er nicht weiß, wie er eine Wahl treffen soll, die ihn in die eine oder andere Richtung führt.

»Genug!«, sagt Joey, und zum ersten Mal überschlägt sich seine Stimme ein wenig, ist außer Kontrolle. »Das geht dich nichts an. Bleib einfach still sitzen und sag keinen Ton. Keinen einzigen Ton. Du wirst die unmögliche Situation, in die deine Schwester unsere Familie gebracht hat, nicht noch schlimmer machen. Du wirst meinen Beschluss nicht infrage stellen. Hast du mich verstanden.« Frankie schweigt. »*Hast. Du. Mich. Verstanden.*«

Aber Frankie kann nicht anders. »Das ist lächerlich, Papa! Menschen haben Rechte. Frauen haben ...«

»Frankie, es reicht«, sagt Rosa.

»Aber, Mamma ...«

»Das reicht.«

»Es ist in Ordnung«, sagt Sofia. Sie legt eine Hand auf Frankies Knie. Sie hält den Blick auf ihren eigenen Schoß gerichtet und wiederholt für sich, zur Betonung, *Es ist in Ordnung.* Sie glaubt es. Zum ersten Mal seit Monaten: *Alles könnte in Ordnung kommen.*

Es folgt etwas, das sich wie ein Aufatmen anfühlt – von allen im Raum Anwesenden, vom Raum an sich, von den Eingeweiden New Yorks selbst –, als die Familie Colicchio sich in etwas Neues verwandelt.

Saul wird mit einer in Folie gewickelten Dose mit Resten nach Hause geschickt.

Als er dort ankommt, ist er so erschöpft, dass er kaum die Füße auf die Stufen heben kann. Er zieht die Rollos fest herunter und stopft zwei Ersatzhemden in die Ritzen zwischen den Fensterscheiben. Im Bett schiebt er seinen Körper über die Länge des eisigen Lakens hin und her, bis sein Herzschlag schneller und das Bett allmählich warm wird.

Er zählt seine Atemzüge – ein, aus – und versucht, nicht an Sofia zu denken. Er versucht, sich nicht zu überlegen, was es heißt, dass sie schwanger ist und dass seine Mutter verschwunden ist und dass er in seiner neuen Heimat Vater wird. Er fühlt sich aufgebläht von einer Verantwortung, deren Größe ihn übersteigt. Außerdem hat er Schuldgefühle, weil ein Teil von ihm erleichtert ist, Joey Colicchios Angebot anzunehmen und ganz in einem neuen Leben aufzugehen.

Sauls Augenlider sind schwer, sein Atem geht langsam, er schläft schon fast, als die Tür zu seinem Zimmer aufkracht. Er fährt hoch, das Herz hämmert in seinem Kopf und in seiner Brust und in seinen Fingern, er blinzelt heftig in die Dunkelheit.

Noch bevor er wirklich etwas wahrnehmen kann, hat Sofias Vater ihn am Hemdkragen gepackt, hochgerissen und gegen die Wand gedrückt. Sauls Kopf schlägt gegen die Ziegelsteine, vor seinen Augen explodieren Sterne. Er bekommt kaum Luft.

»Ich dachte, ich könnte dir trauen«, knurrt Joey Colicchio. »Du schleimiger Sack Scheiße. Wie kannst du dich unterstehen!«

»Ich wollte nicht ...«, sagt Saul. Seine Füße berühren kaum den Boden. Adrenalin durchschießt ihn wie ein Blitz.

»*Was* wolltest du nicht?« Joeys Atem riecht nach Whiskey. »Du wolltest nicht das Leben meiner Tochter ruinieren? Du wolltest nicht die Arbeit annehmen, die ich dir gegeben habe? Du wolltest nicht in dieses verfluchte Land kommen?« Er sieht Saul direkt ins Gesicht. »Da kannst du deinen *figlio di puttana* jüdischen Arsch drauf verwetten, dass du dir wünschst, du hättest das alles nicht gemacht.«

Plötzlich wird Saul klar, dass er einen anderen Joey Colicchio vor sich hat als den verbindlichen, charismatischen Mann, der ihn nach Norden an die Küste schickt oder zum Dock auf Ellis Island, um verängstigte deutsche und österreichische und ungarische Flüchtlinge abzuholen. Der Joey Colicchio, der mit den Händen um seinen Hals vor ihm tobt, ist der Mörder – derjenige, der gesehen hat, wie sich Männer in die Hose machen und um ihr Leben betteln und die er mit Steinen an den Knöcheln zum Schlafen in den Hudson befördert. Saul wird klar, dass Joey ihn umbringen könnte. Er könnte sterben.

»Ich liebe sie«, sagt er. »Ich weiß, dass du es mir nicht glaubst, aber ich liebe sie.«

Joey Colicchio löst den Griff um Sauls Hals. Saul fällt schwer zu Boden. Joey greift in seine rückwärtige Tasche und zieht eine Pistole. Er richtet sie auf Saul.

Saul starrt in die Mündung seiner eigenen Sterblichkeit und überlegt, ob es vielleicht so sein soll. Es wäre so einfach. Einen Moment erwägt Saul erleichtert und dankbar den Luxus der Erlösung.

»Du liebst sie«, sagt Joey, ohne die Pistole zu senken. »Verdammt, du liebst sie?«

»Ich liebe sie«, wiederholt Saul. *Keine schlechten letzten Worte*, denkt er.

»Steh auf«, befiehlt Joey und deutet mit der Pistole.

Saul steht auf. Joey richtet die Pistole auf Sauls Brust. Saul schließt die Augen.

»Mach die Augen auf«, befiehlt Joey.

Saul öffnet sie.

»Erste Regel als Vater«, sagt Joey. »Jetzt hast du noch nicht zu sterben. Es geht nicht um dich.«

Als Joey Colicchio nach Hause kommt, holt er die Pistole aus seiner Jackentasche, wickelt sie in Musselin und legt sie in seine Schreibtischschublade.

Joey gibt Rosa einen Kuss. Er steckt den Kopf zu Frankies Zimmer hinein und sagt ihr: »Jetzt aber Licht aus.« Und dann geht er den Flur entlang zu Sofias Zimmer. Sie bürstet sich gerade die Haare, und in ihrem nackten Gesicht erkennt Joey das Baby, das er im Krankenhaus im Arm hielt, die Fünfjährige, die er zu Besprechungen in Manhattan mitnahm, die Vierzehnjährige, die dastand, so wütend, dass sie beinahe vom Boden abhob, und ihm mitteilte – *ihm* mitteilte! –, dass sie nicht in die Kirche mitkommen werde. Er weiß nicht, was er ihr sagen soll, aber er sehnt sich nach ihr, und deswegen räuspert Joey sich, bevor er das Zimmer seiner Tochter betritt. Sie schaut zu ihm hoch, und er beugt sich vor und umfasst Sofias Gesicht. *»La futura mamma«*, sagt er, als wäre es einfach. Und Sofia sagt: »Papa«, ganz leise, und Joey Colicchio schließt sie in die Arme, und einen Moment durchflutet ihn reinstes Staunen.

Antonia heiratet Paolo, als die Winterluft ihren Eishauch verliert. Lina sitzt tränenlos und aufrecht in der ersten Bank und blickt geradeaus. Im hinteren Teil der Kirche haben sich Paolos Arbeitskollegen aufgereiht, ebenso surreal wie zufällig nach Größe geordnet, wie eine Matrjoschka-Puppe von Verbrechern und Schmugglern. Lina kann die Haare auf ihrem Kopf zählen, so sehr prickelt ihre Haut. So fest ist ihr Entschluss, die Männer der Familie nicht wahrzunehmen.

Joey führt Antonia das Kirchenschiff hinunter und ist überrascht, dass das kleine Mädchen, dem er an einem Sommertag in Long Island beim Schwimmenlernen zusah, diese fähige, intelligente junge Frau ist, die er zum Traualtar führt. Er nickt Lina so freundlich zu, wie es ihm möglich ist, aber ein Nicken kann nicht zwölf Jahre Leid überbrücken, die klaffende Leere zwischen ihnen, wo Carlo sein sollte, die Strategien, die sie beide entwickelt haben, um zu überleben.

Sofia und Saul sitzen nicht nebeneinander, sie sind noch nicht verheiratet. Sofia hat sich in ihr hübschestes Kleid gezwängt, dessen Reißverschluss sich schließen ließ, solange sie mit eingezogenem Bauch dastand, das jetzt aber ihren Umfang eher betont. Im Stehen sieht sie ganz normal aus, doch im Sitzen quillt sie über das Bündchen. Sie passt nicht in das Kleid, sie passt nicht in diese Hochzeit, wo sie neben ihrer Mamma und Frankie sitzt und ihre Taille mit Frankies Schal bedeckt. Sie passt nicht zu den Frauen hier, sie kann nicht bei den Männern sitzen. Sie ist weder ein Kind noch wirklich eine Erwachsene. Sofia ist zutiefst unbehaglich zumute. Sie spürt Sauls Blick von hinten, wo er bei den anderen Männern der Familie steht. Hinten, aus Rücksicht auf Lina. Anwesend, aus Respekt gegenüber Paolo und Joey und den Verbindungen, die sie alle zusammenhalten. Es ist nicht einfach, die eine und die andere Familie voneinander zu entwirren. Es gibt keine klare Trennung von Beruflichem und Persönlichem. Sauls wegen versteht Sofia jetzt mehr von diesem Gleichgewicht. Saul ist mit einer größeren Welt verbunden, wo die Wut eines Mädchens auf seinen Vater oder seine Enttäuschung über die Mutter oder die Befolgung – oder Nichtbefolgung! – der Regeln nicht das Wichtigste ist. Wo man bisweilen, wie Sofia allmählich versteht, Dinge tun muss, mit denen man nie gerechnet hätte, um die Menschen, die man liebt, zu schützen.

Im Februar wurde einer von Paolos Brüdern eingezogen. Niemand will auf seinem Stuhl sitzen, niemand kann es ertragen, seinen Namen zu erwähnen, noch, ihn nicht zu erwähnen. Er schreibt Briefe, darf seiner Familie aber nicht verraten, wo er ist. Paolos zwei andere Brüder tragen die gleichen Anzüge, und ihre Mamma schwirrt wie ein Schmetterling inmitten von Blumen zwischen ihnen hin und her, rückt ihre Krawatten zurecht, streicht ihnen widerspenstige Locken aus dem Gesicht. Bewegt sich, als wäre ihre gesamte Familie versammelt, als wäre nicht einer ihrer Flügel abgerissen. Viviana Luigio bewältigt unerwartete Herausforderungen Schritt für Schritt, und sie bewahrt ihre Zuversicht. Sie isst und spricht mit Paolos neuen Arbeitskollegen, weil das in ihren Augen höflich und großherzig ist und sich gehört. Sie hält an ihrer Hoffnung fest, dass sie Paolo überreden kann, eine Stelle im Restaurant anzutreten, die ihr Cousin für ihn bereithält. Dass ihre Söhne aus jeder Schlacht, die sie schlagen, heil und gesund nach Hause kommen.

Antonia ist dankbar. Ihr ist heiß. Sicherheit trägt sie wie ein Fallschirm, lässt sie einen Zentimeter oder so über dem Boden schweben. Sie dankt Joey und empfindet nur eine halbe Sekunde Schwäche, als ihr bewusst wird, dass ihr eigener Vater nicht da ist, dass er sie nicht sehen kann, obwohl er das so gern getan hätte: Carlo Russo, die Hand auf ihrem Rücken, während sie einschlief, hätte alles darum gegeben zu sehen, wie seine Tochter ihr Leben einem Mann, den sie liebt, anvertraut. Aber Antonia kann sich auch diese andere Geschichte erzählen: Die atemberaubende Ungerechtigkeit, Carlo nicht zu haben, ermöglicht ihr, ihn zu idealisieren, ihn als Inbegriff von etwas zu verehren, das ihr unablässig fehlt. *Lieben*, sagt Antonia sich vor, als sie vorsichtig durch das Meer aller Menschen, die sie kennt, schreitet. *Ehren*. Sie holt Luft. *Gehorchen*.

Am Abend werden Antonia und Paolo in ein Hotel in Downtown Brooklyn gehen, ins Grand Palace mit Blick über den East River. Morgen werden sie in ihre eigene Wohnung ziehen. Paolo spart schon das ganze Jahr für Miete und Möbel. Antonia hat Geschirr, Handtücher, Nachttischlampen ausgesucht. *Ich hab's nicht so gemacht, wie du es wolltest*, sagt sie trotzig und sieht sich als Fünfzehnjährige, vor Ehrfurcht erstarrt, in der Bibliothek der Highschool. *Ich habe uns rausgeholt, oder?* Die vergangene Nacht war die letzte, die sie je in der Wohnung ihrer Kindheit verbringen wird. Sie essen eingelegte rote Paprika und Spinatravioli mit gezahntem Rand und Forelle mit eingetrockneten Augen und Fleisch wie Seetang und Zitrone und Flusswasser. Es wird wild getanzt, die Trauer, die bei allen Familienfesten aufkommt, wird in die dunklen Ecken verwiesen, in die Schlange vor der Toilette, an die schmale Seite der Theke, wo man für Getränke ansteht. Den ganzen Abend über hat Antonia vom Essen und vom Wein ein heißes Gesicht, und sie beobachtet Paolo, die Kühnheit seiner Augenbrauen und Lippen und seine Zunge, die aussieht wie eine halbe Pflaume, den keck aufgesetzten Homburg, der nur das eine und dann das andere Auge beschattet, wenn Paolo im gedämpften Licht tanzt. Nach dem Fest, auf dem Rücksitz eines puderblauen Cadillac, fühlt sich Antonia von vier Gläsern Prosecco ermutigt, ihm mit den Fingern durch die dichten dunklen Haare zu fahren, die unter seiner Hutkrempe hervorschauen, und er fängt ihre Finger ein und öffnet ihre Faust, um die Stelle zu küssen, wo ihr Mittelfinger auf die Handfläche trifft.

Sex weckt in Antonia das Gefühl, eine Wildkatze zu sein, ein Fluss. Sie kauert auf der Kante von Möbeln, alles drängt sie zu Paolo, während er sich die Zähne putzt, einen Nagel in die Wand schlägt, den Kühlschrank öffnet und über den Raum hinweg ihren Blick erwidert. Sie stellt fest, dass sie groß ist, widerstandsfähig, beweglich. Antonia ist gierig, während sie in der Badewanne mit einem Stück Seife über ihren Körper fährt, während das Wasser ihr von den Haarspitzen tropft. Ihre Unersättlichkeit überrascht sie, dieses Bebende, Körperliche, das aus ihr selbst stammt, dem mit Denken nicht beizukommen ist.

Fast sofort ist sie schwanger, und mit jedem vergehenden Tag kommt sie sich in der Welt der Erwachsenen weniger wie eine Betrügerin vor. Nachts verschränkt sie die Finger und presst beim Beten das Blut aus ihnen. *Danke, Danke, Danke.*

Sofia wird in der Frühjahrssonne reifer und voller.

An einem strahlend blauen Maivormittag bekommt Saul die Erstkommunion. Der Leib Christi klebt ihm auf der Zunge, der saure Weingeschmack setzt sich in den Taschen zwischen Zahnfleisch und Wangen fest. Hinterher hält er seiner schwangeren Verlobten die Kirchentür auf und hofft, dass seine Grimasse der hellen Sonne zugeschrieben werden kann. Weil Sofia ist, wer sie ist, dankt sie ihm nicht, ihre Sprache, ihre Feiertage und ihren Nachnamen angenommen zu haben. Weil Saul ist, wer er ist, bittet er sie nicht darum.

Getraut werden sie von einem Priester, der an einem Freitagabend in die Wohnung der Colicchios kommt und sie mit einem dicken Umschlag voll Bargeld und einem weniger schlechten Gewissen als erwartet wieder verlässt. Als Hochzeitsgeschenk besorgen Sofias Eltern ihnen eine Wohnung an der Verona Street, die, sorgsam gewählt, im gerade noch italienischen Teil von Red Hook liegt. Zum einen ist sie mehrere Blocks von der Hamilton Avenue entfernt, wo die irischen Halbstarken, die sich Creekies nennen, Italienern, die ihnen zu nah kommen, immer noch mit Schlägen, Steinen und bisweilen Messerstichen zusetzen, und zum anderen abgelegen von den alten Docks, wo es zu viele hohläugige, verzweifelte Familien gibt, die nach Joeys Kenntnis zum Überleben zu allem bereit sind. Vor allem aber hat die Wohnung den Vorteil, so weit wie Joey es einrichten konnte von den Red Hook Houses entfernt zu sein, wo jeden Tag neue Hafenarbeiter und ihre Familien fast ameisengleich in das Viertel strömen. Joey hat ein Stadthaus in Carroll Gardens im Sinn: ein modernes mit Mauern aus Ziegelsteinen, mit neuen Installationen und einem blumenbestandenen Vorgarten. Er sieht Rosa am Ende eines langen Holzesstischs präsidieren. Er stellt sich Sofia und seine Enkelkinder vor, die auf einem Stockwerk wohnen; das Lachen und Trappeln kleiner Füße über Holzdielen dringen durch die Heizungsrohre herauf. Doch in der Zwischenzeit findet er für seine Tochter eine Wohnung, in der alle drei Zimmer und die Küche ineinander übergehen.

Sofia und Saul bringen ihre Sachen vor der Hochzeit hinüber, damit sie ihre erste Nacht dort verbringen können. Rosa packt ihnen Kartons mit dem zweitbesten Geschirr, dem alten Suppentopf mit der kleinen Delle, und als sie ankommen und die Tür sich hinter ihnen schließt, entsteht in der Wohnung eine unbehagliche Stille, bis Saul *Wart mal* sagt, in die Küche geht und mit einem in ein Tuch gewickeltes Wasserglas wiederkommt. Er legt es vor Sofia auf den Boden und fordert sie auf, darauf zu treten. Sofia stellt keine Fragen, sie hebt den Fuß hoch und trampelt darauf, und als das Glas knirschend zerbirst, kommt es ihr vor, als würde ein Schleier von ihren Augen entfernt. Ihr schwindelt. Am liebsten würde sie alle Gläser aus den Regalen nehmen und an die Wand schleudern.

In der Nacht wacht Sofia schweißgebadet auf und öffnet das Schlafzimmerfenster, damit die träge Luft sie wie Haferbrei umfließen kann. Sie dreht sich auf die Seite und beobachtet Saul beim Schlafen, die Konturen seines Gesichts sind in der grauen Großstadtnacht gerade auszumachen. Seine Stirn legt sich in Falten, am Rand seiner Lippen bilden sich Wörter und verflüchtigen sich wieder. Und in dem Moment, als sie allein ist auf die Art, wie man immer allein ist, wenn man jemandem beim Schlafen zusieht, fällt Sofia etwas ein, das sie immer schon gewusst hat, aber wofür sie nie Worte fand oder den Mut, es auszusprechen: Womöglich will sie gar nicht Mutter sein.

Sie denkt an die unerschütterliche Körperlichkeit ihres Kindes, das sich jetzt dreht und über dem Becken liegt, das ihre Hüften bilden. Auch ihre Zweifel fühlen sich wie etwas Körperliches an, sie schlängeln sich durch die Luft und umwuchern sie wie Nachtschatten.

Sie kann nicht wieder einschlafen. Ihre Augen werden trocken und brennen. Am Morgen sind die Zweifel immer noch da. Sie haben sich um ihren Nachttisch gerankt, sie spürt die kratzigen Blätter in den Falten ihrer Kleidung.

»Nicht«, sagt sie zu Saul, der einen Arm um ihren Bauch schlingt. »Mach das nicht.«

»Alles in Ordnung?«, fragt er.

»Mir fehlt nichts.« Ihre Stimme ist eine verschlossene Tür.

»Wie wär's, wenn ich heute Abend chinesisch mitbringe?«, schlägt Saul vor. »Du sollst nicht kochen müssen.«

»Ich habe gesagt, dass mir nichts fehlt«, sagt Sofia und geht ins Bad.

Sie schließt die Tür und betrachtet sich im Spiegel. In letzter Zeit glüht ihr Gesicht immer, glänzt vor neuem Blut und warmer Luft. Sie sieht aus wie sonst. *Bist du schlecht?*, fragt sie sich. *Bist du kaputt?*

In der Küche hat Saul eine Kanne Tee gemacht. Er hat Brot geschnitten, um es zu rösten. Er hat zwei Eier nebeneinander auf die Arbeitsfläche gelegt. »Gekocht?«, fragt er Sofia, als sie aus dem Bad kommt. Sofia würde sich das Essen gern verweigern. Sie würde gern spüren, wie ihr Bauch vor Leere pocht, bis sie herausfindet, was mit ihr nicht stimmt. Aber im Lauf der Schwangerschaft hat Hunger eine neue Dringlichkeit angenommen, und Sofia muss feststellen, dass sie sich ihren Grundbedürfnissen nicht entziehen kann: pinkeln, schlafen, essen.

»Gekocht«, antwortet sie und setzt sich an den Tisch. Es kommt ihr immer noch merkwürdig vor, in einer Küche zu sitzen, die ihr selbst gehört, in der es nach den Gerichten riecht, die sie und Saul essen, in der nicht ihre Mamma das Regiment führt. Es ist seltsam, dass Olivenöl, Seife, Bleichmittel ausgehen. Seltsam, jeden Tag neben Saul aufzuwachen. Ihr schwindelt davon, und es ängstigt sie. Es kommt ihr vor, als wäre sie ein Kind und würde mit Antonia Familie spielen. Sie hat ein Schleudertrauma von der Geschwindigkeit, mit der ihr Leben diese Erwachsenenform angenommen hat. Während ihr Körper der begrenzenden Haut ihres Kindes entgegenwächst, möchte Sofia immer wieder wütend sein. Dann wieder ist sie überschäumend, birst vor Energie, übersät Sauls Brust und Schultern mit Küssen, sodass er sich zur Arbeit verspätet.

Aber Saul ist unerbittlich liebevoll. Er macht Platz für ihre Wut. Er behält die Bodenhaftung, wenn Sofia in die Luft zu gehen droht.

Es gibt nichts Handfestes, gegen das Sofia ankämpfen kann.

Und so denkt sie zunehmend über ihre Worte nach, schluckt gereizte Widerworte und Unzufriedenheiten, die sich wie Steine in ihrem Hals verkanten. Sie entscheidet sich zunehmend für eine nie gekannte Sanftheit und spart ihre Energie.

Nachts schmiegt sie sich an Sauls Seite wie ein Tier, das ein Nest baut.

Dauerhaft fühlt es sich nicht an. Sofia kann den Rest ihres Lebens in diesem Moment genauso wenig vor sich sehen wie als Fünfzehnjährige. Bei *Bis dass der Tod euch scheidet* geriet sie kurz in Panik, aber ihren Tod kann sie sich unmöglich vorstellen.

Saul toastet das Brot und kocht die Eier. Er reicht Sofia einen Teller mit zwei honigbeträufelten Toastscheiben und einem Ei, das noch in seiner heißen Schale herumrollt. »Ich muss früh da sein, aber ich bin auch früh wieder zurück.« Sofia nickt kauend. Saul gibt ihr einen Kuss auf die Wange. Er sagt: »Wegen dem Abendessen melde ich mich noch.«

»Danke«, sagt Sofia, aber Saul ist schon durch die Tür.

Die Stunden, nachdem Saul zur Arbeit aufgebrochen ist, erstrecken sich vor ihr und verschwinden in der Ferne. Sofia faulenzt. Sie vergisst, sich zu kämmen, stapelt das Geschirr ungespült im Becken. Steht lustlos im Wohnzimmer und guckt zum Fenster hinaus. Sie ist vierzehn und fällt über den Kühlschrank her, während ihre Eltern und Frankie in der Messe sind. In ihrem Körper flattert das Kind, das sie mit Saul gemacht hat, mit den Händen und Füßen gegen ihre Organe, klopft wie ein Zweig gegen die Scheibe, schlägt leicht wie die Flügel eines Falters gegen ein Fliegengitter.

Am ersten Freitag im Juli des Jahres 1942 zieht Joey Colicchio wie jeden ersten Freitag jeden Monats seinen schlichtesten und teuersten Anzug an. Er rasiert sich, obwohl es Nachmittag ist und er sich morgens schon einmal rasiert hat. Er atmet die Pfefferminze seines Rasierwassers ein und überprüft, dass keine Mohnsamen zwischen seinen Zähnen sind. Er überprüft, ob in seiner Brusttasche das Kuvert für Fianzo steckt, und wischt sich die Hände an der Hose ab, bevor er das Haus verlässt.

Draußen steht Saul geduldig auf dem Bürgersteig. Seine Miene ist ruhig. Das ist eines der Dinge, die Joey am meisten an ihm schätzt. Seine Miene war ruhig inmitten des Trubels im Deli, wo Joey ihn entdeckte, und sie ist auch jetzt ruhig, an diesem Julinachmittag, mit Saul in langärmligem Hemd und langer Hose. »Danke, dass du gekommen bist«, sagt Joey und küsst Saul auf beide Wangen. Sie steigen in ein Auto, das am Straßenrand vor Joeys Haus wartet.

Saul fragt nicht nach dem Grund. Das ist noch etwas, das Joey an ihm schätzt. Saul geht davon aus, dass er das, was er zu erfahren braucht, zur gegebenen Zeit auch erfahren wird.

Joey schweigt auf der zehnminütigen Fahrt zum Wasser. Der Fahrer ist ein alter Geschäftsfreund, jemand, den er aus seiner Anfangszeit bei den Fianzos kennt. Er erinnert sich, wie er mit diesem Mann vor einer unbeschilderten Tür in der übelsten Ecke der Bowery stand, mit geschürzten Lippen und ohne Blickkontakt, während sie auf Tommy Fianzo warteten, der in einer Besprechung war. Sie dauerte länger als erwartet, erinnert sich Joey, aber nicht so lang, dass Joey und der andere ihm hätten nachgehen müssen. Tommy war mit einem breiten Lächeln und einem blutenden Halbmond, der von einem Schnitt auf seiner Wange stammte, durch die Tür gestürmt und hatte sich schmieriges Rot von den Fingern gewischt. Er hatte Joey ein blutiges Taschentuch in die Hand gedrückt und munter *Andiamo* gesagt, und die drei waren nach links abgebogen, nach Süden, wo es Austern gab und Schokoladenfondue, das von Frauen mit Augen wie Sternen und Haut wie Wolken ausgeschenkt wurde, und berauschenden, ekstatischen Konsum jeder Art. Entstehung und Zerstörung: Sie lebten an der Grenze, sie spielten mit Funken in Räumen voll Schießpulver. Tommy Fianzo, der wie irr grinste, während seine Wange blutete, während Adrenalin sie alle drei verwüstete, während die Sonne unterging und blutrot im Hudson versank.

Joey schmeckt die Erinnerung an die Grausamkeit auf der Zunge, als der Wagen das Ende der Docks erreicht. Er nickt dem Fahrer im Rückspiegel zu, öffnet die Tür und atmet in den feuchten Schwall Sommerluft aus. Saul folgt ihm.

Sie gehen vom Fluss fort, wo Männer Rohre, Holzplatten und Zementsäcke schleppen. Ein Teil wird auf einen Kahn geladen, ein anderer fortgebracht. Die Zutaten für eine Stadt: Den grellen Bruchteil einer Sekunde kann Joey seinen eigenen Körper unter der Last von Metall, Ziegeln, Holz spüren, die Hände staubig und zupackend.

Joey und Saul betreten ein verfallendes Gebäude mit Blick auf die Docks. Innen ist es angenehm kühl. Der Bau ist grau und wirkt wie eine römische Ruine, als könnte er jederzeit einstürzen oder als wäre er nur halb fertig, und er steht allein inmitten der Industriebrache und der wahllos errichteten Verschläge am westlichen Rand von Brooklyn.

Saul und Joey gehen über Eisentreppen in den zweiten Stock, und Joey klopft zweimal an eine unbeschilderte Tür. »Herein«, sagt ein Mann von innen. Sie treten ein.

Tommy Fianzo sitzt in der Mitte des Raums an einem Schreibtisch, er addiert auf einem Zettel Zahlen. Er schaut nicht auf, als sie hereinkommen. Er sagt: »Du kannst es auf den Tisch legen«, und deutet mit dem Bleistift.

Joey lüftet den Hut vor Tommys gesenktem Kopf. Saul hat ihn nie so ehrerbietig erlebt. Joey holt ein dickes Kuvert aus einer Innentasche seines Anzugs und legt es in Tommys Nähe auf den Schreibtisch, ganz vorsichtig, als versuchte er, die Luft im Raum nicht aufzustören.

»Ist es voll?« Tommy hat sie immer noch nicht angesehen.

»Natürlich«, sagt Joey. Einen Moment bleibt er noch stehen, dann wendet er sich zum Gehen. Saul dreht sich um, um ihm zu folgen.

»Das ist dein jüdischer Freund?«, fragt Tommy Fianzo, während Saul und Joey die Tür offen halten.

»Das ist Saul Colicchio«, erklärt Joey. »Sofias Mann.«

Tommy steht auf und blickt Saul in die Augen. Er streckt die Hand aus, und Saul ergreift sie, immer noch ruhig, mit unbewegter Miene. »Es freut mich, Sie kennenzulernen«, sagt Saul. »Sir.«

»Das heißt Signore«, sagt Tommy. Er richtet seine Aufmerksamkeit auf Joey, und langsam breitet sich auf seinem Gesicht ein Lächeln aus. »Wenn Eli Leibovich das erfährt, macht er sich in die Hosen.« Der jüdische Boss, zu dem für die Fianzos seit Jahren eine vage Rivalität besteht, ist nicht dafür bekannt, kulturelle Abtrünnigkeit, wie er es nennt, auf die leichte Schulter zu nehmen.

Joey verzieht den Mund zu einem schiefen Lächeln. »Ich weiß«, sagt er.

Als sie wieder im Auto sitzen, sagt Joey zu Saul: »Gerade eben warst du großartig.« Seit Saul Joey getroffen hat, hat er genau einen Satz gesagt. Er hat bereits gelernt, dass er mehr erfährt, wenn er schweigt. Und wenn er mehr erfährt, hat er mehr Macht.

»Gern geschehen«, sagt Saul.

»Das wird eines Tages deine Aufgabe sein«, sagt Joey.

»Das Kuvert?«, fragt Saul.

»Die Beziehung«, sagt Joey.

In den ersten Wochen ihrer Schwangerschaft entwickelt Antonia ein Muster, das ihr hilft, die Zeit abzustecken. Mittwochs bei ihrer Mamma, wo Antonia Lina mit etwas Glück überreden kann, eine halbe Stunde mit ihr in der Sonne spazieren zu gehen, und wo Lina Antonia kleine getrocknete Bohnen und Kräuterbündel in die Taschen steckt – *Das bringt Glück*, sagt sie. *Das gibt Kraft.*

Den Freitag verbringt sie beim Metzger, im guten Gemüseladen, in der Bäckerei an der Columbia Street, wo es das weichste Brot gibt.

Antonia kocht: Üppige Mahlzeiten, die ihren ächzenden Esstisch überlasten. Vier Gänge nur für sie zwei. Paolo bringt ihr Blumen mit. Er kritzelt im Restaurant Zeichnungen und schreibt ihr in seiner unverkennbaren Handschrift kleine Liebesbotschaften dazu. Ständig beschenken sie einander – *Schau, dieses Essen, diese Spange für dein Haar.* Ihr häusliches Leben ist ein einstudierter Walzer. Paolo ist so still wie Antonia, außer wenn er frustriert ist oder ungeduldig, dann explodiert er, Wut brodelt in ihm. Antonia kennt diese Energie von Sofia und versteht es, sie zu dämpfen, zu besänftigen.

An Sonntagnachmittagen besucht Antonia, ehe sie zum Essen zu den Colicchios geht, ihre Mamma. Lina hat sich so vollständig in ihre langen weiten Blusen und den Mythos des Viertels gehüllt, dass sie kaum wiederzuerkennen ist. Antonia betrachtet Lina aus der Ferne. Bisweilen empfindet sie Mitgefühl für ihre Mamma, die tat, was sie tun musste, um einen vernichtenden Verlust zu bewältigen. Häufiger aber fühlt sich Antonia ihrer Mutter fern. Sie kritisiert sie. *Wenn ich an deiner Stelle wäre*, denkt sie, *hätte ich das besser bewältigt. Ich wäre eine bessere Mutter gewesen. Ich hätte nicht zur Hexe des Viertels werden müssen, um weiterzumachen.* Auch wenn Antonia Lina vergibt, tut sie das mit einer gewissen Überheblichkeit, einem *Schau nur, was ich trotz allem kann*. Sie räumt nicht einmal das kleinste bisschen Neid auf Linas Freiheit ein, und sie gesteht sich nicht einmal selbst, wie sehr sie sich immer noch nach Linas Aufmerksamkeit sehnt, und dass die leise Stimme ihrer Mamma ihr immer noch gummiweiche Knie bescheren kann. Aber wenn Lina Antonias Bauch befühlt, nach den stoßenden Füßen und schiebenden Händen des Babys tastet, kommt es Antonia so vor wie schon damals mit fünf, als würde sie sich ohne Lina, die sie festhält, ausdehnen und forttreiben.

Sie wohnt erst seit wenigen Monaten nicht mehr zu Hause, und doch hat die reglose Luft im Heim ihrer Kindheit die Qualität von etwas Uraltem angenommen. Oft muss Antonia haltsuchend nach dem Türstock fassen, einen Kloß im Hals herunterschlucken, den kleineren Geistern ihrer selbst sagen, dass ihnen nichts passieren wird.

Im August lässt Sofia sich dazu überreden, mit Antonia und Paolo die Messe zu besuchen. Sie weiß, dass ihre Zusage Antonia überrascht. Seit der Hochzeit mit Saul geht sie so gut wie nie mehr, und auch davor nur selten, wenn ihr die Energie fehlte, sich mit ihren Eltern darüber zu streiten, oder wenn Frankie sie dazu herumkriegte.

Die Luft in der Kirche ist kühl und trocken. Sofia drückt ihre geschwollenen Fußknöchel gegen das Holz der Kirchenbank vor ihnen, lehnt sich zurück und überlässt sich der harten Bank. Die Kehle schnürt sich ihr zusammen. Sie atmet tief durch, dann ein zweites Mal. Die Luft riecht wie ihre Kindheit. Sie riecht wie zwischen ihrer Mamma und ihrem Papa auf der Bank zu sitzen. Sie riecht wie Rastlosigkeit, wie ein Prickeln auf den Armen und Beinen, wie der Wunsch, groß zu sein, wie der Wunsch zu fliegen. Sie riecht wie das Wissen, wofür sie, Sofia, kämpft: Noch zehn Minuten, dann kann sie von ihrem Platz aufspringen, heim zu Antonia, zum Mars, zur endlosen Weite der Sahara, zu den Pferden, auf denen sie und Antonia sitzen werden, während der Tag auf dem Fußboden ihres Zimmers vergeht.

Antonia reibt Sofias Zeigefinger zwischen den Händen, sie ist unruhig. Seit Tagen ist Sofia still, und Antonia weiß nicht, wie sie die Pausen in ihren Gesprächen füllen soll. »Danke, dass du mitgekommen bist«, flüstert sie.

Sofia lächelt müde, und um sich abzulenken, nimmt sie die Bibel von dem Brett vor sich. Die Seiten sind unmöglich dünn und wächsern, glasig vom Fett tausender Hände. Sie lässt die Seiten durch ihre Finger fächern, Sätze fallen ihr ins Auge, fließen zusammen und lösen sich auf, sobald sie sie zu lesen beginnt. Sie ist sieben Jahre alt, in die Lücke zwischen Rosa und Joey gekuschelt. Die Welt zieht vom Mittelpunkt ihrer Familie aus in kreisförmigen Wellen ihre Bahn.

Plötzlich hält Sofia, mit neunzehn eine erwachsene Frau

und so schwanger, dass sie kaum in die Kirchenbank passt, es dort nicht mehr aus. Sie kann nicht neben Antonia sitzen. Sie kann sich der Erinnerung ihres alten Ichs nicht stellen. Lautstark klappt Sofia die Bibel zu, steht auf und drängt sich, mit angehaltenem Atem, zur Kirchenbank hinaus.

»Sofia? Sofia!«, flüstert Antonia vernehmlich, und die Worte hallen um sie her, aber Sofia befürchtet, sie könnte sich übergeben, also antwortet sie nicht und presst die Lippen aufeinander. »So*fi*a!«

Sofia schiebt sich gegen das Gedränge der wäschegestärkten und parfümierten Katholiken vor. Sie stürzt hinaus und saugt die ungesunde Sommerluft der Stadt tief in ihre Lunge, immer und immer wieder. Sie lehnt sich an die Mauer. Die Stadt dreht sich. *Du bist dumm*, stellt sie fest und ist erstaunt, dass sie so lange gebraucht hat, das zu erkennen. Sie wusste, dass das passieren könnte, und hat es trotzdem gemacht. Es war uraltes Wissen, eines der ersten Dinge, die sie gelernt hat. *Alles kann passieren, Sofia*, sagt Rosa in ihrem Kopf. *Pass auf.*

Alles kann passieren, Mamma, erkennt Sofia. Sie ist nicht unbezwinglich. Sie kann die Zeit nicht zurückdrehen und weniger impulsiv sein, weniger sorglos. Sie kann sich nicht umdrehen und ihr jüngeres Ich anbrüllen: *Die Welt wird dich einholen!*

»Sofia!« Antonia steht neben ihr, hält ihre Hand, drückt die Schulter gegen Sofias, um der Menge auszuweichen, und Sofia riecht ihren Kaffee und die Hitze ihres Bügeleisens und den Muff im Hausflur ihres Wohnblocks. Antonia ist solide und geordnet und abgeklärt, und einmal, nur ausnahmsweise einmal, möchte Sofia die Gleichmütige sein, und so beschließt sie, nichts zu sagen, alles durch schiere Willenskraft gut zu finden, ihre monströsen, verräterischen, undankbaren, häretischen Zweifel zu beherrschen und *glücklich* zu sein, *normal* zu sein, wie ihre Freundin, wie ihre Mutter, wie alle Mütter vor ihr. Sie presst die Lippen aufeinander, fest wie eine geschlossene Naht, und begegnet Antonias Blick nicht. Ihre Entschlossenheit fühlt sich zerbrechlich an.

Antonia bringt Sofia nach Hause. Sie setzt Sofia aufs Sofa und umfasst Sofias weißes Gesicht. Wortlos sagt sie Sofia: *Wenn es dir gut geht, geht es mir gut.*

In der Küche setzt Antonia Teewasser auf, aber als der Kessel pfeift, stellt sie die Flamme ab und greift stattdessen nach der Flasche Whiskey, die, wie sie weiß, im Schrank über dem Spülbecken versteckt ist. Sie schenkt zwei Gläser ein, klemmt die Flasche unter den Arm und geht ins Wohnzimmer.

»Hier«, sagt sie zu Sofia, die das Glas schweigend entgegennimmt. Antonia setzt sich neben sie und kommt sich kugelig vor, riesengroß. Sofias sonst unwiderstehliches Gravitationsfeld ist zu praktisch nichts geschrumpft. Antonia ist gewöhnt, ihre eigene Größe und Form im Verhältnis zu Sofia zu bestimmen. Jetzt hat sie das Gefühl, sie könnte sich bis zum Platzen ausdehnen.

»Ich glaube, ich schaffe das nicht«, sagt Sofia. Ihre Stimme ist dünn und zittrig. Jetzt natürlich: Es geht ihr besser, es geht ihr schlechter. Es ist ihr nicht gelungen, diesen kleinen, dunklen Teil ihres Ichs versteckt zu halten.

»Was schaffst du nicht?«

Sofia zeigt auf ihre Bauchkugel. »Ich glaube, das schaffe ich nicht.«

Antonia schweigt, aber am liebsten würde sie lachen. Sie

sind beide aufgequollen, rund, pinkeln alle drei Minuten, werden nachts vom unablässigen Dehnen und Drehen ihrer Kinder geweckt. Eine andere Wirklichkeit ist nicht vorstellbar. »Ah ja«, sagt sie, um zu reagieren, aber nicht zu kichern, denn die Absurdität droht sie zu überwältigen.

»Keine Predigt?«, fragt Sofia.

»Was meinst du damit?«

Sofia nimmt einen kräftigen Schluck. »Keine Predigt, dass ich es *natürlich* schaffe, dass Frauen es immer geschafft haben, dass ich stark und tüchtig und liebevoll bin und die Unterstützung von Scharen von netten italienischen Frauen habe, die herbeistürzen und Windeln waschen und mich in den ewigen Bund der Mutterschaft aufnehmen werden?«

Antonia hebt die Augenbrauen. »Das hast du gesagt«, sagt sie.

Sofia verdreht die Augen. »Schau mich doch an«, sagt sie. »Ich bin lächerlich.« Das ist sie auch, und sie ist erschöpft. Sie hat genug gekämpft. Sie hat sich genug Sorgen gemacht.

»Wer bin ich, das zu beurteilen?«, sagt Antonia und wackelt mit ihren bestrumpften Zehen. »Wir sehen doch aus wie Popcorn.«

Sofia prustet. »Wir sind Ballons bei der Thanksgiving-Parade.«

»Wir sind die Hindenburg!« Sie lachen und kriegen keine Luft mehr. Sie erwägen die Unwahrscheinlichkeit, dass ein anderer Mensch in ihrem Körper heranwächst: dass kein Platz mehr da ist, um zu lachen, um tief Luft zu holen. Sie sind zu viert im Raum.

»Weißt du, du schaffst das schon«, sagt Antonia. Eine kleine Flamme der Furcht versengt sie innerlich. Wenn Sofia Angst hat, hat Antonia Angst.

»Tonia, ich weiß nicht – ich weiß nicht, ob ich es will.« Wie erstaunlich, denkt Sofia, das wie einen Schuss durch den Raum hallen zu hören.

Antonia sagt Sofia nicht: *Tja, dafür ist es ein bisschen zu spät.* Stattdessen nimmt sie Sofias Hand. »Ich wünsche mir, dass unsere Kinder wie wir werden«, sagt sie. »Ich wünsche mir, dass sie gemeinsam aufwachsen. Ich wünsche mir, dass sie einander haben.« Sie weiß nicht, wie es ist, Angst vor dem Muttersein zu haben, aber Angst an sich ist Antonia vertraut. Sie erkennt in der zitternden Sofia die Stille, auf die entweder Revolution oder Resignation folgt. Sie hat Geschichten von Frauen gehört, die ihre Neugeborenen für eine Karriere am Broadway oder für einen Greyhound-Bus im Stich gelassen haben, Frauen, die Unaussprechliches unternommen haben, um ihren Familien keine Schande zu machen. Antonia sieht sich selbst, fünfzehn Jahre älter, belastet vom Gewicht der Kinder und dem Bügeln für Paolo und beschwert von der Liebe der Familie, und ihr schaudert beim Gedanken, Sofia könnte nicht da sein. *Du sollst das wollen*, schreit sie Sofia in ihrer Vorstellung an. *Bitte, du sollst das mit mir zusammen wollen.*

Sofia sieht das sich verengende Licht ihres Lebens, das vom Ende eines langen Flurs her scheint. Sie blickt zu Antonia. *Wenn du mich sehen kannst, muss ich hier sein.*

Antonia sagt ihr nicht: *Du schaffst alles, wenn du dich entscheidest, es zu wollen.*

Buch vier

1942–1947

Während der Sommer heiß wird, sengend heiß, der Asphalt weich und die Gebäude die Sonne einfangen, sodass sie die ganze Nacht eine stickige Wärme abstrahlen, lassen Sofia und Antonia ihre Kinder in sich heranwachsen und Schweiß rinnt in Strömen über ihr Rückgrat und zwischen ihren Brüsten hinunter. Antonia legt beim Gehen eine Hand ins Kreuz, aber Sofia weigert sich, sie steht aufrecht da, so würdevoll es ihr gelingt. Sie stecken ständig zusammen, wie in ihrer Kindheit, nur lümmeln sie jetzt den ganzen Tag auf Sitzmöbeln in einer der beiden Wohnungen und lachen, während Saul und Paolo versuchen, Kinderbettchen zusammenzubauen. Als Paolo und Saul die Hände vom Rahmen der zierlichen Wiege in Antonias Schlafzimmer nehmen, fällt alles auseinander. Paolo hüpft fluchend auf einem Bein durchs Zimmer. Saul sackt frustriert in sich zusammen, und Sofia und Antonia kommen vor Lachen die Tränen. Sie fühlen das Kind der anderen treten. Sie erzählen sich Geheimnisse.

Der Krieg, der tobt, erinnert sie daran, dass sie nicht von Dauer, dass sie zerbrechlich sind und auf der Oberflächenspannung eines gigantischen Katastrophenmeeres balancieren. Vor Wahnsinn krümmt sich der Himmel und zieht sich zusammen. Sie haben das Gefühl, völlig die Kontrolle verloren zu haben. Sie klammern sich, Gleichgewicht und Trost suchend, aneinander. Alle spüren die Last, dass ihnen etwas Heiliges anvertraut wurde, und die Notwendigkeit, eine enge Gemeinschaft zu bilden. Sie halten sich an den Händen, während sie vorm Radio sitzen. Sie machen sich Sorgen, wenn sie länger als einen Tag nicht voneinander hören. Sie bringen Brot und Wein bei der anderen vorbei und kartieren ausgetretene Wege zwischen ihren Wohnblocks. Diese Wege im Viertel werden zum Stadtplan ihrer Familie. Beim Gehen können sie sich jederzeit in Bezug zu den anderen vorstellen.

Sie tauschen zerfledderte und gefaltete Rezepte, Aktentaschen, Haarbürsten, Auflaufformen, eselsohrige Taschenbücher, Hochzeitstischwäsche, Kleingeld, Kissen. Je mehr sie von sich selbst bei den anderen lassen können, desto wirklicher fühlen sie sich alle.

Zu der Zeit, als die Sommersonne ihren Höchststand erreicht, leben Antonia, Sofia, Saul und Paolo scheinbar jeweils in zwei Wohnungen: Ihre Habseligkeiten sind gleichmäßig verteilt, ihr Schlaf wird häufig vom Läuten der Türglocke oder dem Schrillen des Telefons unterbrochen.

Nachts verspricht Antonia mit einer Hand auf dem Bauch, dass sie es besser machen wird als ihre Mamma. *Ich werde auf dich aufpassen, ich werde auf dich aufpassen*, wiederholt sie beim Einschlafen. Antonia erstellt Listen. Glasfläschchen, Windelstapel, Strickmützchen, schreibt sie untereinander. Eine Erinnerung, die nur Empfindung ist, nur Wortlosigkeit, wie Lina sie als Kleinkind auf dem Sofa im Arm hält. *Ich werde auf uns alle aufpassen.*

Die Hand gegen die kühlen Ziegel am Kopfende des Betts gepresst, das sie mit Saul teilt, kommt Sofia sich vor wie mit sechs, mit elf. Sie gestattet der Angst, sich in ihrer Kehle und ihrer Brust einzunisten. Die raubt ihr die Luft und würgt sie. *Ich kann nicht einmal auf mich selbst aufpassen,* betet sie. Als Antwort darauf drückt das Wesen in ihrem Bauch gegen ihre Lunge.

Sofia wacht mitten in der Nacht auf. Ein leiser Schmerz in ihrem Rücken pulsiert im Rhythmus ihres Atems. Er steigt und fällt, breitet sich über die Hüftknochen aus und zieht sich auf einen hellen Punkt am unteren Ende der Wirbelsäule zurück.

Sie verfolgt, wie die lange Sommersonne vor den Morgenwolken aufgeht und glüht. Das Zimmer um sie her wird von Schatten bemalt. Der Schmerz wird stärker. Er verschränkt die Arme um ihren Bauch und hält sie fest, sodass sie das Laken zwischen den Händen verdreht. Sie atmet. Der Schmerz kriecht ihre Wirbelsäule hinauf, um ihre Hüften, quetscht ihr mit seinen eisernen Händen den Rippenbogen zusammen. Ausatmen. Der Schmerz zieht sich zurück. Blut pulsiert in Fingern und Gesicht. Sofia, die große Gefühle liebt, überrascht die Gewalt der Wehen nicht. Sie schwillt der Morgendämmerung entgegen und weicht dann zurück. Sofia besteht aus lodernder Hitze. Sie atmet die Sonne über den Horizont. Und dann weckt sie Saul. »Es ist so weit«, sagt sie.

In einem Privatzimmer im Krankenhaus wünscht sich Sofia, sie hätte Antonia mitbringen können. Sie wünscht sich, sie könnte das Haar ihrer Mamma riechen. Sie wünscht sich, sie könnte auf dem Dach ihres Wohnblocks knien und brüllen. Das Zimmer wimmelt vor Gestalten in Weiß, vor Edelstahl und wohlmeinender Hektik. Sofia kommt sich klein vor.

Ehe Sie sich's versehen, sagt eine Krankenschwester zu ihr, *haben Sie ein Baby.*

Eine Nadel im Arm. Eine Plastikmaske senkt sich auf ihr Gesicht. Alles verengt sich auf einen Punkt. Es ist unendlich dunkel.

Als Sofia ihren Körper wieder wahrnimmt, trägt sie ein dünnes Baumwollhemd, das nicht ihr gehört. Das Licht ist so hell, dass es ihr in den Augen wehtut. Sie schließt sie halb und will sich aufsetzen, spürt aber, dass sich etwas Gewaltiges in ihr auflöst. Bewegung würde sie innerlich auftrennen. Sofia sinkt wieder in die gestärkten Krankenhauskissen.

Bald bringt eine Schwester ihr ein kleines Bündel. Wieder versucht Sofia, sich aufzusetzen, aber dieses Mal ist da ein gewaltiger Schmerz, und eine Schwäche, die ihr den Atem raubt, die sie zusammenbrechen lässt. Sie mag in der Gegenwart Fremder nicht liegen. Sie möchte einen Spiegel. Stattdessen schiebt die Schwester ihr ein Kissen in den Rücken und reicht ihr die kleinste Person, die Sofia je gesehen hat.

Das Baby ist ein richtiger Mensch in Kürbisgröße. Sie hat zwei Augen und zwei Ohren und einen Mund mit gekräuselten Lippen. Sie hat Haut wie Wolken und dünne, weiche Fingernägel. *Sie wiegt dreitausend Gramm*, sagen sie

Sofia. *Wir rufen Ihren Mann an*, sagen sie Sofia. Sofia bleibt in dem leeren weißen Zimmer zurück und starrt ein kleines, gebärmutterförmiges Wesen an, das ein Geruch nach nassem Fleisch umgibt.

Julia ist der Name, der Sofia in den Sinn kommt. Er ist vertraut, aber unverbraucht, wie ein frisch bezogenes Bett oder ein offenes Fenster. »Er gehört nur dir«, sagt sie mit krächzender Stimme, es ist das Erste, das Sofia zu ihrer Tochter sagt.

Wenn Neugeborene Blickkontakt aufnehmen, setzen sie den ganzen Körper ein, um die Augen zu öffnen und einen anzusehen, und genau das macht Julia jetzt, sie krümmt die Finger und die Zehen und schürzt die Lippen, damit sie die Augen aufschlagen und Sofia anschauen kann. Sofia schaut zurück und zwingt sich, mutig zu sein. »Was machen wir jetzt?«, fragt sie Julia. Ihre Stimme klingt in ihren eigenen Ohren misstönend.

Sofia sieht vor sich den unwiderlegbaren Beweis ihrer eigenen Macht. Dass Mutter zu sein das bedeuten würde, hatte ihr nie jemand gesagt.

Schau, schau. Schau, was du geschaffen hast.

Ihre ganze Familie kommt. Nicht nur Saul. Sofia überflutet Erleichterung. Sie will nicht allein sein. »Zehn Minuten kann ich Ihnen erlauben«, sagt die Schwester. »Eigentlich ist das gegen die Vorschriften.« Rosa und Frankie drängen sich an ihr vorbei und stürzen sich aufs Bett, und dann liegt Sofia in ihren Armen, und sie liegen in Sofias, und Julia wird hochgenommen und im Stimmengewirr ihrer Familie herumgereicht. Und dann sind Saul und Antonia und Paolo da, und Antonia fragt: »Wie war es?«, und Sofia muss »Ich weiß es nicht« antworten, weil sie sich nur an sich brechende Wellen erinnert, an ihre eigenen Gezeiten, an Dunkelheit, und dafür findet sie keine Worte, aber sie weiß, dass es in Wirklichkeit nicht so war, sie weiß, dass es einen Teil von Julias Ankunft gibt, bei dem sie nicht dabei war. Und Saul fragt: »Geht es dir gut?«, und Sofia sagt »Ja«, und sie meint es auch so, sie glaubt, es wirklich so zu meinen. Joey streicht Sofia eine Haarsträhne hinters Ohr. Er drückt ihr den Handrücken auf die Stirn, wie in ihrer Kindheit, wenn sie Fieber hatte. Später wird er Sofia sagen, dass Julia die Nase seiner Mutter hat. Sofia sieht in die Gesichter ihrer Familie und glaubt, dass sie es schaffen kann.

Es ist ein flüchtiges Gefühl, aber es wird sie aufrecht halten. In den kommenden Wochen wird Sofia klug genug sein, sich mit den Menschen zu umgeben, die ihr am meisten das Gefühl vermitteln, sie selbst zu sein. Sie wird lernen, Julia zu wickeln, anzuziehen, im Arm zu wiegen. Sie wird an Julias Kopf riechen und ihre Zehen zählen und sie in blanker Ehrfurcht betrachten. Sofia wird sich vom Wechsel der Gezeitenströmungen mitspülen lassen. Sie wird sich ganz fühlen. *Mutter zu sein kann das Abenteuer sein*, wird sie sich sagen. *Es kann etwas sein, das du liebst.*

Manchmal wacht Antonia morgens immer noch mit geballten Fäusten auf und erinnert sich, dass Robbie wie ein Zug durch ihren Körper raste.

Nach seiner Geburt verbringt sie auf Anweisung des Arztes drei Wochen im Bett und versucht, nicht daran zu denken, auf welche Arten sie umgestülpt wurde. Sie hält den Mund und die Beine geschlossen. Der Arzt kommt, ein Mann mit freundlicher kleiner Brille, der die Stelle zusammennäht, wo sie aufgerissen wurde, und ihr sagt, dass alles heilen wird, alles. Antonia nickt, als er das sagt, aber sie ist überzeugt, dass sie der Länge nach aufplatzen wird, sobald sie aufsteht. Dann werden ihre Organe nach unten sacken und auf dem Boden landen, die Haare werden ihr ausfallen.

Die Tage sind lang. Antonia ist nie allein.

Sofia kommt, strahlend, küsst Antonia auf die Stirn, hält Julia, die drei Monate alt ist und wie wild um sich tritt, boxt, unkontrolliert nach dem kleinen Korb greift, in dem Robbie schläft; seine neugeborenen Züge sind von der Enge in Antonias Körper noch ganz schief. Julia runzelt die Stirn, streckt eine runde Faust vor und knufft den schlafenden Robbie in die Brust. Er wacht auf mit der Miene des Verratenen und öffnet drei geschlagene Sekunden lautlos den Mund, ehe ein Schrei herauskommt. Die Herbstsonne scheint zum Fenster herein, und Sofia glüht förmlich. Sofia nimmt Robbie in den Arm, küsst ihn und gibt ihn Antonia zum Stillen. Antonia bemüht sich, nicht zu weinen. *Warum fällt dir das nicht schwer?*, fragt sie in ihrer Vorstellung.

Paolos Mutter kommt und wickelt das Baby fester in seine Decke. Bevor sie geht, nimmt sie Paolo beiseite und sagt: *Das einzige Mittel gegen diese Heultage ist, sie ganz normal zu behandeln. Hör auf zu tun, als wäre sie zerbrochen. Sobald sie wieder auf den Beinen ist, kommt sie zurecht.* Aber aus Ehrfurcht vor der zarten, furchteinflößenden und allmächtigen Kraft, zu der seine Frau geworden ist, bringt Paolo Antonia weiterhin heiße und kalte Umschläge, Tee, Brühe, besteht weiterhin darauf, dass sie die Beine hochlegt und die Augen schließt.

Nachts ist Antonia schwer vor Erschöpfung, trotzdem kann sie nicht schlafen. Ihr Körper zieht sie nach unten, durch die Matratze, durch den Boden. Ihr brennen die Augen, aber sie schließen sich nicht. Zwischen Paolo und Robbie liegend, vergießt sie Tränen, bekommen ihre Wangen Risse.

Nachdem Robbie geboren wurde, mühelos ausgestoßen aus irgendeiner Stelle ihres Körpers, von deren Existenz Antonia nie gewusst hatte, zog sie ihn voll Angst an die Brust. Sie sah ihm ins Gesicht und erkannte ihn nicht. Sie umfasste ihn mit den Händen, aber sie kamen ihr vor wie die Hände einer Fremden. Robbie hinterließ auf ihrer Brust einen Kopfabdruck blutroter und weißer Schmiere, und Antonia konnte ihn nicht spüren. Robbie öffnete den Mund und schrie, und sie hörte ihn, aber nur schwach, als weine er in einiger Entfernung.

Wenn sie in sein Körbchen starrt, erkennt Antonia ihn immer noch nicht. Sie ist geblendet von Angst, von etwas wie Enttäuschung. *Du hast es so gewollt*, sagt sie sich. Aber es ist völlig anders, als sie es sich vorgestellt hatte.

Zwei Wochen später sieht der Arzt wieder nach ihr. Er zieht die Fäden nacheinander heraus, er sagt ihr, dass alles fast schon verheilt ist. Antonia fühlt sich wie ein Steak, das mit einem Messer eingeschnitten wurde, um mit Salz eingerieben zu werden.

Sie hatte sich nicht vorgestellt, dass es dermaßen körperlich sein würde. Dermaßen zehrend. Die völlige Auslöschung von allem, was sie zuvor gewesen ist. Ihr Körper ist ein Schiffswrack, und sie, was immer »sie« gewesen war, ist in der tiefen, dunklen See verloren gegangen.

Tagsüber falten Paolo und Lina und Sofia Baumwollwindeln, schrubben den fleckigen Holzboden, singen dem weinenden Robbie etwas vor. In Antonias Wohnung verbreitet sich der Geruch von Wäsche, von Hühnerbrühe, von trocknenden Kräutern und Desinfektionsmitteln, von Babyscheiße und dem Metall ihres eigenen heilenden Körpers. Sie versucht, nicht einzuatmen. Wenn sie ihr Robbie bringen, legt sie ihn an die wunde Brust und dreht das Gesicht zur Wand.

Lina bringt Lavendelbündel und kocht Knoblauch zu Brei, um die Luft zu reinigen. Sie hilft Antonia beim Duschen. Antonia sitzt in der Wanne, das heiße Wasser trommelt auf ihren runden Rücken, ihr überdehnter und geschwollener Bauch ruht zwischen ihren Beinen. Wie ein Kind lehnt sie sich an Lina.

Sofia kommt jeden Tag. Sie hält Julia und Robbie im

Arm und summt ihnen Lieder aus ihrer eigenen Kindheit vor, die ihr unvermittelt wieder einfallen. Sie plaudert mit Antonia, während sie sich im gefilterten Wintersonnenlicht wiegt, das zu Antonias Schlafzimmer hereinfällt. Sie wirkt völlig sorglos. In Antonias Ohren klingt ihre Stimme wie ein Widerhall aus sehr großer Ferne.

Paolo liegt neben Antonia, während sie schläft und während sie nicht schlafen kann und während sie Robbie stillt. Er krümmt seinen Körper beschützend um ihren, aber er bleibt auf seiner eigenen Bettseite, weil sie es nicht erträgt, berührt zu werden. In der ersten Woche war es ihm unmöglich gewesen, nicht die Hand nach ihr auszustrecken, ihre Hände in seine zu nehmen, ihre Ohren und ihr Gesicht zu küssen. Aber ihr waren Tränen über die Wangen gelaufen, sie hatte *Hör auf, tu das nicht, nein* geflüstert, und Paolo hatte sich zurückgezogen und um ihre frühere Ehe herumgeschnüffelt wie ein hungriges Tier, das seine Kreise um einen Kadaver zieht.

Einmal wacht Antonia nachts aus einem abrupten, kurzen Schlaf auf, der sich eher wie Bewusstlosigkeit als Erholung anfühlt. Sie öffnet die Augen und sieht die drohenden Schatten ihrer Möbel. Auf der anderen Seite des Zimmers liegt Robbie in seinem Bettchen, was heißt, dass Antonia lang genug geschlafen hat, damit Paolo, der neben ihr liegt, ihr Robbie von der Brust nehmen und hinüberlegen konnte. Eine Woge der Zärtlichkeit für Paolo packt sie. *Es tut mir so leid*, denkt sie und spürt das Auf und Ab beim Atmen ihres schlafenden Mannes. Das einzige Geräusch ist das ferne Dröhnen des Verkehrs, die ganze Nacht hindurch summt es. *Ich bin nicht gut genug für dich. Ich kann das nicht.*

Ihre drei Kinder, ihr weitläufiges zukünftiges Heim, ihr zusammengerolltes Universitätsdiplom, das sie sich mit ihren Kindern an die Brust drückt, auf dem Foto, von dem sie sich vorstellt, dass es eines Tages gemacht wird. Alles wirkt unmöglich. Alles wirkt weiter entfernt als der Mond. *Du hast versagt*, sagt sie sich. Sie glaubt nicht, dass sie in der Nacht noch einmal einschläft.

So vergeht der Winter.

Wenn es schneit, packt Paolo Robbie in Decken, schichtet zwei Strickmützen übereinander auf seinen Kopf und trägt ihn nach draußen. Robbie niest und blinzelt heftig, als Schnee auf seinem Gesicht landet, und Paolo trägt ihn eine Stunde lang um den Block.

Weihnachten wird Antonia in ein Kleid gesteckt, das Haar wird ihr gebürstet. Sie sitzt in der Messe, Robbie auf Paolos Schoß auf der einen, Sofia mit Julia auf der anderen Seite. Beim Essen pickt sie lustlos in den Speisen.

Die dunklen Monate sind für Antonia eine Zeit des Keimens, ein schlafendes Leben, das in der harten Schale nicht zu erkennen ist. Um sie her werden die Tage kürzer und dann allmählich wieder länger. Das alte Jahr geht ins neue über, es dauert nur eine Sekunde. Antonia meidet Spiegel. Sie ist so von sich selbst enttäuscht, dass sie ihr Abbild darin nicht ertragen kann.

So hat sie es sich nicht vorgestellt.
So hat sie es sich nicht vorgestellt.

In Sofias Erinnerung ist diese Zeit ein Nebel von Schlaflosigkeit und Angst. Antonia lag Tag um Tag klein und grau in ihrem Bett, und Sofia trug Robbie herum, wiegte ihn, wenn er weinte, lernte seinen Geruch so gut kennen wie Julias. Sofia erinnert sich an Paolo, der hilflos war, der sich durchs dunkle Haar fuhr und sagte: *Ich muss mal pinkeln, ich muss mal spazieren gehen, ich muss mal hier raus*, nach seinem Mantel griff und nach draußen ging, um zu rauchen und vor dem Haus auf und ab zu gehen, und Sofia hockte am Bett und sagte: *Tonia, ich glaube, er hat wieder Hunger*, und Antonia öffnete die Augen, die wie Tunnel waren, und sagte automatisch, hohl: *Also gut*. Sofia möchte sich selbst wach zwicken, dies kann unmöglich ihr Leben sein, Antonias Leben. »Sie wird wieder ganz gesund«, sagt der Arzt, während er sich die Hände wäscht, nachdem er die Kringel von Antonias alten Fäden in den Küchenabfall geworfen hat, und Sofia überrascht sich selbst, als sie schreit: »Was ist gesund? Was heißt hier gesund? Kann man ihren Kopf vernähen, ihr Herz?«, und zwar so laut, dass Robbie aufwacht und vor Wut brüllt. »Entschuldigen Sie«, sagt sie zu dem verblüfften Arzt, der das Wasser laufen lässt, während er Sofia anstarrt. »Es tut mir leid.« Sie wendet sich ab, um Robbie hochzunehmen. Ihr tut das Herz weh, ihr prickeln die Hände.

Aber meistens ist Sofia fröhlich, wenn sie bei Antonia ist, so fröhlich es ihr gelingt. Sie erzählt Antonia von Julias neuen Grimassen, von Joeys neuem Mitarbeiter, der – *Tonia, das errätst du nie, erinnerst du dich an Marco DeLuca?* – ein weiterer Junge aus dem Viertel ist, der eingesaugt wird in das Vakuum der Familie, aus dem es kein Entrinnen gibt. Ohne dass Sofia das wusste, wurde Marco angeheuert, um Paolo zu helfen, dessen Fälscherwerkstatt ausgeweitet wurde und jetzt auch eine Druckerei in Gowanus, einen Schneider in der 38sten und ein Warenlager für Schulmaterial in Greenpoint umfasst und der jemanden braucht, der Botendienste übernimmt und sein Arbeitspensum organisiert. Sofia weiß nur, dass Marco eines Sonntags mit einer Flasche Wein und seinem besten Hemd zum Essen auftauchte, dass er vor Sofias Vater gebührend die Mütze lüftet und dass sein Körper größer und kräftiger ist, als Sofia sich hätte vorstellen können angesichts der Tatsache, dass ihre Erinnerung an ihn vorrangig darin besteht, wie sie in der Schule auf seine am Fußboden liegende Gestalt hinabschaute.

Antonia erinnert sich an Marco DeLuca. Sie erinnert sich an die Unversehrtheit ihres eigenen Körpers zu der Zeit, als sie ihn kannte. Sie erinnert sich an den Tag, an dem Sofia ihm ein Bein stellte. Marcos entsetztes Gesicht, als er versuchte, die Welt, die er zu kennen glaubte, mit der unbekannten und gefährlichen Realität zu vereinbaren, in der ein Mädchen ihm wehtun kann, ihn über die eigenen Füße stolpern lassen kann, ihn kopfüber zu Fall bringen kann, seinen Zahn an der Wurzel abbrechen kann. Und Antonia versteht ihn. Auch sie erlebt einen Albtraum in einer Welt, die zu wählen sie geglaubt hatte.

Abends betet Sofia. Sie kann sich nicht erinnern, je zuvor gebetet zu haben, aber es bricht wie eine Flut aus ihr hervor. Alle rastlose und entflammbare Energie, die Sofia je besaß, richtet sich darauf. *Bitte*, betet sie, *gib sie mir wieder.* Sie betet, während sie Julias Fläschchen sterilisiert, während sie Saul nachwinkt, der zur Arbeit aufbricht.

Beten heißt, Angst einzugestehen, Angst vor dem, was

nicht beherrscht, eingegrenzt oder auch nur verstanden werden kann. Es ist eine Kapitulation und ein Angriff zugleich. *Bitte*, betet Sofia und denkt an Antonia, an das Dunkle in ihrem Gesicht, das Leblose in ihrem Atem. *Ohne dich schaffe ich das nicht.*

Aber bei Tag weiß Sofia, dass es ihre Aufgabe ist, Antonias Heim mit Licht, mit Raum, mit Sonne zu füllen, und so öffnet sie die Jalousien und kniet sich nicht flehend an Antonias Bett. Sie bringt Bücher mit, sie stellt das Radio an, aber ganz leise, und Antonia merkt gar nicht, dass sie etwas anderes hört als Robbies untröstliches Weinen. Sofia putzt die Arbeitsflächen und summt dabei wie Rosa.

Jeden Tag kommen Paolo und Saul nach der Arbeit, wann immer das ist, in die Wohnung, damit Saul Sofia und Julia nach Hause mitnehmen kann. Jeden Tag fragt Paolo Sofia: *Geht es ihr besser?*, als wäre Antonia zerbrochen, wo Antonia doch nichts fehlt. Sie ist nicht zerbrochen, sie ist verloren. Irgendwann fallen Sofia keine Möglichkeiten mehr ein, wie sie ihm das noch erklären soll, und das ist einer der Gründe, weshalb sie froh ist, Saul zu haben: Saul verlangt nicht, dass Fortschritt in messbare Einheiten unterteilt wird. *In manchen Augenblicken ist sie ganz da*, sagt Sofia zu Saul. *Dann lacht sie, oder sie geht Robbie holen, wenn er weint, bevor ich bei ihm bin. Und im nächsten Moment ...* Sofia bricht ab, denn damit beschreibt sie auch Saul: Wenn seine Trauer sich wie ein Mantel einige Tage um ihn legt und dann wieder verschwindet.

Saul versteht. Seine Mutter hat seit über einem Jahr nicht mehr geschrieben. Und er vertraut darauf, dass Sofias Licht Antonia ebenso guttut wie ihm. Er legt einen Arm um Sofia und beugt sich über sie, um beim Gehen Julia auf den Kopf zu küssen. Und dann verstummt er und fragt sich, welche Sprache Antonias Trauma wohl spricht. Er fragt sich, ob es dieselbe Sprache ist, die er so gut kennt. Und er fragt sich – obwohl er jeden Tag dankbar ist für Sofias unerbittliches Feuer –, wie es wäre, mit jemandem zusammenzusitzen, der versteht.

Eines Morgens im Februar wacht Antonia früh aus einem Traum auf, in dem sie unter Wasser mit Sofia Verkleiden spielte. Ihre Haare und Kleidung strömten um sie her, und als Antonia auf ihre Finger schaute, wurde ihr klar, dass sie ein Kind war. Sie streckte die Hände nach Sofia aus, und die beiden ließen sich nach hinten fallen, der Kreis ihrer Arme hielt sie, und so trieben sie langsam empor, der Sonne entgegen.

Paolo und Robbie schlafen. Es ist dunkel, nur eine ganz schwache lila Färbung des Lichts im Schlafzimmer sagt Antonia, dass fast schon der Morgen dämmert. Sie tappt ins Wohnzimmer und hört zum ersten Mal in diesem Winter das Flüstern der Heizung gegen die Kälte draußen. Sie setzt sich auf die Couch. Sie denkt an Sofia, die den ganzen Winter hindurch jeden Tag gekommen ist, um Antonia zu sagen: *Du existierst, du bist hier, du bist in deinem Körper, du bist auf der Welt.* Sofia, die selbst ein kleines Kind hat, um das sie sich kümmern muss, die selbst verheiratet ist, aber die Monate mit Antonia verbringt, sie wie eine Pflanze gießt und auf sie wartet.

Antonia unterdrückt ein Schluchzen. Sie unterdrückt jeden Tag tausend Schluchzer. Aber dieses wird zu einem

Schluckauf. Ein seltsamer Schluckauf. Ein Geräusch möchte sich aus Antonias Mitte vorarbeiten. Sie vergräbt das Gesicht in einem Kissen.

Erst Sekunden später wird ihr bewusst, dass sie lacht. Das Lachen kribbelt über ihre Arme und Beine. Es erreicht hämmernd ihren Hals. Es lässt sich in ihrem Bauch nieder, steigt ungehindert in die Leere hinab, die Robbie als Zuhause diente, in die Körperteile Antonias, die sie nicht mehr ansieht oder berührt, die Körperteile, die sie mit ihrer Zerbrechlichkeit hintergangen haben, damit, wie leicht sie sich zerstören ließen.

Und Antonia zerbricht nicht. Sie lacht, und ihr ganzer Körper bewegt sich lautlos, in einem Stück, der Morgendämmerung entgegen.

Da ist er. Er summt in ihren tiefsten Tiefen, unendlich widerstandsfähig, der allerkleinste Teil Antonias, der sich ins Leben zurück behauptet.

Sie unternimmt erste Spaziergänge, bloß kurz, verspricht sie Paolo, bloß um den Block. Sobald sie draußen ist, geht sie, so weit es ihr gefällt, und sagt Paolo, sie habe die Zeit vergessen. Antonia, die es so sehr nach der Gemeinsamkeit und Beständigkeit des Mutterseins verlangt hat, stellt fest, dass sie nur dann die Kraft dazu besitzt, wenn sie eine Stunde am Tag ganz allein ist. Die junge Antonia wäre enttäuscht gewesen: dumm, natürlich, denn die junge Antonia, die sich zur Sonntagsmesse fortstahl, kannte sehr wohl die Macht, einen Teil ihres Lebens unter Verschluss zu halten. Aber Mamma Antonia ist einfach nur dankbar fürs Überleben, fürs Sonnenlicht, für die Aufregung, beiseitezuspringen, wenn ein Auto durch eine schwarze schlammige Pfütze fährt.

Wenn Antonia isst, hat das Essen wieder einen Geschmack. Wenn sie zuhört und spricht und schaut, hat sie nicht das Gefühl, dass eine dicke, verdreckte Scheibe sie von den Geräuschen und Anblicken trennt. Langsam macht sich die Welt ihr wieder bekannt. Und genauso langsam macht sich Antonia wieder zu einem Teil von ihr.

Im März spaziert Antonia den ganzen Weg zu Sofia. Sofia öffnet die Tür und umarmt sie, und dann geht sie ins Bad und keucht und schaudert und ringt nach Luft. Sie drückt ihre Handflächen, ihre Stirn gegen die geschlossene Badezimmertür und glaubt zum ersten Mal seit Monaten, dass Antonia auf der anderen Seite steht.

Als Robbie fünf Monate alt ist, findet Antonia den Mut, ihr Gesicht im Spiegel anzusehen, die Konturen ihres neuen Körpers mit den Händen nachzufahren.

An einem ganz normalen Nachmittag im April, als der Frost von den Bäumen rinnt und die Erde allmählich auftaut, hebt Antonia Robbie aus dem Bettchen, als er aus seinem Mittagsschlaf aufwacht, und spürt sein warmes Gewicht in den Armen. Er lächelt, als er sie sieht, sein Mund verzieht sich breit zu einem zahnlosen Lächeln. Irgendetwas in Antonia platzt auf. *Es tut mir leid*, sagt sie flüsternd seinem Scheitel. Und wie Lina vor so vielen Jahren: *Ich bin bereit, deine Mamma zu sein.*

Jetzt findet Antonia sich federleicht ins Muttersein ein. Ihre Tage werden von Robbies kleinen Schreien unterteilt, von seinem haltlosen Lachen tief aus dem Bauch, von seinen schlichten, stillbaren Bedürfnissen.

Mit Robbie auf dem Arm oder an ihrer Schulter liegend sieht Antonia mit einer ihr ungekannten Aufmerksamkeit, wie der Frühling die Stadt mit Rosa und Grün überzieht. *Schau dir das an*, sagt sie ihm, als er mit dem Mund ihr Schlüsselbein abtastet oder die Hände öffnet und schließt. *Siehst du alles, was es hier gibt?*

Im Frühjahr 1943 unterschreibt Joey den Vertrag für ein solides dreistöckiges Brownstone mit großem Vorgarten in Carroll Gardens. Durch den Krieg ist er vielleicht nicht unbedingt reich, aber doch ausgesprochen wohlsituiert. Sofia und Saul und Julia ziehen ins Erdgeschoss. Es ist ein kalter Tag, an dem der Himmel Schnee in nassen, klebrigen Klümpchen ablädt, die an Mantelkrägen haften und sich in Schnürsenkeln und Hosenaufschlägen verfangen.

Mit ihrer neuen Küche fackelt Rosa nicht lange. Das Sonntagsessen ist seit Jahren viel zu groß für die Wohnung in Red Hook geworden. Sie legt sich einen langen, soliden Tisch zu, der wie eine Schlucht von einem Ende des Esszimmers zum anderen verläuft. Aber das Essen ist so angewachsen, dass selbst so noch Klappstühle in enge Zwischenräume gequetscht werden müssen. Die Vorbereitungen dehnen sich regelmäßig auch auf Sofias Küche aus, wo zahlreiche Tabletts mit Ravioli auf dem Tisch stehen, die darauf warten, gekocht zu werden. Wo sich im Kühlschrank sorgsam mit Schnüren umschlungene Konditoreischachteln stapeln und Weißweinflaschen vor der Fußbodenleiste aufgereiht stehen. Ein Dampf von Tomaten und Fleisch strömt aus den Fenstern von Rosas und Sofias Wohnungen, füllt die Gänge ihres Hauses und treibt in duftenden Wölkchen über die Straße.

Selbst nachdem Antonia sich offenbar erholt hat, geht Sofia den Sommer über jeden Tag zu ihr. Sie ist erleichtert auf die Art, wie man erleichtert ist, wenn ein Familienmitglied fast gestorben wäre: ein nicht unbeträchtlicher Teil davon ist das *Was hätte ich ohne dich gemacht*, ein egoistisches und beharrliches Zweifeln, das nicht geringer wird, wenn Sofia sich im Spiegel und in Schaufenstern beobachtet. Sie ist in einer sich auflösenden Hülle gefangen. Ihr Gesicht ist aufgedunsen und müde, und wenn sie sich mit der Hand durchs Haar fährt, geht es in Büscheln aus. Sie hat sich wieder in den Hüfthalter und die Strümpfe der Vor-Baby-Zeit gezwängt, aber ihr Körper wehrt sich, er will nicht mehr diktiert bekommen, wie er zu atmen hat. Die Angst, die sie während der Schwangerschaft würgte, hat sich verändert. Sofia hat ein gewisses Zutrauen zu ihrer Fähigkeit entwickelt, sich um Julia zu kümmern. Wenn sie schläft, denkt sie an Julia und wacht beim leisesten Stocken in Julias Atem auf. Wo auch immer Julia gerade ist, weiß Sofia auf dieselbe Art, wie sie weiß, dass sie Arme hat. Es ist leicht. Sofia liebt Julia mit dem Bauch, mit den Händen, es ist eine heiße Liebe, wie eine Flamme. Aber Sofia merkt, dass sie selbst in die Unsichtbarkeit absinkt. Sie wünscht sich verzweifelt, sich auf einen anderen Weg vorzuarbeiten. Sie ist nicht mehr so wie früher, sie ist nicht so wie andere Mütter, und das bedauert sie, und jeden Morgen beim Aufwachen hofft sie, Antonias Gesicht zu sehen. Antonia ist ein Steuerruder, ein Wurzelsystem, eine Zeitmaschine.

Es sind die Wochen, in denen die lautlos vermodernden Kirschblütenteppiche unter ihren Füßen von oben durch die rauschende Fülle lindengrüner Blätter ersetzt werden, wenn die New Yorker die Fenster weit öffnen, um das Leben aus ihren muffigen Winterwohnungen zu lassen, sie ihre Gärten und Hinterhöfe mit einem Gitternetz von Wäscheleinen überziehen und der Geruch ihres Essens und der Singsang ihrer Gespräche wellenförmig in die Luft hinausziehen, in der die Stadt wieder an Fülle gewinnt. Und in diesen Wochen zieht Sofia Colicchio ihre Tochter an, deren kräftige, dicke Beine und wild wedelnde Arme die Nähte jeder Kleidung zu sprengen drohen, und gemeinsam gehen sie die drei Blocks zu Antonia.

Ein Viertel kann sich innerhalb von drei Blocks stark verändern, und Sofia und Julia gelangen von den gepflegten Vorgärten und dem Brownstone-Lächeln des historischen Teils von Carroll Gardens binnen Minuten zu den weniger vornehmen mietskasernenartigen Ausläufern der Nachbarschaft. Antonia und Paolo und Robbie leben in einem roten Ziegelbau mit acht Wohneinheiten in der Nelson Street. Sie haben ein Schlafzimmer, das nach vorne hinausgeht, die Küche nach hinten, und im Inneren der Wohnung liegen ein schmales zweites Schlafzimmer und ein Wohnzimmer, aneinandergereiht wie Rogen in einem Fisch.

Sofia ist außer Atem, als sie klopft, und sie schwitzt von Julias Gewicht in ihrem Arm.

»Tonia«, sagt sie, »hier ist ein kleines Kind, das gefüttert werden möchte.« Antonia nimmt Julia in den Arm und gurrt, tritt zur Seite, um Sofia hereinzulassen.

»Wie praktisch«, sagt Antonia und setzt sich Julia auf die

Hüfte. »Ich habe gerade hier gesessen und auf ein kleines Kind gewartet, das ich füttern kann.« Sie drückt Julia einen Kuss auf die Handfläche. »So ein Dreckspatz! Wäscht deine Mamma dich nicht richtig? Was hast du denn da an den Händen?«

Sofia schält sich aus den Strümpfen, die Strumpfhalter baumeln auf ihre Oberschenkel. Sie hüpft auf einem Bein herum. »Das ist bloß Karottenpüree. Du hättest sie brüllen hören sollen, als ich mit dem Waschlappen bloß in ihre Nähe kam. Mittlerweile muss sie alle zwei Stunden etwas essen.« Sie lässt die Strümpfe auf den Boden fallen, wo sie sich wie Schlangenhaut um ihre abgestreiften Schuhe winden, und seufzt. »Es ist jetzt schon heiß. Es kommt mir erst wie gestern vor, dass ich eine schwitzende Schwangere war. Jetzt bin ich ein schwitzendes Monster.«

»Du bist kein Monster«, entgegnet Antonia automatisch, als sie Julia zum Spülbecken trägt, um ihr die Hände zu waschen. Aus dem Schlafzimmer vorne in der Wohnung dringt ein Heulen, ein Sirenenruf.

»Ich hole ihn«, sagt Sofia. Während Antonia warmes Wasser ins Becken laufen lässt und Julia sich vorbeugt, um darin herumzuplanschen, geht Sofia durch den langen Gang zum vorderen Zimmer, wo Robbie von seinem Mittagsschlaf aufgewacht ist.

Robbie umklammert die hölzernen Gitterstäbe seines Bettchens und zwängt beim Warten darauf, dass er geholt wird, das Gesicht hindurch. Sobald Sofia breit lächelnd und barfuß hereinschleicht, schnieft er und hört zu weinen auf. »Bibi«, wispert sie. »Bist du je nicht auf den Arm genommen worden, wenn du es gebraucht hast?« Robbie reagiert nicht, streckt aber die Arme nach Sofia aus und wirft den Kopf vor freudiger Erleichterung in den Nacken.

Wie einfach es sich anfühlen kann, denkt Sofia. Wie leicht es sein kann, in die Rolle zu schlüpfen, die für einen gemacht wurde. Vor ihr und Antonia liegt der ganze Nachmittag. Paolo und Saul sind unterwegs und machen weiß Gott was. Und Antonia ist jetzt gesund, und Sofia ist glücklich. Oder?

Ungeduldig, weil Sofia einfach still dasteht, packt Robbie einen Schopf ihrer Haare und zieht. Sofia sieht ihn an und erinnert sich, wo sie ist, sie hört Antonia in der Küche mit Julia reden und spürt die beständig wärmer werdende Luft durchs offene Fenster hereinkommen. »Jetzt gehen wir doch mal deine Mamma suchen«, sagt sie zu Robbie. Genau darauf hat er die ganze Zeit gewartet.

Später sind Robbie und Julia gefüttert und gebadet und überzeugt worden, noch ein Nickerchen zu machen, und liegen gemeinsam in Robbies Bettchen. Sofia und Antonia haben sich mit einer Flasche Weißwein in Antonias Bett zurückgezogen, haben die Fenster aufgerissen und atmen den üppigen grünen Geruch von frischem Laub und Gras ein, von frischer Wäsche; irgendwo wird vor dem Abendessen das verkohlte Fleisch des vergangenen Jahres vom Grill gebrannt. Die Spätnachmittagssonne ist verschwenderisch und fließt wie Ahornsirup, ergießt sich ins Zimmer, und Sofia und Antonia überkommt ein träges, köstliches Gefühl. Jede braucht diese Nachmittage auf ihre Art zur Bestätigung. Sofia gefällt, dass sie bei Antonia, stets bei Antonia, immer sie selbst ist. Und Antonia gefällt: dass Sofia glaubt, es gäbe eine Möglichkeit, wieder dieselben zu sein, die sie einmal waren. Antonia, die den ganzen Winter in die dunkelsten, erschreckendsten Winkel ihres eigenen Bewusstseins abgetaucht war. Antonia freut sich an Sofias optimistischer Überzeugung, dass sie sich zurücklehnen und wieder zu denen werden können, die sie nicht mehr sind.

Vom Wein ist nur noch eine schwappende Lache unten in der Flasche, im Zimmer ist es um Sofia und Antonia dunkel geworden, als sie schließlich Paolos Schlüssel im Schloss hören, und dann ist er da, zusammen mit Saul, schaltet das Küchenlicht an, steht in der stillen abendlichen Wohnung mit zwei Kleinkindern, die sich, nachdem sie so spät noch geschlafen haben, nie mehr rechtzeitig zu Bett bringen lassen werden, und zwei lachenden Frauen, die nicht erklären wollen, worüber sie lachen. Saul zieht wortlos wieder davon, um bei Stefanos um die Ecke Pizza zu holen. Der Service ist miserabel und die Hygiene mehr als fragwürdig, aber die Pizze sind dünn und knusprig und triefen vor Käse. Sofia und Antonia entwirren sich aus dem Bett, auseinander, aus dem Traum eines jeden Spätnachmittags. Paolo steht wieder in der Küche und öffnet eine weitere Flasche Wein, einen Roten, den ein Freund Joeys ihm vom Weinberg der Familie in der alten Heimat geschenkt hat. Eigentlich sollte die Flasche für einen besonderen Anlass aufbewahrt werden, aber Antonia erinnert ihn nicht daran. Sie und Sofia werden dabei zusehen, wie Paolo und Saul die Jacken und Hüte ablegen, die Kinder begrüßen. Sie werden sich einen kratzigen Kuss auf die Wange geben lassen.

Ab und zu fangen Sofia und Antonia den Blick der anderen auf, und dann zwinkern sie oder grinsen. Denn obwohl sie verheiratet sind – verheiratet! –, kommt es ihnen vor, als könnte jeden Moment Rosa hereinplatzen und ihnen sagen, sie sollen leiser sein, sollen ins Bett gehen. Obwohl sie Mütter sind, fällt es Sofia und Antonia leicht, solange sie zusammen sind, die kindliche Flexibilität zu empfinden, die sie miteinander und mit der großen weiten Welt verband. Und sehr häufig müssen Sofia und Antonia, wenn sie um ihre Männer herum oder über ihre Kinder hinweg Augenkontakt suchen, ein Lachen unterdrücken.

Sauls Tochter ist zwei Jahre alt, als Saul zum ersten Mal jemanden zusammenschlägt. Saul und Joey verbringen den Abend im Hinterzimmer einer Bar in der Nähe der Red Hook Houses. Joey hat Saul nicht gesagt, warum sie dorthin gehen, aber er hat ihm ein Stahlrohr gegeben, das er sich an den Oberschenkel legen sollte. *Ich will niemandem wehtun*, sagt Saul. *Ich will nie jemandem wehtun*, erwidert Joey. Im Raum hängen dicker Zigarrenqualm und der Geruch nach Pomade, und eine Frau mit Kirschlippen bringt Saul ein Glas Whiskey nach dem anderen, das er langsam oder gar nicht zu trinken versucht, das er aber allzu häufig an den Mund führt, wie er feststellt, um sein rastloses Bedürfnis nach Bestätigung zu stillen, seine Sorge zu dämpfen, dass jeder Anwesende das Hämmern seines Herzschlags und das Klappern des Rohrs hören kann, das er entlang seiner Knochen versteckt hat.

Saul weiß nicht, wer die Schlägerei angefangen hat, nur dass Joey sich plötzlich in unverkennbarem Zorn zu seiner vollen Größe aufgerichtet und einer der anderen Männer ein Messer gezückt hat. Es blitzt und glänzt im Lampenlicht. *Das muss nicht sein*, sagt Joey. Warnend. *Dann müssen Sie vernünftige Bedingungen stellen*, sagt der andere. Und dann sagt Joey: *Saul*. Und da erkennt Saul die Situation glasklar, er begreift, dass er das Stahlrohr aus dem Hosenbein ziehen und leicht damit auf den Boden klopfen soll. Fast beiläufig. *Wir können uns das nicht leisten*, sagt der Mann. Der Whiskey dreht sich in Sauls Kopf, der Hall des Metallrohrs auf dem Boden, das Meereswogen seines Blicks und seines Körpers absorbieren ihn, als er versucht, sich auf den Beinen zu halten. *Da draußen geht es hart zu*, pflichtet Joey ihm bei. *Deshalb verstehen wir auch keinen Spaß, wenn wir nicht rechtzeitig bezahlt werden.* Joey wirft Saul einen Blick zu. Der Mann ihnen gegenüber nutzt die Gelegenheit und stürzt mit vorgehaltenem Messer nach vorn, seine Augen verdreht vor Angst.

Und mühelos, als hätte er immer schon gewusst, wie der Abend verlaufen würde, holt Saul mit dem Rohr aus und schlägt es krachend auf den Schädel des anderen.

Der Mann taumelt gegen die Wand, Blut strömt ihm aus der Nase, über seine Wange zieht sich ein tiefer Schnitt.

Das hast du dir selbst zuzuschreiben, sagt Joey. Und dann: *Gehen wir.*

Und Saul folgt Joey in die Nacht hinaus, setzt sich in den wartenden Wagen und sieht die alten Gaslaternen flackern, als sie zuerst zu Joeys Wohnung und dann zu Paolo und Antonia fahren, wo Julia und Robbie mit schlaffen Gesichtszügen und langen, schweren Gliedern schlafen und wo Sofia den Abend verbracht hat. Er sagt Antonia *Gute Nacht*, nimmt Julia auf den Arm und küsst sie auf den Kopf. Sie kuschelt sich an seiner Brust wieder in den Schlaf. Er trägt sie nach Hause, drei Blocks, die ihm in der eisigen Herbstluft weiter erscheinen. Als Saul sie unter ihre Decken gebettet hat, schließt Sofia die Tür zu Julias Zimmer, und sie gehen in ihr eigenes.

Saul treibt allmählich von den Ereignissen der vergangenen Stunden fort, da fragt Sofia: »Was hast du heute Abend gemacht?«

Saul dreht sich zu ihr. Sofia hat sich auf einen Ellbogen aufgestützt, das Haar fällt ihr über die Brust aufs Kissen. Ihr Gesicht leuchtet im Lampenschein. »Gearbeitet«, sagt er. Er ist verwirrt. Normalerweise stellt Sofia keine Fragen nach seiner Arbeit, und er weiß nicht, wie er sie beantworten soll. Er will sie nicht beantworten.

Sofia wird gereizt. »Ich weiß«, sagt sie. »Aber Arbeit wo? Mit wem? Was hast du gemacht?«

»Bloß ... bloß das Übliche«, sagt Saul. »Mit Joey.« Jetzt rast ihm das Herz, denn es ist, als wüsste Sofia, dass dieser Abend anders war, dass Saul an diesem Abend eine Grenze überschritten hat, hinter die er nicht mehr zurückkann. Das ist vor allem eine intellektuelle Erkenntnis, denn in seinem Körper ist eine Leere, dort, wo Reue, Angst, Mitgefühl sein sollten. Saul möchte schlafen. Er möchte an die Stelle tauchen, wo Sofias Haare über ihr Schlüsselbein fallen, er möchte seine Hände mit ihren Brüsten füllen und seine Brust mit ihrem Atem, bis von ihm selbst nichts mehr bleibt.

»Na gut«, sagt Sofia. Aber sie schaltet das Licht aus und dreht sich von ihm fort, und Saul liegt da und starrt zur Decke.

Er könnte sich jederzeit leicht sagen, dass ihn quält, was er getan hat: dass der Mann, den er geschlagen hat, der zusammengekauert am Boden lag und sich das Gesicht mit zitternden Fingern hielt, Saul im Traum heimsuchen würde. Oder dass Saul, um seine Arbeit machen zu können, ein fein abgestimmtes Gefühlssystem entwickelt hat, um Zuhause und Arbeit zu trennen. Oder dass er in seinen Grundfesten beschädigt ist und seine Brutalität lediglich das Trauma in Deutschland widerspiegelt, die Hilflosigkeit, seinen Glauben und seine Kultur verloren zu haben.

Schwerer lässt sich sagen, was Saul gerade lernt: Vielleicht, dass Gewalt nicht so schwierig ist, wie sie immer dargestellt wird. Vielleicht hat sie etwas Menschliches. Vielleicht ist sie einfach.

Sofia hört, wie Sauls Atem beim Einschlafen immer langsamer wird. Aber Sofia liegt wach, ihre Augen sind trocken, die Laken unter ihr werden heiß, während sie sich herumwälzt. Sie weiß nicht genau, weshalb sie Saul nach seiner Arbeit gefragt hat. Sie weiß, dass über die Arbeit der Familie nie gesprochen wird. Das hat sie immer schon gewusst. Sie weiß, dass ihre Arbeit als Frau eines Mannes aus der Familie darin besteht, einen sicheren Ort zu schaffen, eine Alternative zu der vagen, aber unmittelbaren Gefahr, einen Mann seinen eigenen Gedanken zu überlassen. *Das ist nicht der Weg, um zu bekommen, was du möchtest*, sagt sie sich.

Und dann, eine innere Stimme, die wie Frankie klingt: *Was möchtest du denn überhaupt?*

Schon ist das Jahr 1945 angebrochen. Sofia verbringt einen schlaflosen Winter. Sie ist fast zweiundzwanzig. Immer häufiger wacht sie atemlos auf und ringt nach Luft, als würde ein Amboss ihre Brust zermalmen. Jedes Mal taumelt sie in die Küche, lässt kaltes Wasser laufen und starrt auf den Strahl, der aus dem Hahn schießt, bis sich ihr Herzschlag wieder beruhigt. Sie schaut zum Küchenfenster hinaus, umfasst den Rand des Spülbeckens und versucht verzweifelt, sich zu erinnern, was sie aus dem Schlaf hochfahren ließ. Aber jedes Mal liegt sie mit entblößtem Herzen den Rest der Nacht wach und starrt zur Zimmerdecke.

Tagsüber steht Sofia mit Rosa in der Küche und kocht. Sie geht mit Antonia spazieren, und sie sehen Julia und Robbie zu, wie sie in ihren Schneeanzügen herumwackeln. Sie wischt Arbeitsflächen sauber und faltet Wäsche. Saul arbeitet immer länger, und wenn er von Gott weiß woher heimkommt, ist er redselig und hungrig. Er schließt Julia in die Arme und kitzelt sie und beugt sich vor, um Sofia zu küssen, die ihr Bestes tut, sich auf die Zunge zu beißen und nicht die Fragen zu stellen, die wie Schluckauf in ihr hochsteigen, unwillentlich, eine nach der anderen.

Aber nachts liegt Sofia wach, und Unzufriedenheit füllt ihre Lunge wie Wasser. Sie ringt nach Luft und findet keine.

In einer klaren kalten Januarnacht wacht Sofia zitternd und schwitzend auf und geht in die Küche, wie im Reflex weiter fort von Saul und Julia, um leichter den Weg zu ihrem Körper zurückzufinden. Draußen scheint der Vollmond, wie Milch strömt sein Licht auf das Kreuz-und-Quer der Wäscheleinen und auf die dürren Bäume im rückwärtigen Garten. Sofia reißt das Küchenfenster auf und reckt ihr Gesicht in die vom Mond erleuchtete Nacht.

Zwei Wochen später passiert es wieder. Dieses Mal schleicht sie im Nachthemd hinaus und steht auf der kleinen Veranda des Hauses, ihr Haar treibt in der Nachtluft, ihre Füße werden auf den eisigen Stufen hart vor Kälte.

Sofia ist klar geworden, dass sie kaum eine größere konkrete Verantwortung trägt, aber zahllose ungeschriebene Erwartungen an sie gestellt werden. Die seltsame begrenzte Freiheit ihres neuen Erwachsenenlebens erstickt sie, lässt sie verzweifeln und hysterisch werden. Sie wird Saul und Julia gegenüber gereizt, sie weicht Rosas Blick aus. Sofia wird bitter, schmeckt Essig auf der Zunge, während sie den Schmutzrand im Waschbecken wegputzt. Es kommt ihr vor, als würde sich Sauls Leben bewegen, während ihres in eingefahrenen Bahnen feststeckt. Rosa versteht sie nicht: Sie kann sich nicht vorstellen, dass man nicht mit einem Berg Windeln und einem Kind zufrieden ist, einem Kind, dessen überwältigendes Bedürfnis nach Sofias Aufmerksamkeit, nach ihrer Zeit, nach ihrem Körper droht, das Haus Stein um Stein abzureißen. Sofia schluckt Tränen hinunter, während sie Julia badet, während sie immer wieder einen Holzklotz hin und her reicht und Julia gackert, während sie der Mittagsstille in der Wohnung lauscht, wenn Julia schläft, während sie häufiger allein ist. Antonia kann sie nicht ihr Herz ausschütten. Antonia, die sie fast verloren hätte. Antonia, die wie ein Phoenix zu den Anforderungen des Mutterseins aufgestiegen ist und ihre beinah tödliche Depression abgeschüttelt hat, Antonia mit ihrer Fähigkeit, in ihrem Leben als Mutter etwas Größeres zu finden, als Sofia sich vorstellen kann. Sofia hat immer gewusst, dass Antonia eine bessere Mutter sein würde als sie. Immer schon hat sie das gewusst.

Im Februar 1945 wacht Sofia keuchend auf, und anstatt vor dem Haus heimlich auf den gefrorenen Steinstufen zu stehen, setzt sie sich lautlos auf Sauls Schreibtischstuhl und blättert die Unterlagen durch, die dort liegen.

Im März 1945 steht Sofia regelmäßig auf, um Sauls Aufzeichnungen zu lesen. Viele sind es nicht – Tageszeiten in einem nichtssagenden Notizbuch und dazu Orte, die zu den Uhrzeiten gehören, wie Sofia vermutet. *Natürlich*, wird ihr klar. *Das meiste wird wohl kaum aufgeschrieben.* Den Rest der Nacht ist sie wach. Obwohl bei ihnen und bei ihren Eltern nie explizit darüber gesprochen wurde, weiß sie, dass Saul wegen seiner Sprachkenntnisse und seiner Diskretion nützlich ist. Sie weiß, dass sie europäische Flüchtlinge retten oder ihnen helfen, Arbeit und ein Zuhause zu finden, oder zumindest helfen sie ihnen, vom Schiff und ins Land zu kommen. Und nachdem Sofia einmal angefangen hat, ernsthaft über Sauls Arbeit nachzudenken, kann sie nicht mehr damit aufhören.

Anfang Mai – an ihrem dritten Hochzeitstag – beschließt Sofia, dass sie arbeiten möchte.

»Warum möchtest du denn dazugehören?«, fragt Saul. Sie essen bei flackerndem Kerzenlicht teure Steaks. Sofia mag ihr Fleisch blutig, zart und rot in der Mitte. Sie kaut. Schluckt.

»Ich weiß«, sagt Sofia. »Ich habe das auch nicht erwartet.« Sie führt ein weiteres Fleischstück zum Mund. »Mir ist langweilig, Saul«, sagt sie. Mit vollem Mund. »Ich will etwas machen. Ich will ... jemand sein. Und es ist ja nicht so, als würde das alles verschwinden, wenn ich nicht mitarbeite.« Sie trinkt einen Schluck Wein. »Es ist ja nicht so, als würdest du aufhören. Es ist ja nicht so, als könntest du aufhören. Und ich meine, du hilfst Leuten. Du hilfst ihnen.«

Saul, der sein Essen kaum angerührt hat, schaut auf die

üppige Butterlache in seiner gebackenen Kartoffel. »Wir helfen einigen Leuten«, sagt er. »Und das wird ein Ende haben, sobald der Krieg vorbei ist.« *Wenn der Krieg vorbei ist*, wiederholt er lautlos. Der Satz hallt in seinem Kopf nach. Es hat den Anschein, als würde der Krieg nie aufhören. Und wenn doch – was hat er, Saul, dann? Wer wird er sein? Was wird von Saul noch bleiben, wenn er das andere Ende des Kriegs erreicht, der ihn vorangebracht hat? Saul bereut es nicht, die Arbeit angenommen zu haben, die Joey Colicchio ihm angeboten hat. Er liebt Sofia. Er liebt Julia. (*Und Reue*, sagt eine Stimme in ihm, eine Stimme, die stark nach dem klingt, wie er die Stimme seiner Mutter in Erinnerung hat, *ist nicht deutsch*. Pause. Sie berührt ihn am Kinn oder zaust ihm das Haar. *Reue ist nicht jüdisch*.) Saul ist nicht dumm, er macht das Beste aus allem. Er passt sich an.

»Willst du damit sagen, du würdest gern etwas anderes machen?«, fragt Sofia.

»Das ist nicht das, was ich mir für mich vorgestellt hatte«, sagt Saul. Träumt er davon, nach Westen zu fahren oder nach Osten zu segeln? Im ständigen Auf und Ab der weiten Welt zu verschwinden und völlig neu anzufangen? Die Vorschriften und Erwartungen der Familie über Bord zu werfen und Maler oder Historiker oder Kinderarzt zu werden?

»Was hast du dir denn vorgestellt?«

»Dass ich in meinem Leben selbst am Steuer sitze«, sagt Saul.

»Das habe ich mir auch vorgestellt«, sagt Sofia. »Deswegen möchte ich das jetzt auch tun.«

»Du siehst einfach nicht, was du alles schon hast«, widerspricht Saul. »Du siehst nicht, dass die Welt dir zu Füßen liegt. Du siehst nicht, dass du alles hast. Julia – deine Familie.« *Dein Leben ist so einfach gewesen*, sagt er beinahe.

»Du siehst genauso wenig, was du alles hast.« Sofia möchte das Haus verlassen, ohne dass jemand weiß, wohin sie geht. Sie möchte behütet werden, aber nicht eingesperrt, nicht beschränkt, nicht behindert. Sie möchte sich ans Steuer hängen, das die Welt lenkt, und deren Richtung ändern. Aber sie weiß nicht, wie sie Saul das sagen kann, ohne ihm einen Vorwurf zu machen.

»Ich habe alles verloren. Wie kannst du das sagen. Ich habe alles verloren.«

»Du hast uns«, entgegnet Sofia. »Du hast deine Arbeit.« Und dann, ehe sie sich's versieht: »Wird das immer die Ausrede für alles sein, was nicht so ist, wie du es möchtest?«

Sie und Saul sehen sich über die blutigen, buttrigen Reste ihres Essens an. In Sauls Blick liegen Überraschung und Vorwurf. »Ich würde alles geben«, sagt er langsam, »um diese … *Ausrede* nicht zu haben.«

»Ich will das«, sagt Sofia aus dem Bauch heraus. »Ich will das.«

Der Abend endet schweigend. Im Bett drehen Saul und Sofia sich voneinander fort.

Das Verlangen wuchert in Sofia wie Schimmel. Zuerst nur ein kleiner, unmerklicher Fleck, aber im Handumdrehen ist er überall.

Julia und Robbie passen zu zweit kaum noch in einen Kinderwagen, aber Antonia schichtet sie wie Cannelloni gegeneinander hinein und wickelt eine Decke um beide. Sie sind müde, und ihre schlaffen Körper und halb geschlossenen Augenlider wiegen sacht, während Antonia den Wagen schiebt.

Es ist der 9. Mai 1945. Das Radio und die Zeitungen haben verkündet, dass der Krieg gewonnen ist. Aber in drei Monaten werden die Vereinigten Staaten Atombomben auf Hiroshima und Nagasaki abwerfen. Millionen Menschen sind bereits gestorben. An den meisten Tagen ist das ein weit entferntes Abstraktum, aber an den Tagen, an denen Antonia sich den Welten um sich her aussetzt, ist das eine unfassbare, quälende Unterströmung. Ein tosender, tobender Sturm, eine Krankheit, die über die Erdkugel rast und wütet. Er trifft Antonia im Innersten. Er lässt sie nicht schlafen. Er macht sie ängstlich, sodass sie das Radio meidet, und doch schaut sie wider Willen auf die Schlagzeilen der Zeitungsstände. Sie lenkt ihre Aufmerksamkeit wieder auf die Kinder vor sich.

Julia und Robbie schlafen tief und fest unter dem zarten weißen Kirschblütenregen. Drängender als der Krieg ist heute der Umstand, dass Sofia Julia vor einer Stunde abholen wollte. Am Morgen war sie in Antonias Wohnzimmer gestürzt, mit einem strahlenden Lächeln und den Armen voller Dinge für Julia, Windeln und Ersatzkleidung und dem hoch und heiligen Versprechen, mittags wieder da zu sein, *Nur für ein paar Stunden, Tonia, ich muss einfach mal raus, verstehst du das?* Und Antonia hatte Julia in die Arme geschlossen und an ihrem sich windenden, harten Kleinkinderkopf geschnuppert und gesagt: *Natürlich, Sof, wir kommen hier gut zurecht.*

Und sie kommen auch wirklich gut zurecht, sagt sie sich. Ihr Tag verläuft mit zwei Kindern nicht sehr viel anders als mit einem, und jetzt schlafen die beiden, und sie hat Zeit gehabt, die Marmelade vom Boden aufzuwischen und den beim Mittagessen verstreuten Reis zusammenzufegen und in den Müll zu werfen und sich zu kämmen, und sie hat bei Rosa eine Nachricht für Sofia hinterlassen, dass alle drei den Nachmittag bei Lina verbringen.

Antonia und Paolo wohnen ganz am Rand von Carroll Gardens, wo die Schulen allmählich besser werden, aber wo sie an jedem Wochentag den Krach und die Rufe von der Highway-Baustelle hören.

Flächen, die Antonia in ihrer Kindheit als Brache oder Felder kannte, sind jetzt Gebäude. Kanäle wurden ausgehoben und gefüllt, die neuen Highways strömen durch das alte Brooklyn und trennen Red Hook mit nonchalanter Endgültigkeit von Carroll Gardens: *Hier*, sagen sie, *das ist jetzt das schlechte Viertel, und das ist das gute.* An der Baustelle des Brooklyn Queens Expressway zieht Antonia den Kopf ein, sie duckt sich, als könnte sie sich sonst den Kopf anstoßen. Der neue Highway wird ihr altes Viertel wie ein klaffender Riss zerschneiden. Die Kirche Sacred Hearts of Jesus and Mary ist im Zuge dessen, was Robert Moses in seiner Stadtplanung die *Säuberung der Slums* nennt, bereits abgerissen.

Julia und Robbie rühren sich nicht, selbst dann nicht, als Antonia den Kinderwagen über das in Red Hook allgegenwärtige aufgesprungene und verwahrloste Pflaster manövriert, und nicht einmal, als sie ihn rückwärts Stufe um Stufe zu Linas Wohnung hinaufholpert. »Mamma«, sagt sie, als Lina die Tür öffnet, »der Krieg ist vorbei.«

»Der Krieg ist nie vorbei«, sagt Lina, und als sie und Antonia sich ansehen, denken beide an Carlo.

Antonia verbringt den Nachmittag bei Lina, wo Julia und Robbie jede Sekunde im Auge behalten werden müssen, damit sie nicht Gläser von Regalen ziehen oder ihre kleinen Finger in heißes Kerzenwachs stecken. Lina macht Marmelade, kocht sizilianische Orangen in Zucker, in der ganzen Küche duftet es danach. Antonia findet für Julia und Robbie Holzklötze, dann krempelt sie die Ärmel hoch und hilft Lina, taucht Gläser in einen Topf kochendes Wasser und stellt sie zum Trocknen kopfüber auf ein Geschirrtuch auf der Arbeitsfläche. Dazwischen vergewissert sie sich mit einem Blick über die Schulter immer wieder einmal, dass Julia und Robbie die Klötze nicht zugunsten von Steckdosen, wackligen Bücherregalen oder winzigen Glasperlen liegen gelassen haben.

»Die Welt kommt mir jetzt so viel gefährlicher vor«, sagt sie zu Lina.

»Ja«, antwortet Lina, »weil du sie durch seine Augen siehst und gleichzeitig durch deine.«

»Hast du Angst gehabt?«, fragt Antonia. Ihr schaudert immer noch, heiße und kalte Hysterie, wenn sie an Lina nach dem Tod ihres Vaters denkt: wie sie Antonia ansah und direkt durch sie hindurchsah, Linas Unbeständigkeit, ihr zerbrechliches Gesicht.

»Ständig«, antwortet Lina. »Und ich habe mich dafür geschämt.«

»Jetzt nicht mehr?«, fragt Antonia.

Lina stürzt zu Robbie, um eine brennende Kerze aus seiner Reichweite zu entfernen. »Angst ist ein Werkzeug«, sagt sie nur. »Ich habe gelernt, sie einzusetzen.«

Antonia kann sich in ihren Körper als Sechzehnjährige einfühlen, eben hier in dieser Küche, gleich zu Kriegsbeginn, als ihr Leben noch aus Konturen bestand, die es auszufüllen galt. *Alles hätte passieren können*, denkt sie. Wie unvorstellbar, *hier* zu enden. Wie seltsam das alles war. Welches Glück und welche Tragödie.

Anderen Menschen, die bei Kriegsbeginn sechzehn waren, wurden bei einer Explosion die Hände abgerissen, das Gesicht entstellt und verbrannt. Ihre Mütter wurden von vagabundierenden Soldatentrupps umgebracht, oder ihre Dörfer wurden geplündert. Sie entkamen, wie Saul, im nassen, modrigen Frachtraum eines Schiffs. Sie trieben übers Meer, fort von allem, was sie je gekannt hatten. Sie hungerten, ihre Bäuche verkrampften sich im Gebet, ballten sich um nichts. Sie starben. Immer und immer wieder starben sie: Die verlorenen Leben (Leben! So intensiv wie Antonias, so real) lassen Antonias Hände zittern, ein Glas fällt ihr zu Boden, wo es mit lautem Bersten zerspringt. Sie holt einen Besen.

Und was hast du vorzuweisen?, fragt sie sich, als sie die Scherben auf dem Boden der Wohnung ihrer Kindheit zusammenfegt. Ihr wurden die Hände nicht abgerissen. Sie hat überlebt. Ihre Schuld dem Schicksal gegenüber scheint zu schwer, um ertragen zu werden.

Etwas, denkt Antonia, *muss sich ändern.*

New York dreht sich mit dem Rest der Welt, aber die Stadt ist auch ein Strudel im Fluss des Universums, wirbelt und kreiselt in ihrer eigenen Strömung.

Die Stadt feiert. Der Krieg ist vorbei, sagen sie einander. Der Krieg ist vorbei, sagen sie sich selbst und wiederholen es immer wieder. Sie blicken in den Spiegel und sagen laut: »Der Krieg ist vorbei.« Auf den Straßen blicken sie sich in die Augen, fast lächeln sie, kehren nach der Mittagspause nicht rechtzeitig zur Arbeit zurück, vergessen, wo sie leben, sie schwingen beim Gehen die Aktentasche und rempeln ineinander, und dann sagen sie benommen *Entschuldigung, verzeihen Sie*. Es ist, als hätte ganz New York ein Glas über den Durst getrunken, der rauschende Höhepunkt einer Party; der Überschwang, die weit ausholenden Gesten, das Stimmengeflirr. Überall in der Stadt merken Fremde, dass ihr Herz im Takt mit dem der anderen schlägt. Sie sehen im Bus andere Passagiere an, im Restaurant andere Gäste, im Lift andere Pendler und denken: *Ich kenne dich.*

Paolos Bruder ist in Frankreich gefallen, als ein Granatsplitter von einem Gebäude ganz in seiner Nähe abprallte und in seiner Brust landete. Diese Wunde wird sich in dieser Familie nie schließen. Dass der Krieg vorbei ist, dass der Krieg gewonnen ist, macht den Platz, den Paolos Bruder am Tisch einnehmen sollte, nur umso sichtbarer. Den Haken, an den er seinen Mantel hängen sollte. Deswegen ist Paolo bei seiner Mamma, ebenso wie seine beiden anderen Brüder, aber nichts kann sie trösten, nie wieder wird irgendetwas sie trösten. Für sie wird das Fehlen ihres Sohnes ein quälendes, Übelkeit erregendes Schwindelgefühl bleiben. Die ganze Welt hängt jetzt schief in den Angeln. Es gibt keinen Leichnam, sie wird sein Grab nicht besuchen können. Sie sagt: *Sie waren doch noch Kinder, sie waren doch bloß Kinder*, und Paolo legt ihr eine Hand zwischen die Schulterblätter, nur leicht, und dabei spürt er, wie er sich als Fünfjähriger, als Neunjähriger, als Zwölfjähriger an seine Mutter klammerte, und er weiß, dass sie recht hat: Er ist ein Kind. Sein Bruder war bloß ein Kind.

Joey hat für genau solche Momente eine sehr teure Flasche Whiskey aufgehoben. Er öffnet den Verschluss, schenkt sich großzügig ein und trinkt, lässt sich vom Alkohol aufwärmen und beruhigen. Irgendwo in ihm zupft Angst an ihm. Seit der Krieg begonnen hat, sind seine Einkünfte davon abhängig. Seine Familie ist jetzt gut situiert. Sie wohnen in einem besseren Viertel, und es gibt Kinder, an die es zu denken gilt. Joey Colicchio ist noch keinem Problem begegnet, das er nicht lösen konnte. Bei diesem wird es nicht anders sein, das weiß er, als er einen weiteren Schluck direkt aus der Flasche nimmt.

Saul ruft zu Hause an, bevor er zum Mittagessen geht, aber niemand hebt ab. Sofia wird wohl nicht zu Hause sein. Saul geht Dim Sum essen mit drei Typen, die sich ständig auf den Rücken klopfen, die mit ihren Stäbchen gestikulieren, schallend lachen und sich gegenseitig in die Rippen stoßen, lauter als alle übrigen Gäste im Restaurant. Ihre Stimmen engen ihn ein, ihm wird schwindelig, er geht zur Toilette, um sich Wasser ins Gesicht zu spritzen, das Waschbecken zu umklammern und in den Spiegel zu starren. *Der Krieg ist vorbei*, sagt er sich. Aber er weiß nicht, welche Teile von ihm jetzt verschwinden werden, und er ist überzeugt, dass es ein Großteil sein wird. Was bleibt ohne den Krieg von Saul noch übrig? Was wird er vorzuweisen haben, wenn der Krieg, der ihn vorangebracht hat, zur bloßen Geschichte geworden ist? Er merkt, wie genau das bereits vor sich geht: Seine Mutter ist nur noch eine Erinnerung, der metallische, kreidige Geschmack vom mangelnden Essen und Trinken verflüchtigt sich, jetzt, wo es für ihn überall fließendes Wasser gibt. Wenn Saul auf der Straße Blicke in seinem Rücken spürt, ist es seine Aufgabe, ruhig und entschlossen zu bleiben. In Sauls Gedanken läuft ein jüdisches Kind bei Sonnenuntergang nach Hause, weil die Straßen in Berlin nach Einbruch der Dunkelheit nicht mehr sicher sind.

Sofia trinkt aus einer daumengroßen Tasse türkischen Kaffee und behält dabei die Tür des Restaurants auf der anderen Straßenseite im Blick; sie darf Saul nicht verpassen. Sie weiß, dass sie Julia schon längst hätte abholen sollen, und ist überrascht, dass sie tatsächlich noch hier sitzt und am helllichten Tag schamlos ihren Mann beschattet.

Der Kaffee ist süß und stark, Sofia hat das Gefühl, als

hätte sie einen Stromschlag bekommen. Einer ihrer Füße wippt, zwei ihrer Finger trommeln auf den Tisch.

»Möchten Sie noch etwas, Ma'am?«, fragt der Kellner.

»Nein«, sagt sie. »Danke.« *Ma'am*, wiederholt er unablässig in ihrem Kopf. *Noch etwas, Ma'am? Ma'am. Ma'am.*

Der Kellner bringt die Rechnung auf einem Metalltablett und stellt es auf den Tisch. Sofia wirft ihre Münzen darauf, lässt aber das Restaurant nicht aus den Augen. Sie weiß, dass Saul noch nicht herausgekommen ist.

Sofia ist sich nicht klar, was sie erwartet. Sie beschattet Saul bei seiner Arbeit, aber wozu? Selbst wenn sie wüsste, was er tut, würde das keinen Deut daran ändern, dass weder ihr Mann noch ihr Vater sie je in ihren Kreis aufnehmen werden. Zu sehen, wie er anderen Männern auf den Rücken klopft, bestätigt nur ihre Erkenntnis, dass die jahrhundertealten unausgesprochenen, ungeschriebenen, weltweit anerkannten Regeln der Familie nicht außer Kraft gesetzt werden, nur weil ihr zu Hause ein bisschen langweilig ist.

Allerdings hat das Wissen, dass etwas unmöglich ist, Sofia Colicchio noch nie daran gehindert, es zu versuchen.

Joey sitzt in seinem Lieblingssessel, die Füße hochgelegt, als jemand anruft. Er hebt ab, bevor das erste Läuten verklingt. »Freddie.«

»Boss, sie folgt ihm wieder.«

Joey seufzt. Er stellt sich vor, wie es wäre, eine einfache Tochter zu haben, eine, die nicht jede Regel, die man aufstellt, brechen möchte. »Wo sind sie?«

»Beim Mittagessen, Boss. In Chinatown.« Es folgt eine kurze Pause. »Soll ich sie … aufhalten?«

»Natürlich nicht«, sagt Joey. »Quatsch keinen Mist. Pfoten weg von ihr, verdammt.« Einige deiner Männer sind Strategen, sagt er sich. Andere nicht.

»'tschuldigung, Boss.«

»Ich kümmere mich drum. Beobachte sie nur, bis sie in ein Taxi steigt«, sagt Joey. »Sieh zu, dass sie sicher nach Hause kommt. Und sorg dafür, dass sie dich nicht sieht.«

Als Kind stellte Joey sich manchmal vor, eine Familie zu haben. Die Frau, die er heiratete, sah aus wie seine Mamma, sie machte die gleiche Hähnchen-Parmigiana, und wenn er es brauchte, nahm sie ihn in den Arm und roch dabei nach Mehl und Rosen. Seine Kinder, acht oder zehn an der Zahl, waren klein und rauflustig und lärmten wie Autoscooter um ihn herum. Es war ein fröhliches Chaos.

In seiner Vorstellung hatte Joey nie eine erwachsene Tochter. Er hatte überhaupt keine Töchter. Für den zehnjährigen Joey gab es nichts Erschreckenderes als Mädchen. Und ganz bestimmt hatte Guiseppe Colicchio in seiner Vorstellung nie einen außer Kontrolle geratenen lebensgroßen Hitzkopf, der drohte, sein Unternehmen und seine Familie zu ruinieren. Nun ist Sofia zwar zweifellos die größte Freude in Joeys Leben, und wenn er ganz ehrlich ist, staunt er ehrfürchtig über ihre Entschlossenheit, ihre Hartnäckigkeit und ihr Beharren, ungeachtet der Umstände sie selbst zu sein, aber ebenso zweifellos missfällt es Joey, wenn diese Entschlossenheit gegen ihn gerichtet ist.

Nachdenklich trommelt Joey mit den Fingern auf den Schreibtisch. Sofia hat keine Ahnung, was sie da macht, und wenn ein Trottel wie Freddie, der über ganze zwei Gehirnzellen verfügt, sie beschatten kann, dann kann das jeder: jeder durchschnittliche überambitionierte frischgebackene Polizist, der es noch nicht besser weiß, oder schlimmer noch, einer von Eli Leibovichs Leuten, die weder dumm noch frischgebacken sind, oder am schlimmsten, einer von den jungen Fianzos, ein neuer Typ, der ihm an die Gurgel will und hofft, Sofia als Druckmittel einzusetzen. Um prahlen zu können. Sofia besteht darauf, ihr eigenes Leben aufs Spiel zu setzen und die Sicherheit seiner ganzen Familie obendrein.

Dagegen muss etwas unternommen werden.

Als Sofia am Abend mit einer schlafenden Julia im Schlepptau nach Hause kommt, empfängt sie auf dem Küchentisch ein Rosenstrauß, und Saul hört im Wohnzimmer Nachrichten. *In Paris sind die Siegesfeierlichkeiten in vollem Gange,* heißt es. Sofia deutet auf den Strauß und schaut Saul fragend an, um zu erfahren, ob er weiß, was die Rosen zu bedeuten haben. »Da ist eine Karte dabei«, ruft er. Und dann: »Und der Krieg ist vorbei.« *Die jungen Leute marschieren die Straßen auf und ab, singen und tanzen und schwenken Fahnen.*

Sofia schaut zu Saul. »Der Krieg ist vorbei«, sagt sie. Sie geht zum Tisch und greift nach dem Umschlag, der dort liegt. »Er ist offen«, sagt sie zu Saul.

»Dein Dad hat mich vorgewarnt«, antwortet er. Seine Miene ist seltsam ausdruckslos. Sofia senkt den Blick auf die kleine Karte. Dort steht:

Sof: Offenbar möchtest du arbeiten. Bitte, und dir wird gegeben. Alles Liebe, Papa. P.S.: Hör auf, Saul zu beschatten.

Sofia blickt zu Saul auf. »Er lässt mich arbeiten«, sagt sie. Sie grinst. Sofia Colicchio, im Rampenlicht, triumphierend.

»So sieht's aus«, sagt Saul. Joey hat ihn am Nachmittag angerufen. Er sagte: *Wie du weißt, ist unsere Sofia nicht gerade typisch.* Er seufzte und meinte dann wehmütig: *Ehrlich gesagt, wenn sie sich dafür entscheidet, wird sie das besser machen als wir beide zusammen.* Dann verstummte das Gespräch, und Saul spürte den Windhauch, als die Tür, hinter der es andere Möglichkeiten, eine andere Arbeit, ein anderes Leben gab, ins Schloss fiel. Kein Kalifornien, keine Upper West Side. Kein Maler, kein Kinderarzt. Und so starrt Saul jetzt in die Mündung seines restlichen Lebens. Er trauert um etwas, das nie eingetreten wäre.

In Europa schießen russische und amerikanische Soldaten zur Feier des Tages in die Luft. Nazi-Offiziere drücken Zyankalikapseln in die Hände ihrer Ehefrauen und Angehörigen. Seine Mutter ist ein atmendes Skelett, irgendwo, oder ein Häufchen Asche, und Saul ist für sie nicht wiederzuerkennen. Wie sollen sie sich finden?

»Du bist wütend«, sagt Sofia. Sie will nicht, dass Saul ihr das jetzt kaputt macht. Fast ärgert sie sich. Aber da ist auch ein beharrliches Bohren, eine aufrichtige Sorge um Saul, der mit trostlos hängenden Schultern dasitzt.

Saul setzt sich auf, schaltet das Radio aus und lässt den Kopf in die Hände sinken.

»Saul, was ist?«, fragt Sofia. Sie geht durchs Zimmer und bedeckt seine Hände mit ihren. In ihrer Brust flattert ein kleiner Vogel, der überschwängliche Freude gewesen wäre und stattdessen komplizierte Enttäuschung ist.

»Ich bin nicht wütend«, sagt Saul.

»Sondern?«

»Das ist schwer zu erklären.«

»Dann versuch's«, sagt Sofia, und es ist ein Befehl.

»Na ja«, sagt Saul. »Als ich herkam, war ich so allein. So allein war ich noch nie gewesen. Aber dann diese Arbeit – sie hat mich gefunden. Und du – du hast mich gefunden. Und der Krieg war dieses Biest im Hintergrund, dieses Ding, vor dem ich geflohen bin. Und dann plötzlich war ich nicht mehr allein, ich habe mich um dich gekümmert und um Julia, und ich hatte die Arbeit, und mit jedem, den ich abgeholt habe, habe ich gegen den Krieg gekämpft. Und ich hatte gar keine Zeit, darüber nachzudenken, was ich alles aufgegeben, was sich alles verändert hatte. Irgendwie war das, was ich verloren hatte, etwas weniger wichtig.« Saul setzt die Brille ab und reibt die Nasenwurzel mit Daumen und Zeigefinger. Sofia schweigt. Die Stille lastet schwer.

»Aber plötzlich, heute, ist der Krieg vorbei. Ich kämpfe gegen nichts mehr. Ich fliehe vor nichts mehr. Und du bist ... wie du immer bist, du platzt in dein Leben, explosiv wie Dynamit durch Beton. Und plötzlich bin ich hier, und es gibt keinen Grund mehr dafür. Jetzt könnte ich überall sein.« Saul lehnt sich in der Couch zurück und merkt, wie er versinkt. *Gepriesen seist Du.* »Ich komme mir völlig allein vor, Sofia.«

Im Lauf ihres Zusammenlebens wird Sofia durch Saul weicher. Das ist eine der grundlegendsten Veränderungen in ihr. Sie wird zur Herrin ihrer emotionalen Topografie. Sie lernt innezuhalten, alle Information aufzunehmen. Sie kann nach wie vor hitzig reagieren, stürmisch. Aber jetzt kann sie ihre Reaktion beherrschen. Schärfen. Zielgerichtet einsetzen.

Dieses Weiche, dieses Zielgerichtete veranlasst Sofia jetzt, sich auf Sauls Schoß fallen zu lassen und die Arme um ihn zu schließen, um ihn und seine Schultern und die verzweifelte Leere in seiner Brust, die braunen Locken auf seinem Kopf. Sie füllt ihre Nase mit seinem Geruch, mit dem Duft seines Rasierwassers und dem gelben Gestank nach Zigaretten und Schweiß, der sich in seinem Hemd sammelt, wenn er es den ganzen Tag getragen hat. Und dann füllt Sofia ihren Mund mit Saul, mit seinem Mund und seinem Atem, bis das einzige Geräusch in ihrer Wohnung ein Ausatmen ist, ein Zusammenbrechen, und Sofia flüstert nicht *Ich brauche dich hier*, aber sie spürt, dass das Bedürfnis sie zusammenpresst wie ein Muskel, und sie glaubt, dass Saul das auch spürt.

Im Lauf der folgenden Woche trifft sich Sofia mehrmals allein mit Joey. Er schenkt ihr ein Glas Wein ein und schließt die Salontür hinter ihnen. Breitbeinig sitzt er ihr gegenüber, und er sagt: *Es wird Zeit, dass du lernst, wie manche Dinge hier laufen.*

Sofias erster Auftrag ist Detective Leo Montague, der, wie Joey erklärt, seit vielen Jahren bereit ist, bei dem einen oder anderen ein Auge zuzudrücken. Schon während der Prohibition bekam er einen Anteil an ihrem Gewinn, und er und Joey haben sich im Lauf der jahrzehntelangen Zusammenarbeit einen gewissen gegenseitigen Respekt abgerungen. Den Krieg über war er unverzichtbar. »Aber wir werden nicht mehr so viel Geld machen wie früher«, sagt Joey, »und es ist heikel, das jemandem sagen zu müssen.« Joey erwähnte am Telefon Leo gegenüber, er müsse vielleicht eine Gehaltskürzung akzeptieren, woraufhin Leo sagte: *Tja, Colicchio, ich bin mir nicht sicher, ob ich dazu bereit bin.* Er schwieg eine Minute, und dann sagte er: *Vergiss nicht, du brauchst mich.* Joey hatte sich nur mit größter Mühe davon abhalten können, den Hörer so hart aufzuknallen, dass er splitterte. Joey könnte Leo einschüchtern, bis er klein beigibt, aber es wäre denkbar, dass Leo Joey im Gegenzug großen Schaden zufügt. Beide könnten verlieren. Solche Dinge eskalieren schnell. »Ich glaube, für so was hast du ein Händchen«, sagt Joey zu Sofia. »Vielleicht weißt du es nicht mehr, aber du hast dich sonntags beim Essen immer am Tisch rumgedrückt, Klatsch mitgehört und versucht, alles zu verstehen.« Sofia erinnert sich an ihre klammheimliche Begeisterung, sich in einen vertraulichen Frauenkreis zu stehlen, in eine verqualmte Männerrunde.

Also soll Sofia mit dem Polizeibeamten Mittagessen gehen, und sie soll mit ihm möglichst wenig über die Details des Geschäfts reden, das Joey ihr in groben Zügen umrissen hat. Sie soll mehr zuhören als reden. Als sie Saul frohlockend davon erzählte, wurde er sehr still.

»Es ist perfekt, Saul«, sagt Sofia. »Es ist Arbeit, und es ist aufregend, und es ist nicht gefährlich.«

»Alles hängt mit allem zusammen«, widerspricht Saul. »Alles ist gefährlich.«

Aber Sofia ist nicht aufzuhalten.

Sofia trifft Detective Leo zu einem späten Mittagessen in einer von Kerzen erleuchteten Trattoria. Joey hat ihr gesagt, was sie bestellen soll. »Auberginen-Parmigiana für mich und meinen Freund hier. *Grazie.*« Ihr Herz klopft vor Aufregung wie wild. Sie sieht Leo taxierend an. »Das ist das Beste, was sie hier auf der Karte haben«, sagt sie, obwohl in Wahrheit Joey ihr gesagt hat, dass es Detective Leos Lieblingsgericht ist, und er soll sich wohlfühlen. *Aber Papa*, hatte sie Joey gefragt, *was soll ich denn zu ihm sagen?* Joey hatte ihr Gesicht umfasst und gesagt: *Sei einfach du selbst.*

Detective Leo ist Ende fünfzig, hat einen Schopf kaum gezähmter grau melierter Haare und trägt eine dicke, quadratische Brille. Er führt Sofia vor Augen, was passieren könnte, wenn Saul in den nächsten fünfundzwanzig Jahren zwanzig Kilo und ein bisschen amerikanische Chuzpe zulegte.

»Sie sind also die Tochter?«, fragt er. »Ich glaube, ich bin Ihnen schon einmal begegnet.«

»Das ist gut möglich«, antwortet Sofia. Sie überlegt, wie sie das Gespräch möglichst unauffällig in Richtung Familie lenken kann, aber sobald das Essen serviert ist, schneidet Detective Leo das Thema von sich aus an.

»Ich habe Respekt vor Ihrer Familie«, sagt er. »Aber ich gehe für Sie auch viele Risiken ein.«

»Papa weiß Ihren Einsatz zu schätzen«, sagt Sofia.

»Das ist mir klar«, erwidert Leo. Er blickt von seinem Teller auf, und verblüfft stellt Sofia fest, dass in seinen Augen Angst aufflackert. Angst vor ihr? »Und er soll bitte wissen, dass ich das weiß.«

»Natürlich«, versichert Sofia ihm.

»Es ist nur, ein Mann in meinem Alter«, sagt Detective Leo. »In fünf Jahren gehe ich in Rente. Wenn ich Staub aufwirbele – wenn ich die Regeln breche –, verdammt, entschuldigen Sie, Madam, aber verdammt, das ist eine sehr gute Auberginen-Parmigiana.« Sie ist fettig, findet Sofia. Der Käse auf der geschmacklosen Füllung wird langsam hart wie Bernstein, der sich um ein Insekt schließt.

»Sie ist köstlich, nicht wahr?«, pflichtet Sofia ihm bei.

»Ich habe Ihrem Papa immer vertraut«, sagt Detective Leo.

»Er vertraut Ihnen auch«, sagt Sofia. »Er erzählt immer nur das Beste von Ihnen.«

»Ach ja?«, fragt Detective Leo, und Sofia weiß, dass sie das Richtige gesagt hat, denn Detective Leo fühlt sich eindeutig geschmeichelt, er läuft rosa an. »Also, das ist … das ist nett von ihm … ein guter Mann, Joey Colicchio.« Er verstummt und isst weiter. »Wissen Sie, ich habe Kinder«, fährt er fort. »Sie sind auf mich angewiesen. Ich konnte ihnen immer ein bisschen extra … na ja, die Zeiten sind hart.«

»Ich verstehe«, sagt Sofia. »Ich habe selbst eine Tochter. Ich würde auch alles für sie tun.«

»Sie haben eine Tochter?« Und nun wandert Detective Leos Blick abschätzend zu ihrer Taille, was Sofia nicht entgeht. Das passiert oft. Die Leute müssen sich Sofia als Schwangere vorstellen, um zu beurteilen, ob ihr Kind sie ruiniert hat. Ihre Miene bleibt neutral.

»Ihr Papa«, sagt Detective Leo, »hat während des Kriegs wirklich etwas Besonderes getan, für Menschen in Not. Menschen, die Schrecklichem entkommen sind, Sie wissen schon, dem ganzen Nazi-Abschaum. Na, denen haben wir's aber gezeigt, oder nicht? Und vielleicht können Sie das nicht verstehen, aber ich möchte nur ein bisschen Anerkennung. Ich muss für mich selbst eintreten.« Detective Leo hat seine Mahlzeit beendet und lehnt sich im Stuhl zurück, um Sofia durch seine dicke dunkle Brille zu betrachten. In einem Mundwinkel klebt ein Stückchen Tomate. »Ihr alter Herr ist ein Ehrenmann«, sagt er, »ich glaube, er versteht, woher ich komme.« Und jetzt erkennt Sofia ganz genau, was Leo braucht.

»Wissen Sie«, sagt sie, »ich glaube, ohne Sie hätte das mit seinem Geschäft nicht geklappt.«

»Wirklich?«, fragt Leo. »Tja, wahrscheinlich braucht es jemanden, der sich auskennt.« Leo trinkt einen Schluck Wasser, um sein leises Lächeln zu verbergen, aber Sofia sieht es trotzdem.

»Aber natürlich«, entgegnet Sofia. »Ich weiß, wie sehr er Sie schätzt.«

»Aber mit dem Schätzen allein ist es nicht getan«, sagt Detective Leo. »Man muss die Person auch entsprechend vergüten. Man muss ihr die Wertschätzung zeigen.«

»Das ist meinem Vater klar, das weiß ich«, beruhigt Sofia ihn. »Ich glaube, er tut einfach alles, was er kann, um seine Familie zu versorgen, und die Familien all derjenigen, die für ihn arbeiten. Es sieht leicht aus, dafür sorgt er schon, aber es ist eine große Verantwortung.«

»Das kann ich nachvollziehen«, sagt Leo. »Als mein Bezirk neu organisiert ... na ja. Ich weiß, was es heißt, Verantwortung für andere zu tragen.«

»Das sehe ich«, sagt Sofia.

»Joey Colicchio ist wirklich ein Ehrenmann«, wiederholt Leo, und zum ersten Mal in ihrem Leben als erwachsene

Frau sieht Sofia einen Weg, der sich vor ihr erstreckt, einen Weg, den sie einschlagen möchte. *Das ist das Richtige für mich*, denkt sie und ist so dankbar, dass sie beinahe hier am Tisch weint. *Dafür bin ich geschaffen.*

Als Sofia nach Hause kommt und Saul fragt: *Wie war's?*, dreht sie sich mit leuchtenden Augen zu ihm und antwortet: *Es war einfach.*

An dem Abend glaubt sie, dass sie sofort einschlafen wird, aber dann starrt sie an die mitternächtliche Decke, und sie kann nicht ergründen, weshalb sie wach liegt. Ist es Leos Gesicht, als sie sich verabschiedeten, wie er sich zum Gehen wandte und am Kopf kratzte, genau wie Saul, wenn ihm etwas Unbestimmbares, Verwickeltes zu schaffen macht? Ist es Saul selbst, der sie seit Tagen nur halb anschaut, der von einer Melancholie befallen ist, die Sofia nicht kennt und auch nicht erwartet hätte angesichts dessen, dass der Krieg vorbei ist?

Irgendwann bevor sie doch einschläft, kommt Sofia ein Schulhof in den Sinn, sie hält Antonias Hand. Eine Schar Mädchen auf der anderen Seite der vom Wind gewiegten Schaukel, und Sofia wusste, dass alle über sie redeten. *Dein Vater ist ein Mörder*, sagte Maria Panzini nüchtern, als sie sich anstellten, um ins Klassenzimmer zurückzugehen. Eis wie Beton in Sofias Bauch. Selbst in der Grundschule hatte sie den schrecklichen Wunsch empfunden, *besser* zu sein als die anderen. Ist es ihr jetzt gelungen? Ist ihr klar, welchen Preis sie dafür bezahlen wird? *Es war einfach*, hört sie ihre eigene Stimme. Es war, als wäre es eigens für sie gemacht.

Saul neben ihr gibt vor, zu schlafen. Stundenlang starrt er mit halb geschlossenen Augen auf die tickende Uhr.

Beim Sonntagsessen erhebt Joey sein Glas auf Sofia und alle trinken auf sie, Antonia und Paolo und Frankie, Pops, der in letzter Zeit Geschichten wiederholt und womöglich nicht weiß, worauf er da anstößt, und sogar die scharfsichtige Nonna, und selbst Rosa lächelt bemüht, und Rosas Bruder nickt, und Marco DeLuca und zwei weitere austauschbare neue Typen heben das Glas, schauen aber unverwandt zu Joey anstatt zu Sofia. »Willkommen«, sagt Joey herzlich, und Sofia ist zu sehr damit beschäftigt, Antonias Blick auszuweichen, um zu merken, dass Joey Rosas ausweicht. Doch nach dem Essen fängt Rosa Sofia beim Geschirrspülen ab und macht ihr mit der Heftigkeit von tausend Mammas Vorhaltungen: *Aufgetakelt, als wärst du zum Verkauf, eine Schande ist das. Du hast einen Mann und eine Tochter, Sofia, was wird Julia denken, wie wird sie aufwachsen?* Und zum allerersten Mal im Leben gibt es etwas, das Sofia mehr möchte als einen Streit mit ihrer Mutter, und deswegen küsst sie ihre Mamma und sagt: *Ich passe schon auf, Julia wird nichts mitkriegen*, und lässt Rosa sprachlos in der Küche zurück, und Rosa ist wie so oft hin- und hergerissen zwischen Stolz und Entsetzen.

Die Arbeit wird so sehr zum Teil von Sofia, dass sie sich bald nicht mehr erinnern kann, sie nicht gewollt zu haben. Sie richtet ihr ganzes Sein auf deren Perspektiven aus, die Herrlichkeit, aus dem Haus zu treten und gesehen zu werden.

Wenn Saul spät heimkehrt, ist Julia oft bei Antonia. Zuerst war das für Sofia eine Möglichkeit zu vermeiden, mit Rosa über ihre Arbeit zu sprechen, aber mittlerweile ist es zu einer Gewohnheit geworden, ihr Halteseil. Manchmal kommt Sofia mit, um nach der Schlafenszeit noch ein bisschen mit Antonia zu reden, Couch-Gespräche wie eine leise Sonate. Manchmal ist Sofia woanders. Wenn Sofia die Tür hinter Antonias Wohnung ins Schloss zieht und fortgeht, empfindet sie Erleichterung und Glück und eine Vorfreude, die wie ein leiser Stromstoß unter ihrer Haut prickelt. Sie denkt nicht an Antonia, deren leicht zusammengepresste Lippen ein moralisches Barometer sind, seit Sofia sprechen kann. Normalerweise denkt sie nicht an Julia. *Dein Kind*, sagen die Leute zu ihr, und zwar ständig, als hätte Sofia-die-ein-Kind-hat auf alle Ansprüche auf dieses Kind verzichtet, als müsste Sofia daran erinnert werden, dass Julias Scheitel nach warmem Brot duftet, als wäre Sofia inzwischen nicht eine bessere Mutter, eine wahre Löwin. *Meine Tochter soll nie ein schlechtes Gewissen haben, ihr Leben so zu leben, wie sie möchte*, denkt Sofia. Und so handelt sie auch als Mutter: Wenn Julia zum Frühstück Kuchenreste haben möchte, durchweichtes Gebäck mit Schokoladenganache, dickflüssiger Cognaccreme, öffnet Sofia die Schachtel und isst auch davon, mit den Fingern. Wenn Julia keine Lust hat zu baden und mit dreckigen Füßen und zerzausten Haaren ins Bett gehen will, deckt Sofia sie zu. *Ja und?*, sagt sie zu Rosa. *Es geht ihr gut*, sagt sie zu Antonia, die einen Vorwand findet, ein Bad zum Teil aller Tage zu machen, die Julia bei ihr verbringt.

Sofia ist vorwiegend eine Mittelsperson, eine Art Beruhigungsmittel für Männer, die für die Familie arbeiten und anfangen, nervös zu werden. Damit probiert Joey etwas Neues. Er denkt an Carlo und wie die Dinge vielleicht anders gelaufen wären, wenn Carlo mit einer Frau hätte sprechen können, einer jungen, professionellen und hübschen Frau, die ihm zeigte, dass seine Arbeit mit seiner Familie zusammenhing, mit der Erde, ohne das alles explizit zu erwähnen. Manchmal steigert es die Spannung, wenn eine Frau mit im Raum ist. Aber in vielen Situationen kann Sofia einen nervösen Mann beruhigen, ohne ein einziges Wort zu sagen.

Das stört Sofia nicht. Sie macht ihre Arbeit gut, so gut, dass sich alle Bedenken, die sie womöglich hätte haben können – etwa, sie würde nur zur Staffage eingesetzt, als lebendes Gegenstück eines steifen Drinks –, bald verflüchtigen. Jeden Morgen springt sie aus dem Bett. Wenn sie von ihren Essen, ihren Drinks, ihren Cappuccini, die zum Glas Wein führten, nach Hause kommt, schwärmt sie mit leuchtenden Augen, berichtet Saul selbstverliebt mit so lauter Stimme, dass Julia aufwacht. *Ich habe ihn umgestimmt*, denkt sie, erzählt sie Saul, flüstert sie sich im Badspiegel zu. *Durch mich ist er anders geworden.* Sie überlegt sich nicht, ob sie die Männer zum Besseren verändert oder eher im Dienst einer Mission steht, an die sie glaubt. Es genügt Sofia, dass sich die Pläne der Männer unter dem Eindruck ihrer Worte, ihrer Gesten verlagern. Anfang 1946 schenkt Joey ihr ein Glas Port ein und sagt, dass er ihr allmählich andere Termine übertragen muss. Sofern Sofia also nicht unstete Männer der Familie oder nervöse Polizisten umgarnt, beaufsichtigt sie Lieferungen von Wein, Essig, uraltem bröckligem Käse und eignet sich einen energischen Zug um dem Mund an, bei dem ihr niemand mehr Fragen stellt oder dumm kommt. Und mit jedem Tag hat sie das Gefühl, mehr Macht zu besitzen, mehr mit dem Pulsschlag nicht nur ihres eigenen Herzens, sondern dem der gesamten Welt in ihrem ständigen Wandel verbunden zu sein.

Antonia gegenüber ist Sofia zurückhaltend. Sie weiß, dass Antonia ihre Arbeit eigentlich nicht gutheißt. Aber sie kann nicht darauf verzichten, ebenso wenig wie sie auf Antonia verzichten kann. Mittlerweile gibt es so viele Bande zwischen ihnen: ihre Geschichte, ihre Familien, ihre Kinder, die besser schlafen, wenn sie im selben Raum sind. Damit ist Sofias Arbeit etwas, was sie und Antonia umschiffen, schweigend bedenken, auszusparen suchen.

Und Antonia, die sich ins Dasein als Mutter und Ehefrau eingefügt hat, in die Rolle als beste Freundin, Babysitter und geliebte Tante für Julia, sagt nichts zu Sofia. Antonia nimmt Julia, wann immer Sofia herausgeputzt auftaucht. Sie sagt Sofia nicht, dass die Unabhängigkeit, auf die Sofia so stolz ist, wie Linas Arbeit in der Wäscherei stinkt. Natürlich ist sie nicht sicher, ob Sofia alles wirklich so viel schlechter macht als sie selbst. Schließlich, wo bleiben denn

Antonias Unabhängigkeit, ihr Studienabschluss, ihre umlaufende Veranda, ihre drei Kinder, die nie etwas von der Familie gehört haben und die Ärzte und Forscher und Farmer werden? Im vergangenen Jahr, als der Krieg vorbei war, hatte sie kurz aufbegehrt und tagelang Studienpläne durchforstet. Sie könnte einen Abschluss machen, wenn sie sechs Jahre lang zwei Abendkurse die Woche belegte. Als sie das Paolo erläuterte, wurde er wütend. Er sagte, durch das Kriegsende gebe es schon genügend Veränderungen in ihrer Familie. Er wisse nicht, was aus seiner Arbeit würde, ob er überhaupt noch eine hätte. Er wisse nicht, wie es um ihre Finanzen stünde. In seiner eigenen Familie herrsche ständig Krisenstimmung, seine Mutter weigere sich, das Bett zu verlassen. *Alles ist unsicher*, sagte er. *Ich habe das Gefühl, als würde sich der Boden unter meinen Füßen auflösen. Das letzte Mal, als es mir so ging ... das war nach Robbies Geburt, als du ...* Er hatte den Satz nicht beendet, aber Antonias Schuldgefühle wieder geweckt, wegen des letzten Mals, als sie ihre Familie sich selbst überließ. *Du weißt doch, dass ich mir das für dich wünsche*, sagte er, als sie zu Bett gingen. *Du weißt doch, dass es einfach ein schlechter Zeitpunkt ist.*

Also stürzt Antonia sich in ihr Leben als Mutter und in ihren Versuch, anders zu sein als Lina, anders als Sofia. Sie ist zur Stelle, sobald Robbie aufwacht, und begleitet ihn jeden Abend, die Hand auf seinem Rücken, in den Schlaf. Sie versucht, ihm alle Schmerzen, alle Ängste, allen Verlust zu ersparen, und so sagt sie ihm laufend, dass sie ihn liebt, bittet ihn aufzupassen, auf der Straße in beide Richtungen zu schauen, aber anstatt eines gesunden Menschenverstands entwickelt Robbie das überwältigende Bedürfnis,

Antonia ständig in seiner Nähe zu haben. Deswegen sind die beiden selten getrennt anzutreffen, außer wenn Julia da ist. Julia, in deren Gegenwart Robbie zu strahlen beginnt, zehn Zentimeter größer wird, Julia, die in Robbie etwas Mutiges, Spitzbübisches entfacht, das ihn von Antonia fortlockt, das Antonia ermöglicht auszuruhen, sich zurechtzufinden mit dem, was die obsessive Fürsorge ihr körperlich und geistig abverlangt. Antonia würde das nicht die Unabhängigkeit nennen, von der sie früher geträumt hat, aber als Teenager war sie auch nicht in der Lage gewesen sich vorzustellen, was die Liebe für zwei Kinder in ihr auslösen würde, wie vollständig sie sich dabei einsetzen wollte, wie schwierig es sein würde, ein Gleichgewicht zu finden. Ihre eigene Bedürftigkeit macht ihr Angst. Sie ist erschöpft. Sie würde das alles gegen nichts in der Welt eintauschen, aber in Antonia meldet sich eine kleine Stimme, die zu Selbstschutz mahnt und sie an die Monate nach Robbies Geburt erinnert, als sie allein spazieren gehen musste, um einen klaren Kopf zu bekommen und zu sich selbst zurückzufinden.

Antonia hört zu, wenn Paolo über seine Nachkriegsarbeit klagt, die seltsam und langweilig ist, und dass die Kunst der Dokumentenfälschung nicht mit dem Stumpfsinn der Buchhaltungsführung zu vergleichen ist. Sie sagt ihm nichts von ihrer Erleichterung, dass er aus der Schusslinie ist, oder zumindest so weit wie möglich davon entfernt. Sie zieht eingehend Bilanz ihres bisheriges Lebens und stellt fest, dass sich jede der Herausforderungen gelohnt hat, dass jede der Freuden unverzichtbar ist, und so rechtfertigt sie Paolos neue Verdrossenheit und Sofias neue

Flatterhaftigkeit und das nagende Gefühl, dass sie an sich selbst als Letzte denkt und sich gestattet, ihre Möglichkeiten nicht auszuschöpfen. Den Großteil der Zeit gelingt es ihr, sich erfüllt zu fühlen, erfüllt und voller Liebe.

Bald ist das Jahr 1946 vorbei. Zu Silvester schmeißt Sofia eine Party. Sie kleidet sich in Pailletten, und Antonia kommt es vor, als wären sie Teenager, die sich zu einem Tanzabend fortstehlen. Nach Mitternacht verabschieden sich Rosa und Joey und nehmen Julia und Robbie zum Schlafen zu sich mit, aber Sofia und Antonia und Saul und Paolo und zwei Typen, mit denen Saul und Paolo zusammenarbeiten, steigen aufs Dach und verfolgen, wie ihr Atem in gefrorenen Wölkchen in den sternenlosen Stadthimmel aufsteigt, hinauf ins frische neue Jahr.

Im März betrachtet Antonia Robbie und Julia. Sie schlafen, ihre Gesichter sind völlig entspannt, das Haar klebt ihnen an der Stirn. Robbie liebt Julia genauso wie Antonia damals Sofia, aber er ist schlampiger, als Antonia es war, er ist empfindsamer und bekommt leicht blaue Flecken. Und auch Julia erscheint ihr schlampiger, als ihre Mutter, weniger zielstrebig, aber genauso kräftig, genauso laut, genauso hitzig. Sie buddelt in jedem Erdhaufen, den sie sieht. Antonia ist froh, dass die beiden schlafen.

Ein paar Stunden zuvor war Antonia zu einer Rauferei auf dem Schlafzimmerboden dazugekommen. *Was genau geht hier vor sich?* Sie hatte gezischt. *Ich bin ein Fianzo!*, hatte Robbie gesagt. Er hatte gestrahlt und zu ihr hochgeschaut. Er erzählt ihr für sein Leben gern Sachen, holt sie in seine Welt. Ständig streckt er die Arme nach ihr aus. *Ein was?*, hatte Antonia gefragt. Kaltes Grauen. Robbie hatte sich zu voller Größe aufgerichtet und die Arme gehoben. *Uuuaaaarrrghh!*, hatte er geknurrt. *Dich krieg ich schon, Fianzo*, hatte Julia gekreischt. Sie hatte sich auf ihn gestürzt, Beine flogen durch die Luft. Ein Wasserglas war vom Nachttisch gefallen und zerbrochen. *Hört sofort auf!*, hatte Antonia gesagt und Robbie und Julia nacheinander von den Scherben fortgehoben. *Und jetzt raus mit euch!* Und Robbie war verschwunden, bekümmert, sorgenvoll. Er mag nicht, dass Antonia sich aufregt.

Antonia hatte zitternd ausgeatmet und die Tür geschlossen. Ständig lebt sie in der Angst, ihre eigene Mutter zu werden – *Die haben deinen Großvater umgebracht!*, stellt sie sich in einem Moment der Panik zu sagen vor –, aber dann wäre sie keine Mutter mehr, sie würde Entscheidungen zu ihrer persönlichen Befriedigung treffen. Antonia hat ihren Frieden gemacht mit der Mutter, die ihre Mutter sein kann. Aber sie möchte nicht wie sie werden.

Und sie denkt auch an die Fianzos selbst: ihre stinkenden Zigarren, ihre glänzenden Haare und Schuhe. Sie ist froh, dass ihr Sohn sie für Untiere hält, und sie ist zutiefst enttäuscht: Seit seiner Geburt hat Antonia ihr Bestes getan, ihn vor der Tragik und dem Grauen ihrer eigenen Kindheit zu beschützen. *Du hast versagt*, denkt sie.

Antonia überrascht kaum noch, wie groß und heftig ihre Liebe zu Julia ist. Es stimmt nicht, dass Blut dicker ist als Wasser. Sie ist dankbar, dass Julia tief und fest im Zimmer ihres Sohnes schläft, und versucht, nicht an Sofia zu denken, die aufkreuzte und Antonia bat, Julia zu nehmen, *nur für zwei oder drei Stunden*. Und immer öffnet Antonia ihr die Tür. Immer küsst sie Sofia auf die Wangen und sagt, dass sie gehen soll, und sie legt Julia eine Hand aufs Haar und versucht, sich auf das unermessliche Meer ihrer Liebe zu diesen beiden zu konzentrieren, anstatt auf Julias Gesicht, das kaum merklich in sich zusammenfällt, wenn Sofia geht, wie ein Kuchen, der beim Abkühlen einsackt.

Als sie Julia und Robbie beim Schlafen betrachtet, empfindet Antonia Trauer, ein urzeitliches, körperliches Ziehen im unteren Bauch, das in Tränen übergeht, ehe sie sich des Gefühls bewusst wird. Sie möchte die Körper der beiden mit ihrem eigenen zudecken. Sie möchte sich Arme und Beine abschneiden und sich an die Kinder verfüttern, die bei ihr schlafen. Sie ist gerade vierundzwanzig geworden.

Antonia vermisst Carlo. Die Trauer kommt in Schüben. Robbie hat Carlos Nase, seine Augen. Als sie in ihrem Sohn immer häufiger Carlo sieht, wird Antonia schließlich klar, dass ihr etwas geraubt wurde. Etwas Unersetzliches. Sie weiß nicht, was sie mit dem Gefühl anstellen soll, also putzt sie die Wohnung und erinnert sich selbst an Lina, wie sie Holzböden schrubbte, die schon lange vor ihrem Einzug fleckig gewesen waren. *Da ist nichts zu machen.* Also bleibt sie wach und träumt oder schläft traumlos, rastlos, macht sich Gedanken über die möglichen alternativen Versionen ihres Lebens. Was in ihrer Hand liegt, wo sie sich eine Chance entgehen ließ, was unabhängig von einem Entschluss ihrerseits passieren wird.

Sie stellt sich vor, wie Sofia zu flammender Wut auflodern zu können. Wie beruhigend, Feuer in jede Richtung verschleudern zu können. Wie endgültig, alles, was Verzweiflung und Liebe und Nostalgie ist, zu Wut zu verschmelzen. Antonia stellt sich vor, dass sich Wut nach Handeln anfühlt. Nach einer Vorwärtsbewegung.

Sie kommt sich so reglos vor.

Wenn Paolo und Saul jetzt Seite an Seite mit anderen Männern der Familie stehen, sind sie von den Altgedienten nicht mehr zu unterscheiden. Zu dieser Zeit vor vier Jahren waren sie noch grün hinter den Ohren, aufgeweckt und ungelenk, einen halben Schritt hinterher. Aber Vater zu sein hat ihnen beiden eine gewisse Gesetztheit verliehen, die Erfahrung hat ihnen Falten ins Gesicht gegraben, und während das Jahr 1947 vergeht, stellen Paolo und Saul fest, dass sie in einer Routine erstarren.

Mit Kriegsende hat sich ihre Arbeit verändert. Irgendwie, und entgegen seiner Absicht, ist Paolo in einem Büro in der Nevins Street gelandet, das vorwiegend als Fassade dient, und dort dreht er den ganzen Tag Däumchen und entwirft Geschäftsideen, die vom Hundefriseur für ältere Herrschaften der Upper East Side bis zum Abfangen von Ozeandampfern reichen, um deren Passagiere im Gegenzug für eine Stadtrundfahrt um ein paar Dollar zu erleichtern. Eine Stunde am Tag frisiert er die Bücher, damit die Familie Steuern bezahlen kann, ohne die Herkunft des Geldes offenzulegen. Luigio Travels ist gut im Geschäft. Am Ende der Woche überreicht Paolo Joey seine Notizbücher und sagt: *Ich glaube, da ist mir ein paarmal was Gutes eingefallen, Boss.* Und aus Mitleid oder Großzügigkeit bezahlt Joey Paolo weiterhin gut, so gut wie während des Kriegs, als Paolo als Fälscher unverzichtbar war. Und so kämpft

Paolo einen nie endenden, grausamen Kampf zwischen dem Teil von sich, der sich beruhigt und erleichtert Woche um Woche denselben Pflichten stellt, und dem Teil, der größere Träume hatte. Der dachte, dass es, was immer es war, sich nach mehr anfühlen würde, wenn er es erreichte.

Tagsüber wartet Saul jetzt vor Cafés, wo Joey Besprechungen abhält, oder er wird einem älteren Onkel zugeteilt und beauftragt, jemanden an seine Schulden zu erinnern, was gemeinhin bedeutet, dem Schuldner zweimal ins Gesicht zu schlagen und sich nach seinen Kindern zu erkundigen, bisweilen auch, ein Handgelenk zu verdrehen oder ein Schnappmesser zu zücken und mit dem Verlust eines Fingers zu drohen.

Saul fehlen die Fährfahrten nach Ellis Island, das leise Deutsch, mit dem er die Familien, die er abholte, beruhigen konnte, die Mühelosigkeit, mit der er ihnen helfen konnte. *Sprechen Sie Englisch, nicht Deutsch*, riet er. *Der Beamte wird Ihren Nachnamen falsch schreiben. Widersprechen Sie nicht. Husten Sie nicht. Stehen Sie mit geradem Rücken da.* Jetzt, wo es vorbei ist, fragt Saul sich, warum sein Einsatz für diese Familien dort aufhörte, am anderen Ende der Fähre von Ellis Island, wo er ihnen braune Papierpäckchen mit gefälschten Diplomen, Lebensläufen und Empfehlungsschreiben aushändigte, die ihnen ermöglichten, als Amerikaner neu anzufangen. Er fragt sich, wer sie wohl waren, diese Familien, die in ihrer Verzweiflung ihr Gewicht in Gold für ein paar gefälschte Dokumente und ein Versprechen hinlegten. Einmal ein junges Mädchen, noch keine zwanzig, allein, das ihm erzählte, ihre Familie habe ihren Schmuck für seine

Fahrkarte verkauft. *Wann werden sie nachkommen können?*, fragte sie, und Saul sagte: *Husten Sie nicht und fassen Sie sich nicht ins Gesicht, wenn Sie vorne in der Schlange stehen. Verwenden Sie nur die erste Silbe Ihres Nachnamens.* Es gab Wochen, da sagte er das vier Familien, neun. *Warum bist du ihnen nicht nachgerannt, hast sie nicht gebeten, ihre Verwandten nach deiner Mutter zu fragen, hast ihnen nicht die Hände, die europäischen Boden berührt hatten, geküsst?* Die Liebe zu einem Land, das einem den Tod wünscht, ist ein wucherndes Monster.

Doch mit dem Ende des Kriegs kam auch das Ende dieser Einsätze. Und bald war Saul in dem gefangen, was man gemeinhin die Drecksarbeit bezahlter Schläger nennt. Jetzt sind sein besonnener, starrer Blick, seine erstklassige Arbeitsmoral und seine Fähigkeit, die Tür hinter seinem Gesicht zu schließen und sich überall einzufügen, ohne Fragen zu beantworten, genau die Qualitäten, die ihn zu einem einschüchternden und effizienten Boten machen.

Es gibt Momente, bloße Bruchteile von Sekunden, in denen Saul sich fragt, wie er in diesem Leben gelandet ist. Wenn er an sich als Achtjährigen denkt, bäuchlings auf dem Fußboden eines Hauses liegend, in dem seine Mutter putzte, wo er ein Comicheft las oder zum Fenster hinaus ins gefilterte, altmodische europäische Sonnenlicht schaute oder an der Spree entlangging und den Enten altbackenes Brot zuwarf. Es ist ihm unmöglich, die Welt durch seine damaligen Jungenaugen mit der Welt zusammenzubringen, in der er heute lebt. Unmöglich, dass seine Mutter nicht mehr da ist, dass er in Amerika lebt und in eine Familie eingeheiratet hat, die sich an manchen Tagen wie zu Hause anfühlt und an anderen wie ein Gefängnis. Und in den unmöglichen Momenten überlegt Saul, welche Schritte er unternehmen müsste, um wieder in ein erkennbares Leben zurückzukehren: Er müsste seine Frau verlassen und sein Kind, er müsste sich eine Fahrt übers Meer erbetteln in eine Heimat, die es nach allem, was er hört, nicht mehr gibt. Er müsste die Straßen von Brooklyn verlassen, die Saul so vertraut sind, dass sie in seine Handflächen geritzt sein könnten. *Trotzdem*, denkt er an manchen Tagen, *die Alternative ist, hierzubleiben*. In einer Welt, wo er, um seine Familie zu ernähren, andere bedrohen muss. In einer Welt, wo er nach Hause kommt und sich vor dem Abendessen das Blut anderer Männer von den Händen wäscht. Saul weiß, was Glück ist. Er weiß, dass er, hätte das Schicksal nur die kleinste andere Wendung genommen, tausend andere Leben hätte führen können – einige glücklicher, andere weniger glücklich.

Sofia hat sich in ihre Rolle als die Tochter vom Boss eingelebt, ein Begriff, den ein paar Männer in Sofias Anfangszeit abschätzig und nur im Flüsterton verwendeten, der jetzt aber im Grunde als liebevolle Bezeichnung gilt, und zwar als verdiente. Eineinhalb Jahre haben die Leute ihres Vaters mitangesehen, wie sie sich gegen wesentlich größere Männer behauptet hat, Männer, die aus Verzweiflung und Angst zu jeder Unberechenbarkeit fähig sind. *Das wird mein Vater nicht gern hören*, sagt sie zu verschuldeten Ladenbesitzern, Importeuren und Restaurantbetreibern, die ihnen verpflichtet sind, zu einem Polizisten, der von der Gehaltsliste der Familie gestrichen zu werden hofft. Oder, seit Kurzem:

Mein Mann ist ein freundlicher Mensch, aber ich glaube, das wird seine Geduld überstrapazieren. Sofia beherrscht das ausdruckslose Gesicht und den unerschütterlichen Ton ihres Vaters, ihres Mannes. Sie hat sie um rote Lippen ergänzt. Um ihren eigenen Flair. Sie wird als psychologische Waffe gehandelt. *Sie sind doch nur eine Frau*, sagt bisweilen jemand, ein Politiker, der für Diskretion, für Schutz bezahlte. *Ja*, antwortet Sofia dann. *Ich bin ein Bote.*

Sofia kann sich an ihre Ablehnung gegenüber dieser Arbeit kaum erinnern. Die Arbeit ist, wie sie jetzt weiß, genau wie Saul und Paolo es wissen, ein Rettungsanker. Sofia wächst und gedeiht, das Adrenalin und die tägliche Bühne bekommen ihr. Sie kommt sich vor, als habe sie ihr ganzes Leben im Dunkeln gestanden und von draußen in einen hell erleuchteten Raum geschaut, und jetzt steht sie in ihm drin, erstrahlt im Licht. Während ihrer Besprechungen sind immer ein oder zwei Männer mit Pistole vor der Tür. Ihr Vater bietet ihr nicht die gleiche Gefahr wie den Männern. Aber Sofia braucht den Beistand nie. Sie hat festgestellt, dass der bloße Ruch der Familie genügt. Sie hat erkannt, dass Joey und Saul und Paolo bei der Arbeit zwar beeindruckend sind, dass sie aber alle aus dem geheimnisvollen, sagenumwobenen Brunnen ihrer Tätigkeit schöpfen. Die bloße Idee der Familie genügt, um ihr auf dem Bürgersteig, an der Bar Platz zu machen. Sofia trinkt aus diesem Brunnen. Ihr wird klar, dass sie bis zu diesem Moment am Verdursten war.

Was Besseres als mich, sagt Sofia dann, *können Sie sich gar nicht wünschen.*

In dem Sommer, in dem Julia und Robbie beinahe fünf sind, bekommen beide gleichzeitig Windpocken, und Saul und Sofia und Julia ziehen zu den Luigios in die Wohnung, wo sie Julia und Robbie fünf Tage und Nächte im Auge behalten, damit sie sich nicht gegenseitig kratzen, und wo Antonia und Paolo und Saul und Sofia eine Art vorkindlicher Utopie wiedererleben dürfen: ihre Leben, ihre Habseligkeiten, ihre Schlafenszeiten sind austauschbar und magisch. Am Morgen unterhält Sofia die fiebrigen, vom Wohnungskoller befallenen Monster, in die Julia und Robbie sich verwandelt haben, und Saul macht Frühstück: aufwendige Fantasiegerichte aus Eiern und Resten, karamellisierten Speck, mit Obst und Schokolade gefüllte Muffins. *Truthahn mit Schweizer*, denkt er manchmal, während er Rührei verteilt. *Zunge mit Senf.*

Am Morgen des dritten Tags dünstet Saul gerade Zwiebeln, als Antonia in die Küche kommt. »Sofia musste dringend raus«, sagt sie. »Schon wieder.«

Saul nickt. Und dann fällt ihm auf, dass Antonia, die jetzt am Küchentisch sitzt und einen Brotkanten kaut, eindeutig traurig aussieht. »Bedrückt dich etwas?«, fragt er.

»Es ... na ja, es geht um Julia«, sagt Antonia. Ihre Stimme erstirbt. Saul hört sie kauen. »In letzter Zeit erinnert sie mich an mich selbst. Als ich ein kleines Mädchen war. Ich habe ein Zuhause gesucht, ich war einsam, ich habe ... na ja, du bist ja hier, aber ich habe meinen Papa vermisst. Ich habe versucht, ihn nicht zu vermissen. Und ... ach, auch egal.«

»Und was?« Saul hört ihr konzentriert zu.

»Und ich hatte nicht unbedingt die Mamma, die ich gebraucht hätte, wenn ich sie brauchte.« Antonia verstummt erneut. Sie beobachtet, wie sich beim Rühren Sauls Schulterblätter unter seinem Pullover bewegen.

Vor Jahren fragte Saul Sofia einmal, was mit Antonias Vater passiert sei. Das war noch am Anfang ihrer Beziehung, Sofias Hände in seinen lenkten ihn ab, die Art, wie auf dem wimmelnden Bürgersteig irgendwie immer Platz für sie gemacht wurde, und ihr Duft: nach Erde oder nach Flieder, etwas, das er essen, an dem er ersticken oder in dem er ertrinken wollte. Als sie also *Eine Tragödie* sagte, nahm er das als Antwort hin. Doch als Saul jetzt Antonia ansieht, wird ihm klar, dass sein Verständnis für den Kummer, der sie geformt hat, löchrig ist. Ein Gespenst, das in der Küche steht und ihm beim Kochen zusieht. Er hat nicht erfahren, was er zu wissen braucht, wenn er es wissen muss. »Antonia«, fragt er vorsichtig. »Was ist denn wirklich mit deinem Papa passiert?«

Antonias Gesicht färbt sich grau und grün. »Du weißt es nicht«, sagt sie.

Die Luft in der Küche wird stickig, vom Geheimnis verpestet. Saul merkt, dass er den Atem anhält. »Ich weiß einen Teil«, sagt er.

Antonia schaut den Gang lang, um sich zu vergewissern, dass von Julia und Robbie wirklich nichts zu sehen ist.

»Weißt du, dass Joey jeden Monat zu einem Mann namens Tommy Fianzo geht?«, fragt sie.

»Ja«, sagt Saul. Er wird jeden Monat zu dem Termin mitgenommen. Eines Tages wird er allein dorthin gehen. Er hat nicht gefragt, weshalb das Treffen stattfindet. Er war, wie er jetzt erkennt, zu vertrauensvoll. Darüber hat er im vergangenen Jahr häufig nachgedacht. Saul hat seine Heimat verlassen, seine Familie, er hat sich in den fruchtbaren Boden des Lebens von jemand anderem verpflanzt. Er ist eine einzige Verpflanzung. Aber allmählich begreift Saul auch, dass er in gewisser Hinsicht sein Leben mit sich hat geschehen lassen. Wie viel hat er losgelassen? Wie viel übersieht er?

»Joey hat früher für Tommy gearbeitet«, sagt Antonia. »Joey war eng mit Carlo befreundet, meinem Papa. Sie waren alle befreundet.« Hitze steigt Antonia ins Gesicht, aber ihre Hände und Füße sind eiskalt. Als würde selbst ihr Körper nicht wissen, wie sie dieses Geheimnis laut aussprechen soll.

»Das weiß ich«, sagt Saul. »Das hat Sofia mir erzählt – vor Jahren. Sie sagte, dass sie befreundet waren. Sie sagte, er sei verschwunden.«

»Nein«, erwidert Antonia. »Mein Papa hat beschlossen, dass er nicht mehr für die Familie arbeiten will. Aber so geht das nicht. Also hat Tommy Fianzo ihn umbringen lassen. Verschwinden lassen, wenn du so willst. Wir haben nie erfahren, was mit ihm passiert ist. Danach konnte Joey nicht mehr mit ihm arbeiten. Sie haben irgendeine Vereinbarung getroffen. Joey bezahlt ihn, sie arbeiten getrennt.«

Hat Sofia ihn angelogen? Saul sieht ihr Gesicht vor sich,

als sie es ihm erzählte. *Eine Tragödie*, sagte sie mit einem Schulterzucken. *Ein Rätsel.* Sie hat ihn angelogen.

»Meine Mamma ist daran zerbrochen. Jahrelang war sie ... wie eine leere Hülle. Ich sage nicht, dass Sofia auch so ist, natürlich nicht. Aber aus meiner Sicht, als Kind, hatte ich nie die Mamma, die ich erwartete. Ich wusste nie, worauf ich mich bei ihr verlassen konnte. Und das hat mich verändert.«

Als Antonia verstummt, zieht sich ihr Mund zu einer schmalen Linie zusammen, und ihr Gesicht wird blank, trotzig.

Ihr Schweigen hallt nach.

Bevor Saul es sich versieht, ist er auf halbem Weg zu Antonia, um ihre Hände zu nehmen, sein Gesicht in ihren Haaren zu vergraben. Aber dann bleibt er stehen. Es gibt eine unausgesprochene Grenze.

Im Kopf geht Antonia den halben Weg zu Saul. Sie umarmen sich: Ihr Gesicht an seinem Pullover, die Zweige seiner Arme bilden eine Höhle, in der man sich verstecken kann.

In der Nacht kann Saul nicht schlafen. Er wälzt sich auf der Matratze, die Antonia und Paolo für ihn und Sofia im Wohnzimmer auf den Boden gelegt haben. Antonia und Paolo schlafen in ihrem eigenen Zimmer, die Tür steht einen Spaltbreit offen. Julia und Robbie schlafen in Robbies Zimmer. Über Saul zieht sich ein Riss vom Lichtanschluss quer über die Decke. Alles ist ruhig.

Unentwegt muss er an Antonias Papa denken. Er versteht die Gewalt, die Bestandteil seiner Arbeit ist. Er übt diese

Gewalt aus. Aber wie konnten sie einen ihrer eigenen Leute umbringen? Wie konnten sie Antonia ihren Vater nehmen? Wie konnte Joey Colicchio danach weitermachen? Es war natürlich das Praktischste – das ist Saul klar. Es war der Weg des geringsten Konflikts, des geringsten Blutvergießens, der geringsten Veränderungen. Aber wie, fragt Saul sich, konnte Joey sich jeden Tag aus dem Bett hieven im Wissen, dass sein bester Freund umgebracht worden war – *nein*, ruft er sich ins Gedächtnis, *verschwunden, sie sagen nicht umgebracht* –, und wie konnte Joey sich anziehen und den ganzen Tag aufrecht stehen unter dem erdrückenden Wissen, was mit Carlo passiert war – was er Carlo angetan hatte? Das ist der Grund, weshalb Sofia gelogen hat, wird ihm jetzt klar. Sie hat gewusst, dass Saul so oder so seine Arbeit machen musste. Sie wollte nicht, dass er anders über Joey denkt.

»Sofia«, flüstert Saul schließlich, als er die Wirren seiner eigenen Gedanken nicht mehr erträgt. *»Sofia?«*

Sofia dreht sich um. Sie hat tief geschlafen. »Was«, murmelt sie. Saul empfindet eine Woge der Zärtlichkeit für ihr vom Schlafen knittriges Gesicht, für die Art, wie sie die Arme nach ihm ausstreckt, unter den Laken hervorholt. Ihre Hand an seiner Schulter macht ihm eine Gänsehaut. Saul seufzt. Er möchte ihre Nacht, ihre Erholung, nicht stören. Aber er platzt vor unbeantwortbaren Fragen.

»Sofia, Antonia hat mir heute erzählt, wie ihr Papa gestorben ist.« Saul flüstert, so leise es ihm möglich ist. Er möchte nicht, dass jemand mithört.

Sofia stützt sich auf einen Ellbogen auf. »Das habe ich dir doch gesagt, oder?«

Saul schüttelt den Kopf. So etwas schafft Sofia: Im Halbschlaf kann sie es so einrichten, dass er nicht einmal weiß, ob sie gelogen hat oder nicht. »Du hast mir nur gesagt, dass er verschwunden ist«, sagt er. »Den Grund hast du mir nicht genannt.«

»Das tut mir leid«, sagt sie. »Wahrscheinlich wollte ich sie schützen.«

»Du wolltest *Joey* schützen«, widerspricht Saul, und in seiner Stimme schwingt mehr Bitterkeit mit als beabsichtigt.

»Er ist mein Vater«, sagt Sofia.

»Wie können wir das immer noch weiter machen?«, fragt Saul.

»Was das?« Und als Sofia Saul aus trockenen Nachtaugen ansieht, legt sich eine vertraute Entschlossenheit wie Seide um sie. Sofia Colicchio, die einen nervösen Mann der Familie beruhigt.

»Er wollte aussteigen, und deswegen haben sie ihn *umgebracht*? Sie haben seine Tochter und seine Frau alleingelassen? Wie konnte Antonia Paolo heiraten, wo sie wusste, was mit ihrem Papa passiert ist? Wie kannst du für Joey arbeiten? Wie kann ich das?« Sauls Flüstern wird zunehmend lauter. Es ist unvorstellbar, in einer derart verstrickten Welt zu leben.

»Pssst«, sagt Sofia. »Sonst hören dich noch Julia und Robbie.« Sie bricht ab. Wenn sie mit einem Fremden spricht, kann sie das gut, aber sie glaubt nicht, dass sich Saul von ihrem Wimpernschlag und ihrer Honigstimme beeindrucken lässt. Also bleibt ihr nichts anderes übrig, als ihm zu sagen, was sie wirklich denkt. »Ich habe nicht auf all deine

Fragen eine Antwort. Wenn du es so sagst, klingt es wirklich verrückt, oder? Und du weißt doch, wie viele Fragen ich selbst stelle. Du weißt, dass ich nie den Mund halten kann. Dieses ›darüber wird nicht geredet‹, das meine Eltern machen – das meine Mamma immer gemacht hat –, das funktioniert für mich nicht.«

»Also wie kannst du …«, setzt Saul an, doch Sofia schüttelt den Kopf.

»So einfach ist das mit der Familie nicht«, sagt Sofia, und Saul hört die Stimme seiner Mutter, die ihm sagt, dass Gott nicht so einfach ist, und er schmeckt die dunkle, modrige Luft im Schiff auf dem Weg nach Amerika. »Früher habe ich meinen Papa für einen Gott gehalten. Irgendwann habe ich dann angefangen, mehr zu verstehen von dem, was vor sich geht, und ich war so wütend. Antonias Papa – Carlo hieß er, Onkel Carlo – ist *verschwunden*, und wir haben getan, als wäre alles in bester Ordnung, als wäre gar nichts passiert. Ich war die ganze Zeit wütend auf meine Eltern, ich war sogar wütend auf Antonia, weil es ihr gut ging, obwohl etwas so Falsches passiert war. Und dann bist du gekommen, und da habe ich gelernt, dass Gewalt und Krieg zu etwas Gutem führen können, zu Liebe sogar, und ich glaube, das habe ich mein ganzes Leben lang schon gelernt.«

»Dann ist es also meine Schuld?« Saul ist wütend. Sein Flüstern wird zum Zischen. »Ich bin dem Krieg entkommen mit nichts als meinem Leben, und du willst mir sagen, deswegen verstehst du den Wert von Gewalt? Ohne mich wärst du weggegangen?«

»Nein«, sagt Sofia. »Natürlich nicht. Aber du hast mir geholfen zu verstehen, dass Dinge nicht nur gut oder schlecht sind. Wegen des Kriegs haben wir Julia. Wegen der Gewalt haben Antonia und Paolo Robbie. Wenn ich arbeite, kann ich beide Seiten sehen. Die Leute, denen wir helfen. Ich kann das Gute und das Schlechte sehen.«

»Du gehst essen«, entgegnet Saul, bevor er sich davon abhalten kann. »Du siehst die Gewalt nicht.«

Sofias Mund wird hart. »Ich bin in ihr groß geworden«, sagt sie eisig. »Außerdem kann man das, was passiert ist, nicht mehr ändern. Du hast also festgestellt, dass du moralische Bedenken hast, wie es läuft. Schlägst du vor, dass wir gehen? Julia erklären, dass sie Nonno und Nonna und Tante Tonia und Onkel Paoli und Bibi nie wieder sehen kann, dass wir fliehen und irgendwo neu anfangen, und du suchst dir einen Job, bei dem du Gemüse eintütest, und ich kümmere mich ganz allein um Julia, und wir können den Rest unseres Lebens Angst haben, dass sie uns eines Tages finden und du auch verschwindest? Denn früher oder später würde das passieren. Sie würden dich nicht meinetwegen verschonen.« Sofia flüstert auch, aber ihre Worte füllen Sauls Ohren, sie übertönen alles andere. »Glaubst du, das wäre weniger schwierig, als zu bleiben?«

Saul starrt zum Riss an der Decke, bis Sofias Atem wieder regelmäßiger wird, und dann stiehlt er sich in die Küche, wo er ein üppiges Frühstück zubereitet, und er bewegt sich ganz leise, um die anderen nicht zu wecken, bevor der Morgen graut.

Julia kommt als Erste. Sie räkelt sich und schleift ihre Decke ins Wohnzimmer, wo Sofia allein schläft. Sie kriecht in die Kuhle, in der sich Saul den Großteil der Nacht gewälzt hat, und schmiegt sich an den Rücken ihrer Mamma. Als Saul das nächste Mal ins Wohnzimmer schaut, sieht er die Köpfe seiner Tochter und seiner Frau nebeneinander auf einem Kissen liegen. Julia schlägt die Augen auf und sagt *Papa*, was ein Befehl und ein Gebet und ein ungezügelter Ruf der Liebe ist, und Saul breitet für sie die Arme aus und stellt sich vor, dass er sich in der Mitte aufschlitzt und Julia mit aller schützenden Macht, die er besitzt, umschlingt.

Antonia ist in ihrer Ehe nicht unglücklich.

Es gibt viele Tage, an denen sie alles hat, was sie sich vorstellt.

An den Tagen kommt Paolo früh genug nach Hause, sodass Antonia nicht abgekämpft ist und er nicht so mürrisch, dass er den ganzen Abend über wütet, er könnte in einer anderen Position viel nützlicher sein. Und sie denkt nicht an ihren Papa, und sie fragt sich nicht, ob sie die richtige Wahl getroffen hat, und die Stimme ihrer Mamma, die *Lass die Finger von Männern mit Pomade im Haar* sagt, hallt nicht durch ihren Kopf.

An den Tagen gelingt ihr das Backen, und sie fühlt sich mit Robbie verbunden, der sie immer noch dringend braucht, von einer unbenannten Stelle in seinem kleinen Körper aus, und der an ihr hängt und kratzt und zerrt, bis sie ihn einlässt, wofür sie sich an manchen Tagen offen und stark genug fühlt und wo sie an anderen überzeugt ist, dass es sie zerstören wird. Aber an manchen Tagen übt Robbie seine Buchstaben, und sie spazieren zum Park, und sie scherzen miteinander, und Antonia sieht in seinem makellosen Gesicht den Mann, der daraus werden wird, stark und liebevoll wie sein Vater, wie sein Großvater.

An den Tagen liest sie in dem Lichtstrahl, der von zehn bis elf Uhr vormittags wie flüssiges Gold in ihre Küche leuchtet, während die Sonne am Himmel ihre Bahn zieht. Wenn der Schatten des nächsten Gebäudes auf ihre Buchseite fällt, kehrt sie zu sich selbst zurück, und in dem Moment fühlt sie sich unendlich echt und unendlich stark.

An den Tagen ruft sie bei Sofia an, und Sofia ist zu Hause, und dann geht sie vielleicht mit Robbie zu ihr und trinkt mit Sofia Kaffee oder Wein und beobachtet die Dynamitstangen, zu denen ihre Kinder geworden sind, die durch die Wohnung wirbeln und springen und tanzen, und sie und Sofia haben vielleicht eine Stunde, in der sie sich, weil sie zusammen sind, in sich selbst als Kinder einfühlen und sich als alte Frauen vorstellen können. *Paolo meint, wenn Robbie ganztags in die Schule geht, könnte ich vielleicht Kurse an der Uni belegen*, sagt Antonia. Und wenn Sofia darauf antwortet: *Dann hoffe ich, mehr Arbeit zu übernehmen*, hat Antonia einen so guten Tag, dass sie nicht sagt: *Du lässt Julia doch jetzt schon so oft bei mir, dass es ist, als wäre sie in der Schule*. Und wenn sie gehen, kann Antonia Julia vielleicht fangen und an sich drücken und sie riechen und ihr in die Augen blicken und, wenn Julia sich kreischend zu befreien versucht, Sofia in den gekräuselten Augenwinkeln aufblitzen sehen.

An den Tagen fängt sie rechtzeitig zu kochen an, und die Küche füllt sich mit Dampf und dem Duft von Gewürzen, und Paolo rumpelt herein, während sie mit dem Messer hantiert, und er windet die Arme um sie und schiebt den Mund durch ihre Haare zu ihrem Nacken, und Antonia lässt sich gegen sein Gewicht sinken, und von Paolos Mund pulsiert ein warmes Prickeln wie von Strom mitten durch ihren Körper.

Ein anderes Leben kommt Antonia nicht in den Sinn.

Aber der Schleier zwischen unterschiedlichen Leben ist natürlich dünn. Der andere Weg ist da. Er schleicht sich an Antonia heran, er wittert ihre Fährte. Und bald wird sie ihm nicht mehr entkommen können.

Die Pocken sind auf Julias und Robbies Beinen schon fast völlig abgetrocknet, und am fünften Tag ihrer Abschottung in Antonias und Paolos Wohnung fühlt sich Saul ungewohnt rastlos. Deswegen geht er am späten Vormittag spazieren. Paolo ist in sein Büro gegangen, und Antonia und Sofia haben sich auf der Couch zusammen eingerollt, während Julia und Robbie in Robbies Zimmer leise Chaos veranstalten.

Sobald Saul Paolos und Antonias Haus verlassen hat, biegt er nach links ab und schlägt den Weg Richtung Wasser ein. Das ist eins von Sauls Privilegien: Er kann gehen, wohin er will, ohne Angst zu haben. So gut wie jeder weiß, für wen er arbeitet.

Saul spürt das Auto, bevor er es sieht. Es folgt ihm im Schritttempo. Die Haare in seinem Nacken und auf seinen Unterarmen stellen sich auf. Er dreht sich nicht um: Das subtile Machtspiel in diesem Viertel verbietet ihm, den Wagen zur Kenntnis zu nehmen. Er fordert den Fahrer dazu heraus, ihn anzuhalten, ihn nach der Uhrzeit zu fragen, sich zu überlegen, ob er mit einem *Verzeihung* oder einem *Mr Colicchio* oder einem *Bitte entschuldigen Sie die*

Störung, aber ... anfangen soll, doch genau in dem Moment sagt eine Stimme aus dem Wagen: »Saul, stimmt's?«, was überhaupt nicht das ist, womit Saul gerechnet hat, was er aber zu seinem Vorteil nutzen kann, wobei er, wie immer, davon ausgeht, dass es in jedem Gespräch einen Vorteil zu gewinnen oder zu verlieren gibt.

»Das kommt darauf an, wer fragt«, sagt Saul. Er dreht sich nicht um, lässt sich nicht dazu herab, durch den schmalen Spalt zu schauen, den das Autofenster hinuntergekurbelt wurde.

»Ich bin Eli Leibovich. Ich glaube, es ist an der Zeit, dass Sie und ich uns ein bisschen unterhalten.«

Saul bleibt stehen. Er ist überrascht. Er hat jeden Vorteil verloren, den er bei diesem Austausch vielleicht gehabt haben mochte. Er schaut zu dem Wagen, der neben ihm hält. Die Tür öffnet sich. Eli Leibovich ist etwas jünger als Joey, hat eine dunkle, markante Stirn und einen Mund, dessen Winkel ein wenig nach unten gehen, als er zu Saul hochschaut. Über seine Wangen ziehen sich tiefe Falten, vom finster Dreinblicken und vom Lachen. Er sieht aus, als hätte er eine Menge zu sagen.

»Steigen Sie ein«, sagt Eli Leibovich. »Meine Frau kocht gerade Mittagessen.«

Saul hat seine Informationen über Eli Leibovich auf die Art gewonnen, wie er jede andere für ihn wichtige Information auch gewonnen hat: indem er den Mund gehalten und zugehört hat, indem er in seinen schlaflosen Stunden ein Informationsfragment mit dem anderen verknüpft hat, indem er Gespräche im Kopf immer wieder durchgespielt hat.

Auf die Art hat er erfahren, dass Eli Leibovich der Sohn von litauischen Einwanderern ist, die kurz vor der Jahrhundertwende vor der zunehmend antisemitischen Politik des Zarenreichs geflohen sind. Eli selbst wurde in einer heruntergekommenen Mietskaserne in der Orchard Street geboren. Seine Mutter bekam zehn Kinder, von denen sechs das Erwachsenenalter erreichten, und arbeitete als Wahrsagerin, um die Familie über die Runden zu bringen. Sein Vater war in Litauen Arzt gewesen. In New York wurde Eli Leibovichs Vater Vorarbeiter in einer Textilfabrik. Eli wuchs im blutigen Bauch der Lower East Side auf, in einer nach Norden ausgerichteten Drei-Zimmer-Wohnung mit Badmitbenutzung. Und wie so viele andere vor ihm kam er zu dem Schluss, dass er die Fähigkeiten, die er dort zum Überleben brauchte, anderswo gewinnbringender einsetzen konnte.

1940 koordinierte Eli Leibovich bereits ein stadtweites Zockersyndikat. Bei seinen Spielen waren die Einsätze und die Ausschüttungen hoch und die Einladungen dazu ausgesprochen begehrt. Wie in jedem Spielbetrieb, der auf sich hielt, gewann stets das Haus. Manchmal, nachdem Teilnehmer großzügig mit Unmengen salziger Häppchen versorgt worden waren, sodass sie nolens volens zu viel tranken, gewann das Haus turmhoch. Und die Folgen, bei einem Leibovich-Spiel eine Rechnung nicht begleichen zu können, konnten tödlich sein.

Saul hatte einmal von einem Mann gehört, der, nachdem die Leibovich-Haie ihn sich vorgenommen hatten, mit einem gehäuteten Arm aufkreuzte.

In der alten Heimat, bevor Eli Leibovichs Eltern nach Amerika flohen, versteckt im Fach eines Pferdefuhrwerks über einen Feldweg holpernd, hatten russisch-orthodoxe Beamte dabeigestanden und zugesehen, wie jüdischen Säuglingen aus einem nahe gelegenen Dorf die Gliedmaßen einzeln ausgerissen wurden. Sie lernten, dass es möglich ist, einen Säugling zu zerreißen.

Gewalt entstand gleichzeitig mit den Menschen im Urschleim. Sie macht uns weniger menschlich, und doch.

Eli Leibovich wohnt mit seiner Frau und seinen zwei Töchtern in einer weitläufigen Wohnung mit Blick auf die südliche Rundung des Prospect Park. Parkett bedeckt die Böden, große alte Fenster gliedern die Wände, dicke Glasscheiben füllen die Rahmen. Eine der Töchter nimmt Saul den Mantel ab, die andere bietet ihm etwas zu trinken an. Saul lehnt ab, aber in dem Moment kommt Eli dazu, klopft ihm auf den Rücken, als wären sie alte Freunde, und sagt: »Kommen Sie schon, wir feiern«, und so sitzt Saul mit einem weinbrandlastigen Sidecar im Salon, von wo man einen Panoramablick auf den Park im Norden und nach Manhattan im Westen hat. Saul ist sich seiner Haut, seiner Körperhaltung überdeutlich bewusst. Er versucht, sich einen neutralen Ausdruck ins Gesicht zu heften, fürchtet aber, dass seine Nerven ihn im Stich lassen.

Bei einer solchen Besprechung war Saul noch nie: ungeplant, unangekündigt, weder von Joey noch von einem anderen hochrangigen Boss gebilligt. Ein Treffen dieser Art ist so verboten, dass es nie explizit verboten wurde, so undenkbar, dass niemand daran gedacht hat, Saul davor zu warnen. Es ist Verrat, Hochverrat. Das weiß Saul. Aber

Neugier rauscht durch ihn, während er dasitzt und von seinem Cocktail trinkt. Er entschuldigt sich, um bei Antonia anzurufen und seiner Familie auszurichten, dass er in der Arbeit aufgehalten wurde. *Ich denke, dass ich zum Abendessen wieder da bin*, sagt er.

Saul bewundert die Aussicht, würdigt den Drink, schwärmt vom anschließend servierten Essen: eingelegte Rote Bete und Rinderbrust, junge Kartoffeln, vor Gänseschmalz triefend – er fühlt sich benommen, aber das Zimmer um ihn her bleibt scharf. Binnen Sekunden ist er wieder ein Kind, jeder Bissen versetzt ihn in die Vergangenheit, er riecht Holzrauch, die bittere Berliner Luft, die Muffigkeit im Inneren seines Schulranzens. Den Rock seiner Mutter, der sich um ihn legt. Der Kontrast zwischen der Feindseligkeit der Fianzos und der Gastfreundschaft der Leibovichs ist wie ein Peitschenhieb. Ihm dreht sich der Kopf.

Nach dem Essen zückt Eli zwei dicke duftende Zigarren, und er und Saul ziehen sich in ein Herrenzimmer am Ende des Gangs zurück. Die Wände sind gesäumt von Bücherregalen, auf dem Schreibtisch stapeln sich Papiere.

»Danke, dass Sie gekommen sind«, sagt Eli. Sein Gesicht ist nicht zu entziffern. Saul nickt. »Ich interessiere mich schon eine Weile für Sie.«

»Ach ja?«, sagt Saul.

»Natürlich. Ein Mann mit Ihrer ... Geschichte. Und ein Mann meiner ... kulturellen Herkunft. Wir arbeiten ja bislang auf entgegengesetzten Seiten des Ganzen, nicht wahr? Und das kann ich einfach nicht verstehen.«

»Bitte entschuldigen Sie«, sagt Saul, er bewegt sich auf Zehenspitzen durch ein Minenfeld, »aber waren die Seiten wirklich entgegengesetzt?« Wenn er neutral bleibt, gibt es einen Ausweg aus dieser Falle: Er kann Joey immer sagen, dass er Informationen gesammelt hat. *Es war völlig ungeplant, Boss*, wird er sagen, *aber ich dachte, ich könnte was Nützliches erfahren.* Seine Hände schwitzen.

»Wenn wir keine Verbündeten sind«, sagt Eli, »was sind wir dann?« Saul öffnet den Mund, um zu antworten, aber Eli winkt ab. »So gern ich über semantische Fragen debattiere, Saul, das ist nicht der Grund, weshalb ich Sie heute hergebeten habe. Ich wollte Ihnen eine Arbeit anbieten.«

»Ich habe eine Arbeit«, sagt Saul. In den Tiefen seiner Brust regt sich eine kleine Hoffnung, ein winziges Bedürfnis. Eine unaussprechliche Unzufriedenheit klafft auf.

»Ich biete Ihnen an, Ihre Kultur zurückzubekommen«, sagt Eli. »Haben Sie eine Arbeit, die Ihr Herz erfüllt? Eine Arbeit, die Sie mit Ihrer Herkunft verbindet? Wir machen hier Urlaub. Wir haben ein Sommerhaus im Hudson Valley. Wir treffen uns, zu Mahlzeiten, zu Geburten, zu Todesfällen.« Eli zieht an seiner Zigarre und bläst zwei perfekte Ringe in die Luft des Herrenzimmers. »Ich biete Ihnen einen Neuanfang an«, sagt er. »Ich biete Ihnen eine Familie an.«

»Ich weiß das Angebot zu würdigen«, sagt Saul. »Ich weiß, dass meine Situation nicht ... der Tradition entspricht. Aber ich habe Arbeit, und ich habe jetzt eine Familie.«

Eli erhebt sich. Draußen steht die Sonne direkt über Manhattan. Der Prospect Park ist in samtenes Licht getaucht. »Ich verstehe, dass Sie gegenüber der Familie Ihrer Frau, Ihres Kindes, eine gewisse Loyalität empfinden. Das respektiere ich. Darum geht es mir auch nicht. Ich bin nur an Ihnen interessiert.« Eli sieht Saul freundlich an, herzlich. »Ich werde Sie um nichts bitten, das Joeys Geschäften in die Quere kommt. Das würde ich nie tun. Mir geht es um die Familie Fianzo. Das sollte ich Ihnen nicht sagen, aber ich vertraue Ihnen. Ich weiß, dass ich Ihnen vertraue. Ich weiß, dass Sie genau derjenige sind, den ich brauche.« Saul sagt nichts, aber er möchte Eli Leibovich so gern ebenfalls vertrauen. »Es wird spät«, sagt Eli unvermittelt. »Sie sollten nach Hause«, fährt er fort. »Ihre Frau steht nicht gern am Herd, nicht wahr? Ihre Tochter wird doch langsam Hunger bekommen. Und Ihre Arbeit ... ist in letzter Zeit aufreibend. Sie werden dort nicht wie ein Mitglied der Familie behandelt. Und Sie sind sich nicht sicher, wo Sie in das Ganze hineinpassen.«

Saul schweigt. Er erinnert sich, dass die Jungs der Hitlerjugend ihm als Kind oft ein blaues Augen schlugen, seine neue Mütze in die Gosse fegten. Einmal hielten sie ihn fest, fuhren ihm mit Schweineschwarten über den Mund und riefen *Schwein, Schwein, unnützer Esser.* Er hatte Hunger. Als sie fort waren, leckte er sich den Speck vom Gesicht. Es schmeckte nach Salz und seinem Blut von der Stelle, wo seine Lippen zu heftig auf die Zähne gepresst worden waren. Nach solchen Begegnungen zog seine Mutter ihn an sich, wischte ihm das Gesicht ab, drückte ihn, als wollte sie ihn wieder in ihren Körper zurückschieben.

Saul sieht Tommy Fianzo jun. vor sich, der ihn anschaut wie Dreck. Er sieht Sofia vor sich, die sich aus dem Haus stiehlt, bevor er wach ist, Julia, die Schmutz von ihren Schuhen auf dem Fußboden seines Wohnzimmers verteilt, ohne es zu merken, wie nur ein Kind etwas auf absichtliche, entnervende Art nicht merken kann. Er weiß, dass seine *Arbeit* auf einem blutbefleckten Fundament aufbaut, auf dem Verschwinden von Antonias Vater, auf dem Elend eben der Leute, die sie ernährt. Und einen kurzen Moment lang, der wie ein schwarzes Loch erscheint, wie ein erderschütterndes Beben, fragt Saul sich, was er meint, wenn er sagt, dass er eine Familie hat.

»Saul, wenn Sie beschließen, dass Sie nach Hause kommen möchten, melden Sie sich bei mir.«

Im nächsten Moment steht Saul auch schon draußen in der Brise des späten Nachmittags. Autos rasen an ihm vorbei in der Hoffnung, der Rushhour zuvorzukommen. Tausend Fremde, die zu tausend unterschiedlichen Zuhauses strömen. *Und, habt ihr Arbeit?*, fragt Saul sich angesichts der unverständlichen, quirligen Vielfalt von Leben um sich. *Und, habt ihr Familien?*

Am nächsten Tag ruft Saul bei Eli an und sagt ihm, dass er das Angebot annimmt. Als er auflegt, steigt ein prickelndes Hochgefühl in ihm auf. Er verlässt die Telefonzelle, steht auf der Straße und ruft: »HA!«, womit er sich selbst und eine staubige Taubenfamilie überrascht.

Saul trifft eigene Entscheidungen. Saul baut sich ein Heim. Endlich hat er das Gefühl, voranzukommen.

Natürlich kann Saul nicht die Tür öffnen und gleichzeitig kontrollieren, was hereinkommt. Damit setzt er sich der weiten Welt der Möglichkeiten aus. Und so kann die Gefahr ihn erschnuppern und sich gierig auf seine Fährte setzen.

Buch fünf

1947–1948

Den ganzen Herbst 1947 führt Saul ein atemloses Doppelleben. Für Julia ist er ein Vater, für Joey ein Mitarbeiter und Sohn, für Sofia ein Ehemann. Und jeden zweiten Donnerstag um neun Uhr abends, wenn er an einer sonst unscheinbaren Kreuzung in South Brooklyn steht und Eli anruft, ist er ein Verräter.

Eli ist herzlich und freundlich zu ihm, und er spricht in weichen Kadenzen, die Saul nie mit Heimat in Verbindung gebracht hätte, bis ihm die Heimat genommen wurde. Er spricht wie die Männer im Tempel, die ständig den Kopf wiegen und sich nach der Familie des anderen erkundigen und im nächsten Atemzug lauthals streiten. Er spricht wie der Fleischer mit den besten Preisen, der Bäcker mit den besten Rugelach, der Hausmeister, der die Glühbirnen ersetzte, die Sauls Mutter nicht erreichen konnte. Wenn Eli lacht, hat Saul das Gefühl, als würde ein Stück von ihm wiederkehren, ein kleiner Seelenfetzen, von dem er gar nicht wusste, dass er fehlte, und weiß nicht, wie er jemals ohne ihn leben konnte.

Elis Angebot anzunehmen kam Saul wie eine Medizin vor. Intuitiv wurde ihm dabei bewusst, was er auf dem Weg zum Erwachsenwerden alles aufgegeben oder verloren hatte, und sosehr er auch gesucht hatte, konnte er keinen Weg in eine Welt finden, zu der er ganz gehörte. Er war davon ausgegangen, dass alle um ihn herum ganz zu ihrer jeweiligen Welt gehörten, dass niemand Trauer empfand, dass niemanden ein Schattenleben begleitete, das man auch hätte führen können, dass niemand sich je im eigenen Zuhause, in der eigenen Haut heimatlos fühlte. Im Vergleich dazu erschien ihm seine eigene Welt armselig.

Und Eli wollte lediglich Informationen.

Die Fianzos hatten die Docks von Red Hook schon sehr lange unter ihrer Kontrolle und erhielten einen Anteil von allem, was dort ausgeladen wurde. Saul war überrascht zu erfahren, dass dazu auch die Importe der Colicchios gehörten – Olivenöl und Wein, die erlesensten Käse, Dinge, die während des Kriegs verboten und nach Kriegsende legal nur zu sündhaften Preisen zu importieren waren. Die Docks eröffneten den Fianzos auch unkomplizierte Transportmöglichkeiten, sodass sie nach Belieben alles oder jeden nach New York bringen und aus New York hinausschaffen konnten. Nach dem Ersten Weltkrieg waren die Fianzos unter der Hand für ihre Beteiligung am Waffenschmuggel bekannt. Durch die Docks waren sie in der Lage, Kisten mit überschüssigen Geschützen von Irgendwo auf dem Weg nach Irgendwoanders zu verstecken. Durch die Docks waren sie in der Lage, Lorenzo Fianzo, den Bruder von Tommy sen., wieder nach Sizilien verschwinden zu lassen, als das Bureau of Investigation auf ihn aufmerksam wurde. Durch die Docks hatten die Fianzos ein regelmäßiges Einkommen, da die Gewerkschaften, die die Hafenarbeiter eigentlich beschützen sollten, zur Brutstätte von Korruption und Erpressung wurden.

Eli Leibovich wollte die Kontrolle über diese Docks.

Und so gab Saul bei seinen und Joeys monatlichen Treffen mit Tommy Fianzo mehr acht. Auf dem Weg ins Gebäude zählte er die Männer, die beiläufig herumstanden – zwei, die vor der Tür rauchten, einer vor Tommys Bürotür. Sobald er zu Hause war, notierte er jedes Detail, an das er sich erinnerte. *Diese Woche andere Männer draußen, aber derselbe Leibwächter vor T.F.s Tür. Bürofenster mit Blick nach Westen, nach Südwesten von einem Turm Transportkisten verstellt.* Wenn gelegentlich ein Schuldgefühl in ihm aufflackerte – Joeys Gesicht, der Saul kluge Ratschläge, eine Arbeit, seine Tochter zur Ehefrau gab, oder Sofia mit großen Augen und strahlend an dem Tag, als Julia geboren wurde, oder Julia selbst mit ihrem warmen, wilden Herzen, die durchs Wohnzimmer stürmt, um Saul beim Heimkommen zu umarmen –, unterdrückte Saul es und sagte sich, dass die Fianzos auch für die Colicchios die Bösen waren. *Ich helfe ihnen.* Fast kann er sich selbst davon überzeugen.

Natürlich birgt Sauls neuer Nebenjob nicht nur für ihn selbst Gefahren. Er setzt auch den Frieden aufs Spiel, den Joey Colicchio seit 1930 wahrt. Er riskiert, dass sich ein tödlicher Revierkampf zwischen Eli Leibovich und den sizilianischen Familien entfesselt. Saul gefährdet das Leben aller, die er liebt.

Jeden Monat nimmt Eli Leibovich freundlich Sauls Informationshäppchen entgegen, lädt ihn zum Abendessen ein. Anfangs lehnt Saul ab, es kommt ihm zu unsicher vor, zu illoyal. Aber dann gewinnen doch Neugier und Elis aufrichtiger Charme die Oberhand. Elis Mutter, die jetzt in ihrem eigenen Flügel von Elis weitläufiger Wohnung lebt, umarmt Saul bei der ersten Begegnung. *Ein schöner Junge*, sagt sie, und Saul erblasst, sein Herz und sein Magen tauschen Platz: So gewaltig ist die Wucht, von einer Mutter umarmt zu werden, die ein unbenennbares Etwas mit seiner eigenen Mutter teilt.

Wie einfach Familie von außen wirkt. Wie sehr Saul am Zustand seiner eigenen verzweifelt.

Zu Hause bricht Saul zunehmend Streit vom Zaun. Kleine Auseinandersetzungen über Sofias Arbeitszeiten. Julias Puzzles und Kartenspiele, zuckerverklebt oder rotzverkrustet, verwaist auf dem Teppich im Wohnzimmer. *Warum können wir nicht wie eine normale Familie gemeinsam essen?*, fragt er eines Abends scharf und betroffen. Julia, die am Tisch liest, während sie gedünstete Karottenscheiben auf ihrer Gabel balanciert, und Sofia, die, wieder einmal verspätet, gerade heimgekommen ist, schauen Saul erstaunt an. *Entschuldige*, sagen sie, was ungewöhnlich ist, weil beide eigentlich Kämpfernaturen sind, und Saul fragt sich, was an ihm so unbeständig geworden ist, dass sie sich zu einer Entschuldigung genötigt fühlten. *Ich habe Hühnchen gemacht*, sagt er quasi zur Erklärung. *Es wird kalt.*

Als Saul an diesem Abend das Münztelefon erreicht, strafft er sehr bewusst die Schultern, marschiert in die Zelle und schließt die Schiebetür hinter sich. In der Zelle riecht es nach heißem Müll und Beton. Saul wischt den Hörer erst mit dem Taschentuch ab, bevor er die Münzen in den Schlitz steckt und wählt.

»Eli Leibovich«, sagt Eli, als er abhebt.

»Ich bin's«, sagt Saul.

»Saul! Pünktlich auf die Minute. Gibt's was Neues?«

»Diesen Monat eher nicht. Tut mir leid. Wissen Sie, ich bin mir nicht einmal sicher, ob sie im Moment wirklich Expansionspläne haben.« Saul merkt, dass sein Nutzen schwindet. Er kann Eli nur wenig weiterreichen, abgesehen von den Details, die er sich einprägt, während er die Stufen zu Fianzos Büro hinauf- und dann wieder hinuntergeht.

»Jeder hat Expansionspläne, Saul«, sagt Eli. »Das gehört zur menschlichen Natur.« Und dann: »Wissen Sie was: Treffen wir uns doch heute Abend auf einen Drink.«

Saul wird zu Hause erwartet. Sofia merkt natürlich, wenn er nicht da ist, und erwähnt das vielleicht Rosa oder Joey gegenüber. Sie erwähnt es womöglich Antonia gegenüber, die es möglicherweise Paolo gegenüber erwähnt, dessen Freundschaft mit Saul im vergangenen Jahr gelitten hat, ebenso wie seine psychische Verfassung und seine eigene Ehe. Paolo, der so viel mehr als seinen Schreibtischjob wollte.

»Saul?«

»Es tut mir leid, heute Abend geht es nicht«, sagt Saul. »Meine Familie.«

»Ihre Familie«, wiederholt Eli. »Und wie geht es ihnen, Ihrer Familie?«

Saul spricht mit Eli nicht gern über seine Familie. Er möchte gern alles voneinander getrennt. »Gut«, sagt er.

Eli entgeht seine Zurückhaltung nicht. »Melden Sie sich, jederzeit«, sagt er. Elis Herzlichkeit ist eine Waffe. Je freundlicher die Stimme, desto verheerender die Folgen.

Schwitzend legt Saul auf.

Jeder hat Expansionspläne, sagt Eli immer und immer wieder in Sauls Kopf, als er sich auf den Heimweg macht. *Das gehört zur menschlichen Natur.*

Wirklich?, fragt Saul sich. Eigentlich möchte er nur auf die Nischen seines Lebens zusammenschrumpfen, in denen er sich zu Hause fühlt. Er möchte nur, dass die Nischen nebeneinander bestehen können.

Als Robbie in die Schule kommt, beschließt Antonia, dass sie es eigenmächtig in die Hand nehmen muss, wenn sie jemals selbst an die Schule zurückkehren möchte. Also macht sie einen Plan: Jeweils montags und mittwochs packt sie sich, sobald sie Robbie abgesetzt hat und Paolo zur Arbeit aufgebrochen ist, etwas zu essen, ein Notizheft und einen Pullover ein, denn in der Bibliothek ist es immer eiskalt, schleicht klammheimlich aus der Wohnung und die Straße entlang, als könnte jemand sie aufhalten.

Für Außerplanmäßiges hat sie immer noch kein Geld, aber die Erinnerung an ihre Lektüre der *Antigone* in der Highschool ist ihr wie eine lang verlorene Freundin in den Sinn gekommen, und sie fängt an, systematisch die griechischen und römischen Klassiker zu lesen. Zusammengerollt wie eine Schnecke in ihrem Gehäuse, sitzt Antonia in einem der riesigen widerhallenden steinernen Lesesäle im zweiten Stock auf ihrem Stuhl, und von neun Uhr morgens bis zwölf Uhr mittags verliert sie sich in der Dramatik und dem Leid einer völlig anderen Zeit. Aischylos und Euripides, Aristoteles und Ovid.

Bald stößt Antonia auf die *Metamorphosen*, in einer speckigen, eselsohrigen Ausgabe, die sie praktisch sofort in ihren Bann schlagen. Während die jugendliche Antonia Geschichten bevorzugte, in denen es um die grundsätzlichen Fragen ging, um die großen Ungerechtigkeiten, die die Mächtigen begehen, hält Mamma Antonia sich an Entwicklungsgeschichten, an Erzählungen, die verheißen, dass niemand in seiner endgültigen Form zur Welt kommt. Lautlos liest sie sich Wörter vor, kostet sie, wenn sie über ihre Zunge federn. Sie fragt sich, ob sie wohl auch die Fähigkeit besitzt, sich zu verändern.

Wenn sie am frühen Nachmittag nach Hause geht, ist Antonia aufgekratzt. Die Freude, ihren Verstand einzusetzen, gepaart mit dem Adrenalin, ein neues Geheimnis zu haben, treiben sie vorwärts. In gewisser Hinsicht weiß sie natürlich, dass das nur eine Notlösung ist, etwas, das sie sich ausgedacht hat, um die Zeit herumzubringen, um sich abzulenken. Sie sieht, wie sich die Menschen in ihrer Umgebung verändert haben: Sofia durch ihre Arbeit, Lina, die jetzt einen derart treuen Kundinnenkreis hat, dass sie oft von Sonnenauf- bis Sonnenuntergang mit Besucherinnen zusammensitzt. Selbst Frankie, die dereinst klein genug war, um mit Antonia wie ein Teddy auf einem Stuhl zu balancieren, spart jetzt Geld, um bei ihren Eltern ausziehen zu können. Sie schneidet Frauen aus der Nachbarschaft die Haare, und die vergessen, dass sie erst sechzehn ist, so ansteckend ist ihr Selbstbewusstsein, so gelassen ihre Miene.

Das sind nur wir, denkt Antonia. Sie und Paolo und Robbie. *Das sind nur wir, bei denen sich nichts bewegt.*

Saul sitzt gerade noch beim Frühstück, als das Telefon klingelt. Sofia hat das Haus schon verlassen, sie hat Julia einen

Kuss auf die Stirn gedrückt und Saul zugeflüstert: *Meine Mamma kann sie zur Schule bringen*, und anstatt Saul auch einen Kuss zu geben, wirbelt sie zum Gruß auf den Absätzen herum und verschwindet in einer Wolke von *Soir de Paris*. Saul hebt den Hörer ab.

Es ist Joey. Er ist kurz angebunden, aber er bittet Saul zu einer Besprechung.

Das Zimmer, in dem Saul gebeten wird, auf Joey zu warten, ist klein und dunkel und riecht nach gepökeltem Fleisch. Zwei Sessel stehen dort, beide bezogen mit weichem braunem Leder, sie haben schon bessere Tage gesehen, und ein alter klappbarer Kartentisch, an dessen einem Ende eine Espressomaschine und Tassen etwas wacklig Platz finden. Durch das einzige, schmutzige Fenster strömt die satte Nachmittagssonne herein und fällt auf den Staub zahlreicher Generationen, der in der Luft tanzt. Im Erdgeschoss, direkt darunter, ist ein Sandwichladen, von dem der Lärm durch den Boden nach oben dröhnt.

Saul sitzt dort, zu seiner Gesellschaft hat er lediglich seine Neugier und die Frage, weshalb er hier ist. Mittlerweile versteht er sich aufs Warten. Aufs Vertrauen, aufs Stillhalten. So hält er es bei der Arbeit, wenn er einen Auftrag bekommt, ohne den Grund dafür zu kennen, so hält er es zu Hause, wenn Sofia eine namenlose Wut oder Neugier oder Freude packt, ohne sie ihm zu erklären. So hält er es mittlerweile jeden zweiten Donnerstagabend, wenn er wartet, dass Eli den Hörer abhebt. So hielt er es einmal auf einem Schiff, das ächzend von Europa nach Amerika schaukelte und wo er nur wusste, dass es nichts zu wissen gab.

Joey verspätet sich. Als er die Tür aufstößt, steht Saul auf, um ihm die Hand zu geben und die Luft neben seiner Wange zu küssen.

»Ciao, Kumpel«, sagt Joey, »ich hab's nicht früher geschafft, hast du dir schon einen Kaffee gemacht? Die Maschine da ist staubig, aber der Espresso ist grandios.« Beim Reden füllt Joey die Maschine, drückt den Berg duftenden Kaffeepulvers zusammen, fragt mit Gesten, ob Saul einen möchte.

»Für mich keinen, Boss«, sagt Saul. Er entspannt sich fast wider Willen. Der Joey eigene Charme wärmt und bedrückt ihn gleichermaßen.

Joey dreht sich um, er hält zwei kleine Espressotassen zwischen Daumen und Zeigefinger, als hätte er nicht gehört, dass Saul keinen wollte. Er reicht Saul eine Tasse und lässt sich auf dem zweiten Sessel nieder. »Also gut, ich bin so weit. Saul. Wie geht's mit allem?«

Saul hat Angst, etwas zu sagen. Das ist die Kehrseite seiner Arbeit für Eli. Die Momente, die er mit Joey verbringt – zumal mit ihm allein –, sind schauderhaft. In jedem Augenblick könnte Joey offenbaren, dass er über Sauls Machenschaften im Bild ist. Dabei tut es nichts zur Sache, dass Eli sein Versprechen hält – er erwartet von Saul nie Informationen über Joey. Saul weiß, dass das keinen Unterschied machen würde. »Alles läuft gut, Boss«, sagt er.

»Sofia? Julia?«

»Denen geht's gut. Sehr gut.« Joey und Rosa haben vorgestern mit ihnen zu Abend gegessen. Joey hat gerade erst gestern Abend mit Sofia gesprochen, stand plötzlich wie eine Geistererscheinung bei ihnen vor der Tür, um Sofia zu bitten, am heutigen Morgen in einem Lokal in der Sackett Street zu sein und die Lieferung von hochpreisigem Olivenöl zu begleiten.

»Schön.« Joey lacht auf. »Es tut Rosa gut, es tut uns gut, euch in unserer Nähe zu haben. In letzter Zeit ist viel Gutes passiert. Sofia – du betrachtest das vielleicht mit gemischten Gefühlen, und glaub mir, Saul, das kann ich gut nachvollziehen, aber Sofia ist für uns ein echter Gewinn.« Joey hält kurz inne. »Glaubst du, dass sie glücklich ist?«

Saul denkt an Sofia, wie sie spät heimkommt, früh wieder das Haus verlässt. Die Röte auf ihren Wangen, als sie ihm erzählt, wie sie Mario Bruno zurechtwies, den neuen Typen, der glaubte, weil sie eine Frau sei, würde sie nicht merken, dass er mehrere Flaschen Wein aus der Lieferung vergangene Woche mitgehen ließ. *Du hättest sein Gesicht sehen sollen. Ich bin einfach zu ihm hin und hab gesagt: »Ist mit denen etwas nicht in Ordnung?« Er hat die Flaschen so schnell zurückgestellt, als hätten sie Zähne bekommen. Ich dachte, der kriegt den Mund nie wieder zu.*

»Doch, ich glaube schon«, sagt Saul. Eine gewisse Erleichterung. Es hat nicht den Anschein, als wäre das der Auftakt zu einem Gespräch darüber, wie Saul sie alle hintergeht.

»Das freut mich«, sagt Joey. »Das ist besser für uns alle.« Sofias Arbeit ist ein Problem, das Joey gelöst hat. Er betrachtet die Situation gelassen und mit Zufriedenheit. Es gab deswegen viele Auseinandersetzungen mit Rosa, sie kann nicht glauben, dass ihre Tochter sich so herabwürdigen lässt – zuerst die Essen, dann auch noch die Lieferungen, *Im Kreis von Gangstern und Waffen, Joey, was denkst du dir bloß dabei?* Auf derartige Ausbrüche folgt stundenlanges Schweigen, Teller werden auf den Tisch geknallt, ein eisiges *Ja, natürlich* als Antwort auf sein *Ich glaube ich weiß, was ich tue.*

»Das finde ich auch«, sagt Saul. Er lehnt sich im staubigen altersschwachen Sessel vorsichtig zurück. Er trinkt von seinem Espresso und sagt sich, dass er das, was er zu erfahren braucht, zu gegebener Zeit auch erfahren wird. Er versucht, seinen Herzschlag zu beruhigen.

»Hör zu«, sagt Joey. »Die Dinge laufen nicht mehr so gut.«

Saul reagiert nicht, oder er glaubt zumindest, dass er nicht reagiert. »Inwiefern, Boss?«

»Tja, ich bin hier nicht allein. Du hast ja gesehen, wie die Dinge laufen. Seit dem Krieg schwimmen wir ein bisschen, Saul. Du siehst es ja selbst. Es gibt keine Prohibition mehr. Die Tage, wo Champagner und Geld in Strömen fließen, sind vorbei. Es gibt immer mehr Konkurrenz – Eli Leibovich würde uns, wie du sicher weißt, nur zu gern aus Red Hook verdrängen. Und er bekommt immer mehr Macht, deswegen könnte es ihm vielleicht sogar gelingen.« Joey hält inne. Saul schaudert. Eli hat ihm versprochen, dass er das nicht will. »Und wie du weißt«, fährt Joey fort, »haben wir zusätzliche Kosten. Die Fianzos haben nicht, na ja, sie haben ihren Prozentsatz nicht gesenkt. Das ist für uns eine Verpflichtung.« Joey blickt in seine halb leere Espressotasse, und Saul, auf der Sesselkante hockend, weiß nicht, ob er zappeln gelassen wird wie eine Marionette oder ob er einen Moment echter Verletzlichkeit erlebt. »So ganz haben wir noch nicht wieder Tritt gefasst«, sagt Joey. »Und ich verlange Leuten immer noch einen gewissen Respekt ab. Aber das genügt zunehmend nicht mehr.«

Saul beugt sich vor, der Sessel ächzt einen kläglichen Protest. »Wie kann ich helfen?«

Joey lächelt mit funkelnden Katzenaugen und beugt sich ebenfalls vor. »Was würdest du zu einer Beförderung sagen?«

Saul schweigt. Mit einer gewissen Ironie fragt er sich, wie vielen Menschen in ihrem Leben wohl so viele Jobs angeboten wurden wie ihm, und wie viele dieser Angebote, wie dieses, keine richtigen Angebote waren, sondern unverständliche Züge in einem lebensgroßen Schachspiel. »Eine Beförderung«, wiederholt er, kostet das Wort, erkauft sich Zeit.

»Wir brauchen Veränderungen«, sagt Joey. »Ich will nicht aufhören, aber ich suche jemanden, der einen Teil meiner Verantwortung übernimmt. Der mich entlastet, aber auch einige ausgetretene Pfade verlässt. Wenn Sofia mein Sohn wäre, tja. Dann wäre vielleicht alles anders.«

»Und du möchtest, dass ich helfe?«, fragt Saul.

»Ich möchte, dass du meine Nummer zwei bist«, sagt Joey. »Offiziell. Ich möchte, dass du einige meiner Besprechungen abhältst, einige meiner Konflikte austrägst, mir ein paar Vorschläge machst. Das monatliche Treffen mit Fianzo – du begleitest mich schon lange, das kannst du allein. Ich kümmere mich um einige der großen Sachen – und um Sofias Arbeit. Ich vermute, das wäre unangenehm für dich, also übernehme ich das.

Seit Kurzem verbringen wir ziemlich viel Zeit miteinander, das ist dir sicher aufgefallen. In gewisser Weise machst du den Job jetzt schon. Aber in diesem Geschäft bedeutet der äußere Schein sehr viel.« Joey verstummt. Er leert den Espresso und stellt die Tasse auf den Tisch. Dann verschränkt er die Finger und seufzt, und Saul fällt auf, dass Joey müde aussieht, dass die Rundung seines Rückens und die Schwere seiner Gesichtszüge Ausdruck tiefer Erschöpfung sind. »Deine Wirkung ist viel stärker, als du glaubst, Saul. Du störst das, was die Leute für die natürliche Ordnung halten. Ich fand das nicht immer die richtige Strategie, aber in der Zwischenzeit hat sich viel verändert.«

Es würde Saul merkwürdig vorkommen, *Danke* zu sagen, also sagt er nichts.

Zwischen ihnen lastet das Schweigen. Saul weiß nicht, wie er reagieren soll.

»Was meinst du?«, fragt Joey.

Saul überlegt. Er denkt an Julia, die angelaufen kommt und ihn umarmt, wenn er heimkehrt, sie kennt nichts anderes als ihre eigenen unersättlichen Wünsche, kann nur nach ihnen handeln. Er denkt an Sofia, die morgens die Augen öffnet und ihn anlächelt, die klare Helligkeit ihres Lachens, die Hitze ihrer Wut. Er denkt an seine Mutter, deren Name auf keiner Totenliste irgendeines KZs stand, deren Haus in den ersten Kriegsjahren dem Erdboden gleichgemacht wurde, von der niemand je wieder hörte und um die Saul nie trauern konnte, nicht auf die Art, wie man um jemanden trauert, der gestorben ist, und deren Abwesenheit er stattdessen als lodernde Flamme empfindet, als brennenden Schmerz, als Knoten im Bauch, im Herzen, im Kopf, unablässig. Er denkt an den Krieg, der ihn zerstörte und an einem fremden Ufer absetzte. Er suchte nach einer

Familie, als er Eli sagte, er werde für ihn arbeiten. Aber dafür hinterging er eine andere Familie.

»Ich kann nicht«, sagt er zu Joey.

»Tja, da wirst du mir wohl erklären müssen, warum«, sagt Joey.

Plötzlich hat Saul das Gefühl, als müsste er gleich weinen, und die Vorstellung ist so verwerflich, dass er die Lippen aufeinanderpresst, die Kehle verschließt und einen Fingernagel in die weiche Haut seiner Handfläche bohrt, bis der Drang vergeht. »Ich weiß alles, was du für mich getan hast, sehr zu schätzen«, sagt er. »Ich kann dir gar nicht genug danken dafür, dass du mir das ... diese Familie gegeben hast. Aber ich kann mich nicht an noch mehr Kämpfen beteiligen. Ich kann es nicht – die Gewalt, Joey. Ich kann es einfach nicht.« Im tiefsten Inneren weiß Saul natürlich, dass die Gewalt ihm wesentlich weniger zu schaffen macht, als sie es sollte. Aber er hat ein schlechtes Gewissen. Wie kann er von einem Mann, dessen Vertrauen er missbraucht, eine Beförderung annehmen?

Joey nickt. Die Luft lastet schweigend im Raum, schwer, wartend. »Kennst du die Geschichte meiner Eltern, bevor sie mich hergebracht haben?«

»Nein«, antwortet Saul. »Also – ich weiß, dass du ein Kleinkind warst.«

»Mein Vater war Obstbauer«, sagt Joey. »Er hat Orangen und Zitronen angebaut. Er hat seine verdammten Bäume geliebt. Mein ganzes Leben hat er sich über die Zitrusfrüchte in Amerika beschwert.« Joey greift nach seiner Tasse, merkt, dass sie leer ist. Wendet sich wieder Saul zu. »Ich versuche, weniger zu trinken. Also, mein Vater hat

Orangen und Zitronen angebaut. In seiner Kindheit haben sie die Früchte auf der Insel behalten, oder sie haben sie nach Rom verschifft. Sie haben sie kistenweise getauscht mit Nachbarn, die Feigen anbauten oder die Eier oder Endivien hatten. Sie haben sie gegen Fisch eingetauscht, oder sie haben die Früchte in einem Karren zu einem kleinen Markt in der Nähe gebracht.

Aber dann«, fährt Joey fort, »nach der Vereinigung Italiens, ist die restliche Welt auf die Orangen gekommen, auf die Zitronen. Und plötzlich wurden kistenweise Zitronen auf Schiffen in aller Welt gebraucht, zur Vorbeugung gegen Skorbut. Die Leute wollten ihr Fleisch marinieren, sie wollten Limonade haben, sie wollten den ganzen Winter über Orangen essen. Der Preis für Orangen stieg. Die Nachfrage ebenfalls. Und in Sizilien konnte sie sich niemand mehr leisten. Der Vater meines Vaters musste seine Orangen, in Kisten verpackt, zu bestimmten Terminen verschiffen. Sehr viel mehr Geld hat er nicht bekommen, aber es gab neue Mittelsmänner, die die Preise in die Höhe trieben, wenn Schiffe in den Hafen kamen, und während der Urlaubssaison. Überall auf der Welt wurden Orangen aus Sizilien gegessen. Sie waren dermaßen begehrt, dass sie immer häufiger gestohlen wurden. Mein Großvater wachte morgens auf, und Bäume, die am Vorabend noch schwer beladen gewesen waren, waren leer geräumt, hatten weder Früchte noch Blätter mehr. Die Zweige waren abgebrochen, die Erde ringsum aufgewühlt. Und das passierte Bauern überall auf der Insel.

Du ahnst, wie es weitergegangen ist?«, fragt Joey.

Saul schüttelt den Kopf.

»Doch, das weißt du sogar. Aber ich erzähle es dir. Es

hat sich ein neuer Markt entwickelt. Leute, die angeboten haben, die Orangen- und Zitronenhaine gegen einen Anteil am Gewinn zu beschützen. Netzwerke von Zitrus-Wächtern, wenn du so willst. Meist ging es friedlich zu, aber einige Leute – meistens potenzielle Diebe – wurden damals verletzt oder sogar getötet.

Unser Beruf hat einen schlechten Ruf bekommen«, sagt Joey. »Und sicher, er hat sich verändert. Wir sind keine aufsässigen Orangensoldaten mehr. Wir sind in gewisser Hinsicht korrumpiert worden. Es gibt Menschen ... es gibt Menschen, die ich verletzt habe, Saul, und ich wünschte, ich hätte es nicht getan. Aber ich danke den Männern, die die Orangenhaine bewacht haben, aus tiefstem Herzen. Sie haben ganzen Familien das Überleben gesichert. Sie haben ermöglicht, dass Kinder auf die Welt kommen und alte Menschen versorgt werden. Sie haben kleine Bauern gegen die Konflikte und die Gewalt und die Verzweiflung verteidigt, die die Mächtigen in der Ferne anzetteln. Sie haben sich um ihre Leute gekümmert, anstatt darauf zu vertrauen, dass der Staat es tut.

Du hast recht, Saul, Krieg ist ein Krebsgeschwür. Ein Schandfleck auf dieser Erde. Er ist ein Ausdruck abgrundtiefer menschlicher Feigheit und Angst. Er ist eine Laune der Mächtigen, von Männern, die diese Macht selten verdient haben und Kinder in die Schlacht schicken, um ihre kleinlichen Konflikte auszutragen. Krieg ist die Erwachsenenversion des Burgenbauens, Leute gegeneinander aufzuhetzen. Sie haben Italien aus verschiedenen Völkern geschaffen, haben uns befohlen, eine Sprache zu sprechen, haben von uns erwartet, dass wir ihnen ihre Grenzen verteidigen. Die Grenzen haben sie gezogen. Sie haben alle Grenzen gezogen.

Ich weiß, dass du deine Heimat verloren hast. Ich weiß, dass du deine Mamma verloren hast. Saul, es tut mir unendlich leid, dass dir das passiert ist.« Saul stockt der Atem, er ist gebannt. Er sieht sein ganzes Leben wie einen Wasserlauf von einem Ende seines Gehirns zum anderen fließen. Seine Mutter, die sich bückt, um sein Gesicht zu umfassen.

»Es ist deine Wahl, Saul. Aber bitte hör zu, was ich dir sage. Ich würde dich nie bitten, einen Krieg zu führen. Ich bitte dich, Teil einer Familie zu sein. Etwas aufzubauen, nicht, es zu zerstören. Um unsere Orangen zu beschützen.« Saul bringt kein Wort hervor, aber er empfindet überbordende Dankbarkeit gegenüber diesem Mann, der sich wie ein Vater zu ihm verhält. Der, wie ihm jetzt bewusst wird, Saul aufgenommen hat und dabei in seiner eigenen Gemeinschaft zweifellos auf heftigen Widerstand stieß. Saul hat Joey immer vorgeworfen, ihm seine Kultur geraubt zu haben. Das Ausmaß dessen, was er dafür bekam, hat er nie gesehen.

Joey steht auf. Er legt eine kleine braune Papiertüte auf den Tisch. Er nickt Saul zu und presst die Lippen aufeinander. Er sagt: »Lass mich wissen, was du kannst, wann du kannst. Und bitte, gib das Sofia. Ich habe es für sie aufgehoben.« Und dann verlässt er den Raum, wie ein Seufzen schließt sich die Tür hinter ihm.

Saul weiß jetzt schon, dass er Ja sagen wird. Ihm schwirrt der Kopf, das Nachmittagslicht strahlt durch das staubige Fenster in jenseitige Ebenen. Die Luft hallt förmlich wider, als erinnere sie sich an Joeys dröhnende Stimme.

Saul steht auf und geht zum Tisch, wankend, als sei er auf See gewesen.

An der braunen Papiertüte steckt ein Zettel. Darauf steht: *Sofia: Ich glaube, ich habe immer schon gewusst, dass die für dich ist.*

Saul faltet die Tüte auf und schaut hinein.

Am Boden liegt, nackt wie ein Baby, eine glänzende Pistole mit Perlmuttgriff.

Später an diesem Tag kniet Antonia am Badewannenrand und versucht, einen dunklen Ring zu entfernen, während Robbie in der Küche Unordnung stiftet, als sie eine Tür knallen und dann Paolo rufen hört: »Tonia, er wird aufgebaut.« Wütende Schritte durchqueren die kleine Wohnung. Paolo wirft die Tür zum Badezimmer auf, und Antonia sieht flüchtig zu ihm hoch. »Hast du mich gehört?«

»Ja«, sagt sie. Gerade an dem Vormittag hat sie über die Göttin des Hungers gelesen, deren Dürre und Blässe und Auszehrung in anderen dennoch eine unersättliche Gier weckten. Paolo hungert nach etwas, unbeherrschbar ist das Verlangen, nach einem Teil von Antonias Aufmerksamkeit, den zu geben sie sich nicht überwinden kann. *Und anstatt des Bauchs war da nur die Stelle des Bauches.*

»Saul hat mich vorhin im Büro angerufen, um mir zu sagen, dass Joey ihn zu seiner rechten Hand macht. Er wird aufgebaut, um seine Position zu übernehmen.« Paolo setzt sich auf den Rand der Toilette und legt das Gesicht in die Hände. »Ich dachte, das wäre meine Rolle. Ich dachte, ich würde es im Leben zu mehr bringen.«

»Paolo.« Antonia möchte mehr als das sagen. Ihr ist klar,

dass Paolo etwas Tröstliches hören will, dass er erwartet, sie würde ihn aufrichten, indem sie ihm einen kleinen Teil ihrer selbst gibt. Aber sie kann ihm nicht mehr geben, denn sie empfindet eine Woge abgrundtiefer Enttäuschung. Ihr Zuhause, das kleiner und chaotischer ist, als sie beide es sich wünschen, schrumpft noch weiter um Paolo und Antonia zusammen. Ein Entkommen scheint unmöglich. Antonia hat keine Worte mehr, die sie Paolo geben kann. Keinen Teil mehr von sich. *Gleichwie das Meer die Flüsse der ganzen Erde aufnimmt und des Wassers nicht satt wird und die fernsten Ströme schluckt ... und nur noch gefräßiger wird.*

»Ich wollte mehr als das«, sagt Paolo und deutet auf das Bad, die blätternde Farbe, die wummernden Rohre. »Ich wollte dir mehr als das bieten.«

»Ich bin glücklich«, sagt Antonia. Das kommt automatisch, erstickt aber die Fragen, die Paolo und Antonia sich nicht stellen wollen. Fragen wie: *Wie sind wir hier gelandet?* Und wichtiger noch: *Wie kommen wir hier raus?* Und, am erschreckendsten: *Schaffen wir das gemeinsam?* Aus der Küche dröhnt ein Krachen. »Kannst du mal nach Robbie sehen? Können wir später darüber reden?« Paolo steht auf und verlässt das Bad. Antonia wringt den Putzlumpen aus, bis ihre Finger wund sind.

Eine Woche später wacht Antonia auf, und ihre Haut schmerzt an den Stellen, wo sie ihr Nachthemd berührt. Noch bevor sie ins Bad wankt, weiß sie, dass sie schwanger ist. Sie kniet auf dem Fliesenboden, die eine Seite des Gesichts gegen das Porzellan der Badewanne gedrückt, und zählt Tage. Seit Robbies Geburt ist sie vorsichtig gewesen, so vorsichtig sie sein konnte. *Was wäre so schlimm an einem zweiten Kind?*, fragt Paolo immer, wenn sie sich von ihm fortdreht und sagt: *Nicht diese Woche.*

Was wäre so schlimm an einem zweiten Kind?, fragt Antonia sich jetzt. Vom anderen Ende der Wohnung hört sie Robbie. Paolo ist schon ins Büro aufgebrochen – er geht immer früher, als könnte er seinen Pflichten am Schreibtisch durch Übereifer entkommen.

Als sie sich wieder gefangen hat, steht Antonia auf und geht in die Küche, um Robbie Frühstück zu machen. Er tapst im Flur hinter ihr her, sein schwarzes Haar ist nach dem Schlafen in eine wilde Skulptur gepresst. Besitzergreifend schlingt er einen Arm um ihre Hüfte und lehnt den Kopf an sie. »Mamma«, sagt er. »Hi, Kleiner«, antwortet Antonia.

Vor fünf Jahren lag sie da und hielt ihn im Arm – irgendwie derselbe Mensch, aber gerade einmal vier Kilo schwer und greinend, um sich tastend, ein kleines Bündel von schierem, unendlichem Bedürfnis. Antonia weiß noch, wie sie sich Robbie an die Brust legte und die Augen schloss im Versuch, woanders zu sein. Jemand anderes zu sein. Überzeugt, dass sie Robbie nicht stillen konnte, wo sie doch selbst ein einziger wunder Abgrund der Bedürftigkeit war.

Antonia legt sich eine Hand auf den Bauch, Angst rinnt ihr wie Eiswasser über den Rücken.

Bei der Vorstellung von rohen Eiern wird ihr übel, sie verteilt für Robbie verschwenderische Marmeladenmengen auf Toast. Robbie macht es sich mit einem Comicheft auf seinem Stuhl am Küchentisch bequem. »Bald fängt die Schule wieder an«, sagt sie zu ihm. Er nickt. Er lässt die Füße hin und her über den Boden schleifen, wie Sofia früher. Während er isst, ruft Antonia bei Sofia an.

Sofia und Antonia schneiden den Nachmittag aus ihrem normalen Alltag, um ihn zusammen zu verbringen, nur sie zwei.

Das tun sie nicht mehr oft, also herrscht kurz eine gewisse Anspannung: die Unterhaltung schleppt sich hinter ihnen her, jede wirft immer wieder einen Blick auf die Uhr hinter der Theke im Deli. Sie sind downtown und essen Pastrami-Sandwiches.

»Wie bist du noch mal auf dieses Deli gekommen?«, fragt Antonia.

»Saul hat früher hier *gearbeitet*«, erklärt Sofia. »Bevor wir geheiratet haben, ist er einmal mit mir hergekommen. Er sagt, hier gibt es das beste Pastrami in ganz New York.«

Antonia hat den Mund voll. Sie nickt. In ihrem Herzen flattert etwas, sie hat Sofia den Grund für dieses Mittagessen nicht genannt. Sie kommt sich rebellisch vor, als ob sie den ganzen Tag Martinis trinken, Robbie zu spät von der Schule abholen, ihre Verpflichtungen abstreifen könnte, Hüllblatt um Hüllblatt, wie bei einem Maiskolben, bis ihr glänzendes Innenleben offen in der Sonne liegt. Sie hat *Downtown* vorgeschlagen, sie trägt eine Hose, die sich in ihrem Schoß unangenehm bauscht und die, wie sie erkennt, als das Pastrami sie füllt wie ein Wasserballon, der über die Öffnung eines Feuerhydranten gehalten wird, für dieses Lokal nicht unbedingt geeignet ist.

»Kannst du dir das vorstellen?«, sagt Sofia und schaut sich um. »Wenn Papa ihn nicht angestellt hätte, wäre Saul vielleicht immer noch hier.«

Antonia schluckt. Genau solche Gedankenexperimente hat sie in letzter Zeit immer wieder durchgespielt: Was wäre, wenn, was hätte sein können. Rückblickend kommt ihr Leben ihr wie eine Abfolge von Weggabelungen vor, immer wieder muss sie sich fragen, was passiert wäre, wenn sie einen anderen eingeschlagen hätte. Wenn sie für ein Studium gespart hätte. Wenn sie vor der Hochzeit schwanger geworden wäre. Wenn sie nie den Weg zu ihrer Mamma zurückgefunden hätte. Wenn ihr Papa nicht umgebracht worden wäre. Wenn sie Paolo nicht geheiratet hätte. Wenn sie im letzten Monat ihre Tage nicht falsch berechnet hätte. Sie stellt sich vor, wie in ihrem Bauch etwas wächst. Sie stellt sich vor, wie sie sich auflöst. *Dumm*, sagt sie sich.

»Was ist los?«, fragt Sofia.

»Nichts«, sagt Antonia. »Wie läuft die Arbeit?«

Die Arbeit ist berauschend. Sie verlangt Sofia alles ab. Sie hilft ihr, sich bis zu den äußersten Rändern ihrer Haut vorzufühlen, kleine Stromschläge von Kopf bis Fuß. »Wie immer«, sagt Sofia. Sie ist vorsichtig. Antonia kritisiert sie nie offen, aber im ersten Jahr, als Sofia gerade anfing, war es schwierig zwischen ihnen, und sie möchte doch unbedingt alles: ihre Freundschaft, ihre eigene kleine und die andere Familie. Sie stellt fest, dass sie taktvoll wird, was sie früher nicht kannte.

»Und Julia?«

Julia ist insektenverrückt. Sie schürft sich die Knie auf, sammelt in einem Glas Motten. Sie blättert in alten Ausgaben der *National Geographic* und liegt dabei kopfüber auf dem Sofa, sodass ihr Haar auf den Boden fällt und sie mit den Füßen geistesabwesend gegen die Rückenlehne tritt. Rosa ist entsetzt, und ihre dürftigen Versuche, das zu verbergen, unterstreichen nur das Schürzen ihrer Lippen, das kleine missfällige Kopfschütteln. »Julia ist ein wildes Wesen«, sagt Sofia. Manchmal kriecht Julia nachts immer noch zu Sofia und Saul ins Bett, aber bis sie aufwachen, ist sie immer schon fort. »Sie ist unglaublich«, sagt Sofia, obwohl sie wie immer hin- und hergerissen ist zwischen der Welt, in der Julia Sofia braucht, und der Welt, in der Sofia sich selbst braucht. Der Übergang zwischen beiden gelingt Sofia nach wie vor nicht gut, und so schwankt sie hin und her, kommt eine Woche lang jeden Abend erst nach Hause, wenn Julia schon schläft, und verbringt dann einen ganzen Tag mit ihr auf Coney Island, fährt Julia wegen einer Kleinigkeit an und kauft ihr dann das Stofftier, das sie sich so wünscht, das Eis zum Abendessen. Sofia staunt über Julia, lebt aber ständig in panischer Angst: dass sie sich in dieser Liebe verlieren könnte, oder aber, dass Julia sie nicht erwidert und Sofia die Liebe ins Nichts geworfen hat. Im tiefsten Inneren weiß sie, dass sie durch ihre Arbeit keine schlechtere Mutter geworden ist. Trotzdem, man kann sich nur einer bestimmten Anzahl ungeschriebener Erwartungen entziehen, ehe man seine eigenen Instinkte hinterfragt.

»Wie geht's Robbie?«

Robbie ist empfindsam. Er ist kreativ und liebevoll, aber er ist auch unausgeglichen auf eine Art, wie Antonia es nie war. Antonias ausgewogenes Naturell hat er nicht geerbt. Ihre Selbsterkenntnis hat er, ihr umfassendes, großzügiges Bewusstsein für alles um sich her, aber er hat Paolos Schwermut, wenn etwas nicht glattläuft. Der kleinste Rückschlag kann ihn aus der Bahn werfen. Antonia kommt sich wie das Herz der Familie vor, das Einzige, das diese Familie zusammenhält.

»Tonia?«

»Ihm geht's gut«, sagt Antonia.

Schweigen. Antonia und Sofia kauen ihre Sandwiches. Antonia schrumpft unter Sofias Blick, auch wenn sich unterdessen in ihrem Inneren Zellen teilen und sie zunimmt.

»Wie lang hast du denn noch Zeit, bevor du zu Robbie nach Hause musst?«, fragt Sofia, und wäre Antonia nicht in Gedanken woanders, würde diese Frage sie auf die Palme bringen: Julia und Robbie besuchen dieselbe Schule, sie kommen zur selben Zeit nach Hause. Sofia hat sich aus dem Reich des Mutterseins verabschiedet, aus dem Reich der Verantwortung, des Wissens, was im Kühlschrank ist, wo der verlorene Schuh ist, welcher Kamm nicht an den Haaren zieht.

»Ich bin schwanger«, sagt Antonia zur Antwort.

Jetzt legt Sofia ihr Sandwich aus der Hand. »Tonia, herzlichen Glückwunsch«, sagt sie. Sie ist liebevoll, überschwänglich. Sie möchte, dass Antonia glücklich ist.

Antonia bricht in Tränen aus. Sie hält sich die Serviette vors Gesicht und bebt, so unauffällig es ihr möglich ist.

»Tonia«, sagt Sofia, jetzt aber ruhig, eindringlich. »Was ist los?«

Mit schierer Willenskraft hört Antonia auf zu weinen. Sie hält die tränennassen Augen so reglos wie möglich und klappt ihr Sandwich auf, um ein Stück Pastrami in dünne Streifen zu zerreißen. Rosa Fleischsaft quillt hervor.

»Tonia«, sagt Sofia.

»Weißt du noch, wie es beim letzten Mal war?«, fragt Antonia.

»Ja«, antwortet Sofia.

»Ich habe Angst, dass ich dieses Mal verschwinde«, sagt Antonia.

»Das wird nicht passieren«, verspricht Sofia.

»Ich habe seit Monaten Angst«, sagt Antonia.

»Angst«, wiederholt Sofia.

»Ich glaube, ich habe Angst, ich könnte lauter falsche Entscheidungen getroffen haben.«

»Welche Entscheidungen?«

»Ich hätte studieren sollen.« Antonia titscht Pastrami in den Senf.

»Das kannst du immer noch«, sagt Sofia.

»Vielleicht … vielleicht hätte ich nicht heiraten sollen –

nicht so früh. Vielleicht gab es andere Möglichkeiten, und ich habe sie nicht einmal in Erwägung gezogen. Und jetzt kann ich das nicht mehr. Sie in Erwägung ziehen.«

»Natürlich kannst du das«, sagt Sofia, und dann: »Welche Möglichkeiten denn?« Sie ist verwirrt. Antonia, das Metronom von Sofias Welt, schlägt immer schneller aus.

»Meine Mamma wollte nie, dass ich in die Familie einheirate«, sagt Antonia. »Und sie ist so … sie macht jetzt alles in genau dem Tempo, das ihr guttut. Ist dir das aufgefallen?«

»Ja«, sagt Sofia. Und dann leise: »Ich bewundere sie dafür.«

»Ich nicht – nicht normalerweise!«, sagt Antonia und stampft so fest mit dem Fuß auf, dass die Teller auf den Tabletts am Tisch klappern. Antonia schaut sich um, senkt die Stimme. »Ich nicht. Ich glaube, ich wäre einsam. Es gibt Dinge zu tun in der Welt, und ich möchte sie tun.« Antonia hält inne. Ihr rast das Herz. Ihr Mund bewegt sich schneller als ihre Gedanken. »Aber ich weiß nicht, ob ich dieses Leben richtig durchdacht habe. Du weißt ja, Saul ist befördert worden, und deswegen wird sich für Paolo jetzt jahrelang nichts tun. Alles verändert sich nur so langsam. Und ich bin glücklich. Ich habe Glück, wirklich Glück. Aber wir sind schon sehr lang in der Wohnung.« Antonia kaut auf ihrem Strohhalm. »Weißt du, sogar Frankie arbeitet jetzt.«

Sofia nickt. »Ich weiß«, sagt sie. Sie hat nicht über die Auswirkungen von Sauls Beförderung nachgedacht, über die Art, wie sie von ihrer kleinen Familie ausstrahlen würden. Saul arbeitet jetzt oft länger, und Julia verbringt mehr Abende bei Rosa oder Antonia. Und in Sofias Nachttischschublade liegt mittlerweile eine Pistole. Saul gab sie ihr in einer schlichten Papiertüte, und Sofia nahm sie als ihr Geburtsrecht entgegen. Es war einfach, Macht zu übernehmen, eine Macht, die ihr bis vor Kurzem unvorstellbar erschienen war. Wann immer sie sich klein oder überwältigt fühlt, öffnet sie die Schublade und betrachtet die Pistole: den harten Abzug, den anschmiegsamen Griff. Zu wissen, dass sie da ist, gibt Sofia das Gefühl von Macht, eine Wärme, die über ihre Oberschenkel hinauf- und den Rücken hinabströmt. Antonia gegenübersitzend erkennt sie jetzt, dass die Macht, die sie hat, womöglich eine ist, die anderen genommen wurde.

Antonia schaut über Sofias Schulter hinweg. »Ich weiß nicht, was ich machen soll, Sof. Ich habe Angst, ich könnte so überrascht gewesen sein, dass jemand mich liebt, dass ich darüber alles ... alles verpasst habe!« Antonia hat den Geschmack von Galle in der Kehle, ihr verschwimmt der Blick. Antonia schreit nicht, Antonia plappert nicht einfach seltsame, traurige Dinge daher. Antonia denkt nach, sinniert, erwägt. Sie zittert vor Enttäuschung, vor Angst, dass es *stimmt*, was sie hier im Deli gerade gesagt hat.

Und jetzt steigt in Sofia etwas anderes auf, etwas, das sie fortschieben möchte, bevor es einen Namen hat, das aber hartnäckig ist und rasch an Kraft gewinnt. Wie oft hat sie sich vor Antonia kleiner gemacht, weil ein sechster Sinn ihr sagt, dass Antonia missbilligt, was sie tut? Wie oft gibt sie vor, ihre Arbeit weniger zu lieben, als es tatsächlich der Fall ist, oder sie vor Antonia schlicht nicht erwähnt? Wann wurde das Taktgefühl, mit dem Sofia vorzugehen versucht, damit ihre Beziehung mit Antonia friedlich bleibt, zu einer weiteren Schublade, in die sie nicht passt? Sofia hebt den

Blick von ihrem Glas, die Stirn gerunzelt, die Ellbogen auf dem Tisch. »Tonia«, setzt sie an. Und dann unterbricht sie sich, um sicherzustellen, dass sie wirklich sagen will, was sie gleich sagen wird, und dann holt sie Luft und sagt: »Niemand außer dir selbst hindert dich daran, das alles zu tun.«

An ihrem Tisch herrscht Schweigen. Dann sagt Antonia: »Damit magst du recht haben«, und Sofia kommt sich grausam und schroff vor, sie hatte einen eisigen Blick erwartet, ein *Das verstehst du nicht.* »Aber so fühlt es sich für mich nicht an.«

»Liebst du Paolo?«, fragt Sofia. Und ihre Art zu fragen gibt Antonia das Gefühl, als könnte sie mit Ja oder Nein antworten, und beides wäre in Ordnung. Sofia fragt, als wäre *Liebst du deinen Mann* eine Frage wie jede andere auch.

»Ich liebe ihn«, sagt Antonia. Sie drückt den Daumen in die Mitte einer halben Dillgurke, die Stelle, wo die Kerne sind, und hinterlässt einen matschigen Abdruck. »Aber in unserer Wohnung ist es so still, Sof. Ich liebe ihn, aber er ist nicht glücklich. Ich habe nie gedacht, dass ich in einer unglücklichen Familie enden würde, aber jetzt habe ich das Gefühl, als hätte ich mein ganzes Leben in einer verbracht.« Die Traurigkeit, das laut zu hören, lässt Antonias Schultern einsacken, ihr Gesicht zerfließt, ihre Augen laufen über. »Ich hätte außerhalb der Familie heiraten sollen«, sagt sie. »Ich hätte auf meine Mamma hören sollen.«

Sofia greift über den Tisch nach Antonias Händen. »Manchmal«, sagt sie, »überlege ich mir, wie es gewesen wäre, wenn ich nie Mutter geworden wäre.« Antonia blickt zu ihr auf. *Wenn ich dich sehen kann, muss ich hier sein.* »Aber, Tonia, das heißt nicht, dass ich keine sein möchte.

Es heißt nicht, dass ich nicht auch andere Sachen machen kann.« *Wenn du mich sehen kannst, muss ich hier sein.*

»Ich hätte nach Ägypten gehen sollen«, sagt Antonia. »Ich hätte irgendwo oben auf einem Berg leben sollen. Erinnerst du dich an Mr Monaghan? Das Spiel, das wir immer gespielt haben? Mit dem Globus?«

Sofia nickt.

»Das spiele ich in meinem Kopf«, sagt Antonia. »Wenn ich verloren bin oder unruhig. Dann drehe ich den Globus und überlege mir, wohin ich gehen könnte.«

Sofia ist schon lange nicht mehr gefragt worden, wann denn ihr zweites Kind kommt, und darüber ist sie froh. Die Leute haben Angst vor ihr, oder sie halten sie für eine schlechte Mutter oder beides. Sie ist in eine merkwürdige Zwischenwelt abgedriftet: Sie ist strikt innerhalb der Grenzen der Familie geblieben, hat sich aber aus dem Kreis der Frauen herausbewegt, und so wissen die Leute nicht, wie sie mit ihr umgehen sollen. Die Mädchen, mit denen sie die Schule besuchte, sind naserümpfige Frauen geworden. Sofia begegnet ihnen auf der Straße, auf dem Markt. Sie alle bekommen ihr zweites oder fünftes Kind. Die Frauen der Männer, die sonntags zum Essen kommen, sind ständig schwanger.

Manchmal denkt Sofia an den Morgen von Julias Geburt und wie sie sich fühlte, bevor sie zum Krankenhaus aufbrach. Wie sie wusste – *wusste* –, dass sie auf den Wellen der Wehen zu den höchsten Höhen reiten konnte. Die Macht, die das bedeutete, und gleichzeitig die Machtlosigkeit des Mutterseins, dass sie Julia zwar lieben, Julias Glück aber nicht in der Hand haben kann, dass sie nur als stimmloses Beiwerk gesehen wird, sobald Leute wissen, dass sie ein Kind hat, obwohl sie über alles verfügt, was man braucht, um eine Welt von Grund auf neu zu erschaffen. An manchen Tagen ist sie selbstbewusst, ihrer Entscheidungen sicher, überzeugt, dass sie sich in jede Richtung bewegen kann. Aber im Taxi auf der Rückfahrt nach Brooklyn, Antonia schweigend neben ihr auf dem Rücksitz, überflutet Sofia unvermittelt Verzweiflung.

Und dazu empfindet Sofia eine Spur Angst bei dem Gedanken, dass Antonia ein zweites Kind kriegt. Beim letzten wäre sie um ein Haar nicht zurückgekommen.

Spätnachts dreht Antonia sich auf ihre Seite und reckt den Hals, um zum Fenster am Kopfende des Bettes hinauszusehen. Sie streckt den Arm aus und drückt die Hand gegen die Ziegelwand. Die Wand erwidert den Druck, kühl, lebendig. Antonia schließt die Augen und stellt sich vor, fünf zu sein und nach Sofia auf der anderen Seite der gemeinsamen Wand zu tasten. An diesem Abend hat sie das Gefühl, sie könnte in tausend Kilometern Umkreis der einzige Mensch sein. Nicht einmal Sofia kann ihr helfen. Das Vakuum aus überraschender Einsamkeit und unerwarteter Enttäuschung saugt sie ein und breitet sich um sie her aus, löscht alles Licht. *Wenn du mich sehen kannst,* betet sie, *muss ich hier sein.*

Aber Antonia weiß, draußen in der Dunkelheit macht Sofia weiß Gott was. Mit weiß Gott wem. Für weiß Gott wie lange.

Es ist Oktober in Red Hook, und Saul verlässt sein Treffen mit Fianzo, seine Schritte dröhnen auf dem Metall des Treppenhauses. Er stürzt ins Freie und lässt die Tür krachend hinter sich ins Schloss fallen. Der Knall hallt im Gebäude empor und übers Wasser hinaus, als hätte Saul hinter Red Hook selbst die Tür ins Schloss geworfen, hinter New York, hinter die Vorschriften dieser seltsamen Welt, in der er lebt.

Seit Juli erledigt Saul diesen monatlichen Termin allein. Aber heute, als hätte Tommy Fianzo seinen Rückzug mit Joeys abgestimmt, ist Saul auf Tommy Fianzo jun. getroffen. *Ich komme gleich zur Sache*, fing er an, und ein hämisches Grinsen kroch wie ein Tausendfüßler über sein Gesicht, *ich werde die Dinge anders angehen als mein Vater. Ihn hat es nicht gestört, dass ihr Sachen in der Hand habt. Mich schon.* Tommy Fianzo jun. mit seinem fettig-glänzenden Haar und der fettig-glänzenden Nase, mit seinen wurstdicken Fianzo-Fingern, die gewaltsam an den Capocollo-Scheiben auf dem Teller vor ihm rissen, mit seinem Mund wie lila Würmer, wie Eingeweide, mit den kreisrunden Rotweinflecken auf dem Tisch. Saul rührte seinen Wein nicht an. Es bereitete ihm eine gewisse Genugtuung, die rituellen Beigaben eines freundschaftlichen Treffens zu verweigern. Zumindest konnte er zeigen, dass er nicht dumm ist.

Tommy Fianzo jun. sah Saul an wie ein Stück Dreck. Saul schluckte das Salz und die Galle, nicht sagen zu dürfen, was er so gerne sagen wollte. Bei jedem anderen hätte er gehöhnt: *Was dich stört oder nicht, interessiert mich nicht die Bohne.* Aber die Ernsthaftigkeit dieser Fehde ernüchtert ihn. Die Ungläubigkeit, dass Joey nie einen Ausweg aus dieser verkorksten und blutbefleckten Beziehung gefunden hat, lässt ihn verstummen.

Ich behalte dich im Auge, mein jüdischer Freund, sagte Tommy Fianzo jun., bevor er Sauls präzise gefüllten Umschlag mit betonter Beiläufigkeit in eine Schublade warf. *Und zwar verdammt genau.*

»Ich gehe zu Fuß«, sagt Saul zu seinem Fahrer. Der tippt sich an den Hut, das Auto fährt langsam davon. Saul schlägt die Richtung nach Norden ein, geht unter dem neuen Highway entlang. Auf der Strecke von Red Hook nach Carroll Gardens herrscht jetzt reges Treiben, überall summt es vor Geschäftigkeit, vor Veränderung; es lässt South Brooklyn bis ins Herz vibrieren.

Sein doppelter Einsatz fordert von Saul seinen Tribut. Er lebt in ständiger Angst. In der Öffentlichkeit zuckt er zusammen, hört aus jedem Fetzen aufgeschnappter Unterhaltung seinen Namen heraus, hält jede Geldbörse, die aus einer Anzugtasche geholt wird, für die Waffe, die offenbart, dass man ihm auf die Schliche gekommen ist.

Saul weiß nicht, was er tun soll.

Bei Unterhaltungen mit Eli spricht er manchmal, vorsichtig, die Grenzen ihrer Beziehung an, möchte herausfinden, wie lang ihre Partnerschaft Elis Ansicht nach dauern soll. *Eines Tages*, sagt er. *Früher oder später.* Und einmal: *Es wird natürlich nicht ewig so bleiben können.* Als Reaktion zuckt Eli nicht einmal mit den Achseln, neigt auch nicht den Kopf, wenn Saul um die Frage schleicht: *Wie komme ich hier raus?* Saul könnte daraus den Schluss ziehen, dass Eli nicht vorhat, ihn gehen zu lassen, aber er ist hoffnungsvoll. Oder hartnäckig. Oder verzweifelt.

Im Verlauf des Winters, als 1947 in 1948 übergeht, streiten sich Saul und Sofia wahlweise erbittert oder fühlen sich wie besessen zueinander hingezogen. In beiden Fällen lassen sie alles abrupt stehen und liegen und kommen zu spät zur Arbeit. Saul fragt sich, ob das darauf zurückzuführen ist, dass er wegen der Geheimhaltung ständig unter Hochspannung steht – ob seine Arbeit für Eli Leibovich und gleichzeitig für Joey ihn unter Strom setzt, der auch auf seine Ehe überspringt.

Er weiß, dass es nicht ewig so weitergehen kann.

Während die Tage kälter werden, wird Antonia immer dicker. Sie hat Heißhunger. Sie schläft jede Nacht zehn Stunden. Zweimal kommt Robbie zu spät zur Schule. Antonia kauft einen zweiten Wecker, aber keine größere Kleidung. Am Ende des Tages ziehen sich tiefe rote Striemen über ihren Bauch und den Rücken.

Antonia zwängt sich so lange wie möglich in ihr altes Leben. Sie zieht den Bauch ein. Ihre Angst verfängt sich in den Knöpfen und Reißverschlüssen, die sie zunehmend einschnüren. Nachdem sie einmal in einen Abfalleimer erbrochen hat, weil sie es nicht rechtzeitig zur Damentoilette schaffte, stellt sie ihre Bibliotheksbesuche ein. Das ist ein kleines Versagen, das sich zu ihren anderen gesellt. Was glaubte sie eigentlich, was sie da tat: eine Hausfrau, die die Vormittage in der öffentlichen Bibliothek verbringt? Eine sehr dürftige Art, sich selbst davon zu überzeugen, sie würde sich verändern. Lina nicht unähnlich, die mit Lesen überdeckte, wie sehr ihr Leben noch mit der Familie verbunden war, die sie zerstörte. An manchen Tagen verzweifelt Antonia, an anderen resigniert sie.

Wenn sie sich nachts ins Bett legt, hämmert ihr Herz gegen ihren Brustkorb. Sie wird in die Erinnerung an die Monate nach Robbies Geburt versetzt, tief in ihrem Bauch sitzt sie. Das ist eine Zeit ihres Lebens, die sie sorgsam eingehegt hat: eine Verirrung, eine Warnung. Aber jetzt erinnert sie sich. Sobald Antonia die Augen schließt, erinnert sie sich an Schmerz und wie sie sich zusammenhielt, um beim Pinkeln nicht in der Mitte zu zerreißen. Die Monate, als sie wusste, dass die Welt da war, sie sich aber nicht in sie einbringen konnte, als würde ein undurchdringlicher Film sie ersticken. Die Angst, die sie empfand, im selben Raum wie die Menschen zu sein, die sie liebte, aber auch Tausende von Kilometern entfernt.

Als Antonia Paolo sagte, dass sie schwanger ist, umarmte er sie und weinte, und dann versprach er, dankbarer zu sein, weniger schlecht gelaunt, weniger unzufrieden mit seiner Arbeit, mit seinem Leben. Und daran hält er sich den ganzen Winter, sagt ihr, sie solle die Füße hochlegen, solle dies oder jenes nicht heben, *Robbie, um Himmels willen, jetzt quäl deine Mutter nicht so.* Es gibt also Momente reinster Freude, wenn Antonia sich vorstellen kann, zwanzig zu sein und einen schönen Mann zu heiraten, und sie planen, drei Kinder zu bekommen und in einem geräumigen und hellen Zuhause zu leben, wo es in ihrer Vorstellung irgendwie immer nach Meer riecht.

Aber wenn Antonia träumt, steht Carlo gerade außerhalb ihrer Reichweite mit dem Rücken zu ihr. Sie sind am Meer. Das Wasser ist ruhig und trüb. Es ist sowohl das Ende der Welt als auch ihr Ursprung. Carlo geht von Antonia fort aufs Wasser zu. Aus voller Lunge schreit sie: *Papa.* Er dreht sich nicht um. *Papa, Papa.* Antonia tobt. Ihre Füße stecken im Sand fest, sie ist zu schwach, um sie herauszuziehen, um ihrem Papa zu folgen. Sie sieht zu, wie Carlo im Meer verschwindet.

Wenn sie aus diesen Träumen aufwacht, ist Antonia wütend. Auf sich selbst, weil sie ihren Zorn oft nach innen richtet. Aber auch auf Paolo. Das ist eine Sache, die sie ihm nicht erklären will. *Ich bin wütend, weil du mich geschwängert hast* ist ein schändliches Gefühl, und Antonia kann es nicht in Worte fassen. Aber Paolo weiß es. Er sieht, wie Antonia sich vor ihm schützt, wie sie sich etwas gerader aufrichtet, sobald er den Raum betritt. Als Reaktion darauf ist er noch liebevoller zu ihr, aber er arbeitet auch länger, bleibt noch im Büro, bittet Joey um zusätzliche Aufgaben.

Und so vertieft sich der Riss. Der Winterwind gewinnt an Kraft. Die dunklen, kalten Monate vergehen. Die Kluft zwischen Antonia und Paolo nimmt eine gewisse Tragweite an. Allmählich vergessen sie den Weg, der zueinander zurückführt.

Robbie weiß das, ohne es eigentlich zu wissen. Er spürt, dass in jedem Raum, in dem sich seine Eltern gleichzeitig aufhalten, ein tiefer, tödlicher Abgrund lauert. Dort sind Schweigen und Apathie zu Hause. In seinem späteren Leben wird Robbie wissen, dass dies eine dunkle Zeit in seiner Familie war, weil er so gut wie keine Erinnerung an die Schwangerschaft seiner Mutter hat. Er ist alt genug, um sie zu bemerken, und er ist empfindsam, also spürt er sie. Aber in seiner Erinnerung wird dieses Jahr eine Leerstelle sein.

Für alle anderen wird es unvergesslich sein.

Robbie und Julia wissen genau, worin ihr Familienunternehmen besteht, aber nicht, wie es geführt wird. Ihre Eltern und Großeltern bemühen sich natürlich nach Kräften, dass es möglichst lange so bleibt. Aber als die beiden auf ihren sechsten Geburtstag zusteuern, bemerken sie mehr geschlossene Türen als sonst. Mehr spätnächtliches Flüstern in den Wänden ihres Zuhause, während ihre Väter leise auf und ab gehen und Pläne machen. Komplotte schmieden.

In Robbie und Julia wächst die Neugier wie Bohnensprossen, die in ihrem Magen keimen und nach oben drängen, um aus ihrem Mund herauszuwachsen. *Papa, wohin gehst du?*, fragt Julia Saul, als er eines Donnerstagabends das Haus verlässt. *Zum Empire State Building*, antwortet Saul. Er ist mit den Gedanken woanders. Julia liebt das Empire State Building. *Glaub ich nicht*, widerspricht sie. *Was machst du da?* Saul richtet im Flurspiegel seinen Hemdkragen. *Um diese Zeit solltest du überhaupt nicht mehr auf sein, Jules*, sagt er. *Soll ich Nonna bitten, dir eine Geschichte vorzulesen?* Und dann: *Ich hab dich lieb*. Damit ist Saul fort, und beim Geräusch der ins Schloss fallenden Wohnungstür stellt Julia fest, dass sie Hunger hat und Angst. Informationen hätten ihr vielleicht etwas Nahrung gegeben.

In der Nacht kann Julia nicht schlafen. Sie wälzt sich hin und her und schwitzt feuchte Flecken in jeden Quadratzentimeter ihres Lakens.

Robbie, der etwas listiger als Julia ist, schleicht bei sich zu Hause das mittlere Zimmer entlang. Sein Papa ist von der Arbeit nach Hause gekommen und hat die Schlafzimmertür geschlossen, und dort ist jetzt auch seine Mamma, das leise Summen ihrer Stimme gegen das scharfe Krächzen seines Papas. *Sitze fest*, hört Robbie. *Dilettantisch ... Altlast.* Dann nichts, und dann: *Minchia!* Wenn Robbie das sagt, jagt seine Mamma ihn mit Seife in der Hand durch die Wohnung, um ihm den Mund auszuwaschen. Und dann die Sirupstimme seiner Mamma, der Ton, mit dem sie auch Robbie beruhigt. Schritte. Robbie flieht in die Küche und muss so tun, als hätte er die ganze Zeit das Schreiben geübt. Seine Mamma kommt herein, sie legt sich eine Hand auf den Rücken und hält sich mit der anderen an der Arbeitsfläche fest. Sie atmet, *schhh*, ein lautes, tröstliches Seufzen. Je dicker sie wird, desto weniger zugänglich kommt sie ihm vor.

Robbie hat Julia versprochen, ihr weiterzuerzählen, wenn er irgendetwas herausfindet, aber er geht stattdessen ins Bett, weil er das üble Gefühl hat, dass etwas in seiner Familie Risse bekommt, Risse in einem Grundpfeiler, der sie alle bis vor Kurzem stützte, der sie zusammenhielt. Nachts hört er seinen Papa schnarchen und stellt sich vor, wie er mit jedem knatternden Ausatmen tiefer in sein Bett sinkt. Und immer noch tiefer, bis er durch die Matratze fällt. Robbie sinkt durch den Fußboden. Er vergräbt sich in der Erde.

Der Frühling vergeht im Handumdrehen. Antonia wird dicker. Am ersten wirklich heißen Tag des Jahres ist sie gereizt und allein. Sie sieht Robbie durchs Fenster nach, der zur Schule aufgebrochen ist, nimmt sich dann vor, die Wohnung aufzuräumen, das Haushaltsbuch zu führen, zu lesen, einen Einkaufszettel zu schreiben. Vergeblich. Jede Aufgabe lässt sie unfertig liegen. Wie eine Welle rollt sie sich in sich selbst ein.

Antonia wundert sich nicht, als sich ihr Magen nach einem spärlichen Mittagessen mit Toast wie eine Schraubzwinge verkrampft und sie es kaum rechtzeitig ins Bad schafft, um sich zu übergeben. Es wundert sie nicht, als ein tiefer Schmerz sie aufrührt. Sie ruft bei Lina an, aber die hebt nicht ab. Sie ruft bei Sofia an, die wohl arbeitet, und dann lässt sie sich mit dem Taxi ins Krankenhaus fahren.

In ihrem Dämmertraum steht Antonia am Strand. Carlo ist ein paar Schritte vor ihr. Das Wasser wogt auf sie beide zu und dann wieder zurück, als würde die ganze Welt in den Schlaf gewiegt. Antonia kann Carlos Gesicht nicht richtig sehen, nie nimmt es scharfe Konturen an. Aber sie sieht die Falten auf Carlos Händen, den Fünf-Uhr-Schatten, der seine untere Gesichtshälfte verdüstert, das Muskelspiel auf seinem Rücken, wenn er sich gegen den Wind stemmt. Papa, sagt sie, ich habe Angst.

Hier, sagt er, aber er bewegt sich nicht. Nimm das.

Antonia macht ein paar Schritte nach vorn. Das kalte Wasser umspült ihre Knöchel. Als Antonia nach unten auf ihre offenen Hände schaut, liegt dort eine Pistole mit Perlmuttgriff.

Paolo und Antonia nennen ihr neues Kind Enzo, nach Paolos Bruder, der im Krieg gefallen ist. In der ersten Woche nach seiner Geburt weint Antonia von morgens bis abends, kann sich nicht sattsehen an seinen dunkelbraunen Augen, den langen, dünnen Fingern, die ganz wie Robbies aussehen, wie Paolos. Sie weint aus Dankbarkeit, dass ihr Körper heil geblieben ist, dass die gezackte Narbe von Robbies Geburt nicht aufgerissen ist, dass ihr Körperinneres innen geblieben und das Kind draußen ist, über das Wunder dieses Tauschs. Sie weint, als sie das Krankenhaus verlassen, während sie sich zu Hause einleben. Sie weint und weiß, dass Paolo sie nicht versteht, weiß, dass sie ihn fortschiebt, dass er Angst hat, aber noch fehlt ihr die Kraft, ihn zu sich zurückzurufen. Sie weint, und sie kehrt zu sich selbst zurück. Sie weint vor Erleichterung, weil es anstrengend ist, neun Monate lang in panischer Angst zu leben, weil es anstrengend ist, sein Leben lang Angst zu haben, das ganze Leben seit dem Morgen, an dem dein Papa verschwunden ist, aber jetzt bist du eine erwachsene Frau mit zwei Kindern, zwei perfekt geformten Menschenwesen, die du gemacht hast, und du weißt auf die Art, wie manches Wissen von außen oder von oben eingegeben wird, von irgendetwas Externem und Ewigem, dass es Zeit ist.

Nimm die Pistole.

Trau dich.

Fast zwei Wochen vergehen. Saul und Sofia und Julia verbringen jeden Augenblick bei Antonia und Paolo. Sie wiegen Enzo und zeigen Robbie, wie er seinen Bruder im Arm halten muss. Julia sieht fasziniert, aber ungewöhnlich zaghaft, fast ängstlich, aus einer dunklen Ecke zu. Alle sieben zusammen sind so glücklich wie selten zuvor.

Am Freitag verlässt Saul am frühen Nachmittag das Haus für seinen Fianzo-Termin.

Er entzieht sich diesen Treffen immer so bald wie möglich, aber sie beeinträchtigen jeden ersten Freitag des Monats, besudeln den Tag wie Fett, wie Wein, wie Blut. Der Zauber seines neuen Neffen erfüllt ihn mit Abscheu gegen Tommy Fianzo jun., der sich keine Gelegenheit entgehen lässt, Saul herabzusetzen, Saul kleiner zu machen in der Hoffnung, sich auf diese Art selbst wichtiger zu fühlen. Saul könnte seine wachsende Familie als Anlass verstehen, Tommy jun. gegenüber mehr Nachsicht zu üben. Aber das tut er nicht. Stattdessen wird er an diesem Tag unvorsichtig.

Als Saul wie ein Rammbock die Haustür aufstößt, fällt aus seiner Tasche ein kleiner Zettel. Wie ein Laubblatt flattert er zu Boden. Als Saul zu seinem wartenden Wagen marschiert, landet der Zettel auf dem sengenden Asphalt. Saul merkt es beim Fortgehen nicht. Auf dem Heimweg kommt ihm seine Tasche nicht leer vor.

Heute 2 Wachen, steht dort. *Im Sommer für F. immer viel los. Gute Zeit für Versand? Winter ruhiger.*

Der Türsteher von Tommy Fianzo jun. hebt den Zettel auf. Beim Entziffern von Sauls Schrift liest er sich die Wörter lautlos vor.

»Hol den Boss«, sagt er, sobald er den Zettel gelesen hat.

Lina wacht in ihrer Wohnung in Red Hook mit einem Ruck auf, als hätte jemand sie geschüttelt. Sie hat ein bisschen gedöst, weil sie die vergangenen Nächte schweißgebadet und mit aufgerissenen Augen verbracht hat, etwas Störendes tief in ihr hindert sie am Träumen. Wenn sie nachts doch in einen leichten Schlaf hinüberdämmert, schreckt sie eine halbe Stunde später mit eisig-feuchter Haut auf.

Lina, die Augen geschlossen, spürt ein Knistern in der Luft, einen Vorboten der Veränderung, der über die Dielen schleicht. Seine Ranken winden sich auf und ab übers Geländer. Etwas Großes bahnt sich an.

Zwei Tage später steht Sofia schwitzend in ihrer Küche. Es stimmt nicht, dass Sofia nicht gern kocht. Sie weiß nicht, dass Eli das von ihr behauptet hat, aber sie weiß, dass in den Geschäften in der Nachbarschaft darüber getuschelt wird. Gruppen von Müttern unterbrechen ihr Gespräch, wenn sich Sofia mit ihrem Einkaufskorb nähert. *Probieren Sie etwas Neues?*, fragen sie vielleicht. *Nur das Notwendigste*, antwortet Sofia so herablassend wie möglich, schier erdrückt vom Gewicht des Mehls, der Tomaten, der Eier, des Knoblauchs.

Sofia kennt die Rezepte ihrer Mamma so, wie sie den Ablauf der Sonntagsmesse kennt. Nur weil sie sie nicht jeden Tag braucht, heißt das nicht, dass sie sie nicht im Kopf hat.

Sie breitet das Flanksteak aus, ihre Hände erinnern sich von selbst an die Bewegungen. An den Rändern rollt es sich etwas auf, das Blut und die Muskeln ziehen sich auf der Arbeitsfläche zusammen. Es riecht nach Münzen. Sofia bearbeitet es mit dem Fleischklopfer, bis es flach liegt. Es wird mit Mortadellascheiben, einer Lage blanchiertem Spinat und einer Mischung aus Basilikum, Petersilie, Pinienkernen und Parmesan belegt. Es wird zusammengerollt und in Wein, Tomaten und Lorbeerblättern geschmort. Alle

Fenster im Haus stehen offen, gemächlich schieben Ventilatoren die heiße Küchenluft herum. Sofias Haare kleben ihr im Nacken.

Die Wohnungstür fällt ins Schloss. Es ist nicht Saul, der sich verspätet. Es ist Antonia, das kleine Enzo-Bündel in einem Arm, eine Einkaufstasche im anderen. »Himmel, Tonia, du hast vor zwei Wochen ein Kind bekommen, was hast du denn beim Einkaufen verloren?«, fragt Sofia. Sie schließt Antonia in die Arme, dann schält sie Enzo aus seinem Berg Decken und küsst ihn. »Da draußen herrscht eine Brüllhitze, und du packst ihn so warm ein!«

Sofia hofft, dass sie munter klingt, aber nicht zuckersüß. Sie mustert Antonia, so eingehend sie kann. Antonia sieht erschöpft aus, aber ihre Haare sind gewaschen. Ihr Blick begegnet Sofias. *Sie sieht aus, als ginge es ihr ganz gut*, denkt Sofia. »Alles in Ordnung?«, fragt sie Antonia.

»Ja«, antwortet Antonia. Fast schwindelt ihr. Sie kann nicht schlafen, alles tut ihr noch weh, aber sie ist so überrascht, die zweite Geburt überlebt zu haben, dass sie fröhlich ist, fast überschäumt. Robbie muss sich immer wieder ihrem festen Griff entwinden, Paolo fragt sich, was aus seiner sanftmütigen, nachdenklichen Frau geworden ist. Antonia ist Superwoman. Antonia kann alles. »Ich frage deine Mamma jetzt wegen der Meeresfrüchte.« Antonia geht wieder und lässt Sofia, die Enzo etwas vorsingt, im Flur stehen.

Sofia spürt regelrecht, wie Robbie auf der Suche nach Julia in die hintersten Winkel der Wohnung saust. Sie schaut in Enzos braune Augen, sein runzeliges Gesicht. »Geht's deiner Mamma gut?«, fragt sie. Enzo gibt keine Antwort.

Sofia hört einen Schlüssel im Schloss und hofft, dass es diesmal Saul ist.

Dann hört sie eine Tür knallen.

Saul wusste, dass es für Aufregung sorgen würde, wenn er zum Essen auftaucht, aber nicht aufzutauchen würde noch mehr Probleme bereiten, also steht er jetzt bei sich zu Hause im Flur, zuckt zusammen, als er sich die Locken aus den Augen streicht, die Sicherheitsfallen an seiner Aktentasche öffnet, die Schuhe abstreift. In der Wohnung riecht es nach Fleisch und Gewürzen, das Wasser läuft ihm im Mund zusammen. Er hat seit Stunden nichts mehr gegessen.

»Paolo, bist du das?« Antonias Stimme. »Paolo, ich hatte dich doch gebeten, mich heute Nachmittag zu Hause abzuholen, hast du das vergessen?« Sie geht auf Saul zu, der sich aus dem Impuls heraus zur Wand drehen möchte. Stattdessen erstarrt er. Als Antonia also auf den Eingang zusteuert, steht sie Saul gegenüber, der ein blaues Auge hat und dessen Lippe lila geschwollen ist. Unwillkürlich weicht Antonia einen Schritt zurück. »Was ist passiert?«, fragt sie. Vorne ist sein Hemd von kleinen Blutstropfen besprenkelt, wie von Tränen. Er sagt nichts. Er hat sich selbst nicht gesehen.

Zaghaft streicht Antonia mit einer Hand knapp über Sauls Gesicht, sie hat Angst, es zu berühren, und kann doch nicht anders. »Ich hole Eis«, sagt sie.

»O mein Gott.« Sofia steht in der Küchentür, Enzo im Arm. »O mein Gott, Saul!«

Saul hebt den Kopf und begegnet Sofias Blick. »Mir fehlt nichts«, sagt er.

»Was ist passiert?« Sofia hat das mit Fleischsaft und Tomaten verschmierte und mit Knoblauchschalen übersäte Geschirrtuch fallen lassen.

»Sofia, die Kinder«, sagt Antonia. Sie schiebt Saul ins Schlafzimmer. Sie schließen die Tür. Antonias Herz klopft in ihrer Brust zum Takt eines schnellen Jazz. Zwischen ihr und Paolo herrscht ein fragiler Friede. Sie sind freundlich und zuvorkommend zueinander. Heute Morgen hat Paolo versprochen, dass er Antonia vor dem Essen zu Hause abholen würde. Er hat versprochen, dass sie gemeinsam ein Taxi nehmen würden. Er hat versprochen, dass sie zwei Kinder und ihren eigenen noch aufgedunsenen Körper nicht allein zum Sonntagsessen schleppen muss. Aber er ist nicht aufgetaucht. Er ist im Büro nicht ans Telefon gegangen. Und Antonia musste Robbie allein ins Taxi bugsieren und sich und ihren schmerzenden Körper mit Enzo auf dem Arm allein auf den Rücksitz hieven. Sie musste einen Knoten der Angst hinunterschlucken, den gleichen, der immer aufsteigt, wenn es *Schwierigkeiten* geben könnte, wenn *etwas passiert sein könnte*.

Alles kann passieren, wie Antonia weiß. Sie kommt sich dumm vor, das vergessen zu haben. Sobald man aufhört, sich Sorgen zu machen, fangen die Schwierigkeiten an.

Und wenn es Schwierigkeiten gibt, möchte sie Paolo in die Augen blicken, während er ihr davon erzählt. Antonia dehnt sich über sich selbst hinaus, tastet nach ihrer Familie, zählt Robbie mit Julia in deren Zimmer, Enzo mit seinen halb geschlossenen, schläfrigen Augen in Sofias Armen. Robbie und Enzo sind hier. Wo ist Paolo? Der Pulsschlag in Antonias Körper beschleunigt sich.

Antonia nimmt Sofia Enzo ab und schlüpft aus dem Schlafzimmer, um Eis zu holen, und Saul lässt sich schwer aufs Bett fallen. Sofia kniet sich vor ihn, um ihm ins Gesicht zu sehen, und sagt leise: »Sag mir, was passiert ist.«

Und Saul hebt den Blick, um Sofias zu begegnen, und sagt: »Das geht nicht.«

Sofia lacht. Ihr Mann ist blutend und verprügelt nach Hause gekommen. Er wird ihr den Grund dafür nennen. »Mach dich nicht lächerlich.«

Sofias Hände umfassen Sauls Gesicht. Saul bedeckt sie mit seinen, sie sind mit getrocknetem schwarzem Blut verschmiert. »Ich liebe dich«, sagt er.

Hitze steigt in Sofia auf. Vor Missmut und Ungläubigkeit bilden sich Knoten an ihren Schläfen, ihr Blickfeld verfinstert sich. »Ich bin kein Kind«, faucht sie. »Sag mir, was passiert ist, Saul. Warum willst du es mir nicht sagen?« Mein Gott, die Wut fühlt sich gut an. Angst umflackert Sofias Herz wie eine kleine Flamme, eine noch namenlose Beklommenheit rast durch den Raum, und Sofia steht auf und begräbt das alles unter der Lawine ihrer Wut. »Verdammt noch mal, Saul, was ist passiert?«

»Sofia, Sofia«, mahnt Antonia. Sie ist in den Raum geschlüpft, ohne dass Sofia es bemerkt hat. »Die Kinder.«

»Ich muss mich waschen«, sagt Saul. Er steht auf und dehnt die Finger. »Mir fehlt nichts, versprochen.« Er macht den obersten Hemdknopf auf und öffnet die Tür. »Alles wird gut werden.«

Sofia und Antonia sitzen auf Sofias Bett, bis sie das Wasser im Bad rauschen hören.

»Alles wird gut«, sagt Antonia. Sie wiederholt den Satz im Kopf. *Alles wird gut.*

»Das ist es jetzt schon nicht«, widerspricht Sofia. Antonia und Sofia sehen sich ernst an, zwei kleine Mädchen, die in der Haut von Frauen stecken, sich damit verkleiden. »Hast du ihn gesehen? Das wäre nie passiert, wenn alles gut wäre.«

Hat Antonia eine halb geformte Erinnerung an Carlo, der in der Nacht seines Verschwindens über den knarzenden Flur in der Pension ging und kurz innehielt, um ihr im Schlaf die feuchten Locken aus dem Gesicht zu streichen? Trägt sie das Bild wortlos in sich als den Moment, in dem ihre eigene Fehlbarkeit unausweichlich wurde? Es gibt nichts, das nicht auseinanderbrechen kann.

Sie nimmt Sofias Hand. »Es wird aber gut. Ganz bestimmt.«

Dampf füllt das Badezimmer, Saul sitzt noch bekleidet auf der Toilette.

Zwei Tage sind vergangen seit seinem Termin bei Fianzo. Sie kommen ihm vor wie zehn Jahre. Sauls Gedanken schweifen. Lösungen tauchen auf und verflüchtigen sich wieder wie Trugbilder.

Saul steht auf, um sich auszuziehen. Er wappnet sich: Er kann Sofia nicht sagen, was passiert ist. Er muss beim Essen der Familie begegnen. Er hat Angst. Es ist eine Angst, die seinen Verstand übergeht und direkt in seinen Körper und sein Blut fährt. Die die Muskeln zittern und den Atem stocken lässt.

Paolo taucht nicht zum Essen auf. Antonia hat von ihrem Sitzplatz aus die Tür im Blick, die sich mit jedem ankommenden Nachbarn, jedem Onkel, weit auftut. Wann immer jemand hereintritt, der nicht Paolo ist, zieht sich die Schraubzwinge noch fester um Antonias Herz. *Wo ist Paolo?*, fragt Rosa. *Ach, er wurde aufgehalten*, sagt Antonia. *Es tut mir leid.* Rosa weiß, dass sie lügt. Rosa legt einen Arm um Antonias Schultern und drückt sie. Rosa riecht nach Mehl und Jasmin, nach Orangenzeste und Petersilie, und Antonia würde sich so gern in ihren Schoß kuscheln und sich in den Schlaf wiegen lassen. Stattdessen lächelt sie und sagt *Danke, danke*, als die Leute nacheinander kommen und Enzo über die Wange streicheln, ihn anlächeln, sich mit ihrem Atem und ihren überschwänglichen Glückwünschen zu dicht über Antonia beugen, zu nah, bis sie glaubt, gleich zu explodieren. Gleich zu schreien.

Sie bleibt ruhig. Sie sagt: *danke*.

Sofia hat sich das Gesicht gepudert und die Lippen nachgezogen und sich Ruhe verordnet. Sie unterdrückt ihre ganze Angst. Sie hat sie in Wut verwandelt, in einen Uran-Kern. Sie ist mit Tabletts voll Ravioli nach oben gegangen, mit den Braciole in ihrem duftenden Schmorsaft. Sie hat für Rosa Weinflaschen geöffnet und über einen kleinen Scherz von Frankie gelacht. Sofia ist ein Porzellanteller. Sie könnte beim feinsten Haarriss zerbrechen.

Es gelingt Saul, seine Verletzungen wegzulachen (*Das war das letzte Mal, dass ich mich um Geschäfte kümmere, wenn ich mittags eine Flasche Wein getrunken habe, was, Boss?*), doch Julia sagt, *Aber, Papa, was was was ist dir PASSIERT?*, so laut, dass alle Anwesenden es mitbekommen. Joey bleibt entwaffnend still, und Saul spürt, wie seine ganzen Lügen an die Fenster hämmern, die Decke, die Haustür, und Einlass begehren.

Antonia übersteht das Aufräumen und die Verabschiedungen und umarmt Sofia fest und sagt: »Morgen früh reden wir noch mal drüber, ja? Ich melde mich bei dir«, und dann geht sie, nimmt Sauls Angebot an, sich von seinem Fahrer nach Hause bringen zu lassen. Als der Wagen anfährt, kommt Antonia der Gedanke, dass ihr Mann fehlt und dass Sofias gleich dort ist, da, wo sie ihn sehen und berühren kann. Hinten im Wagen sitzend schaut sie durch die Lücke zwischen den beiden Vordersitzen, drückt Enzo an sich und presst Robbies Hand so fest, dass er sich ihr entwindet. *Mamma, Mamma, nicht so doll.*

Beim Heimkommen bleibt Antonia im Haus unten an der Treppe stehen, bis Robbie sagt: *Mamma, jetzt komm schon*, und dann setzt sie sich in Bewegung, ein schweres Bein nach dem anderen. Die Fenster in ihrer Wohnung sind leer, schwarz. Dunkel. Paolo ist nicht da.

Antonia bringt die Jungen mit zitternden Händen ins Bett. Sie richtet sich in einer Rolle ein, die sie nur zu gut kennt: *Kleinkrimineller vermisst, naive Ehefrau überrascht.* Antonia und Paolo haben sich auseinandergelebt, keiner von ihnen hatte die Kraft, sie wieder zusammenzubringen. Antonia erinnert sich körperlich an das Klappern von Paolos Schlüssel im Schloss. Wie ein Teil von ihr sich anspannte, sich wappnete gegen die Aura der Depression, die trübsinnige Wolke, die Paolo zweifellos in ihr Wohnzimmer schleppen würde. Jetzt betet Antonia darum, Paolos Schlüssel im Schloss zu hören. Sie erinnert sich daran, möchte es erzwingen. Das Scharren von Metall in Metall. Das Verlangen danach verursacht bei Antonia eine Gänsehaut, aber draußen, vor ihrer Wohnungstür, herrscht nur Stille.

Sie stellt sich vor, wie Paolos Füße in einem Eimer von erhärtendem Zement stecken, wie sein Körper durch die Außenbezirke von Canarsie geschleppt und um sich schlagend vom Belt Parkway in den Long Island Sound geworfen wird. Sie stellt sich vor, wie Paolo verschwollen, geschlagen, auf einen Stuhl gefesselt dasitzt, während ein gesichtsloser Fianzo eine blutige Heckenschere schwingt. Antonia dreht sich in eine Spirale der Panik. *Mamma, weinst du?*, fragt Robbie, als Antonia ihn mit ihrer warmen Hand am Rücken in den Schlaf begleitet. *Nein, caro mio*, antwortet Antonia. Sie wendet das Gesicht ab. Sie summt ein altes Lied.

Als Enzo und Robbie, ihre Träume vor Antonias wachsamem Blick verborgen, tief und gleichmäßig atmen, geht sie auf Zehenspitzen ins Wohnzimmer und rollt sich auf der Couch zusammen. Tief in ihr ziehen sich ihre Organe in ihre ursprüngliche Lage zurück. Die Teile von ihr, die ein menschliches Wesen bargen, schrumpfen, werden pochend immer kleiner, sodass bald unvorstellbar sein wird, dass in ihrem Körper jemals noch ein anderes Wesen lebte. Es wird auch unvorstellbar sein, dass sie jemals allein war. Sie umklammert ein kleines Kissen und presst sich mit jedem Atemzug dagegen. Irgendwo tickt eine Uhr.

Nach dem Essen braucht es nur ein rasches Kopfnicken, und Saul folgt Joey in sein Zimmer.

Rosa sieht ihnen nach und versucht dann, sich wieder dem Aufräumen zu widmen. Aber sie kann sich nicht konzentrieren, natürlich nicht. Sie schließt die Augen und tastet in der Außenwelt nach Antonias Angst, nach Sofias Angst, nach Julias. Ihr wird klar, dass Antonia und Sofia sich der Katastrophe, die sich da anbahnt, allein stellen müssen.

Saul zittern die Hände.

Das Arbeitszimmer hat knarzige Glastüren, die Joey jetzt schließt, und es klingt, als käme der Lärm des Abräumens nach dem Essen aus einer anderen Welt. Joey reicht Saul einen Drink, den Saul umklammert, bis ihm die Fingerspitzen weiß werden. Joey fährt sich durch das grau melierte Haar, als wollte er für die Katastrophe, die Saul da heraufbeschworen hat, welche es auch sein mag, eine Lösung herauspressen.

»Du hast Schwierigkeiten«, sagt Joey.

»Ich kümmere mich drum«, sagt Saul. Er ist dreiundzwanzig und schwört Joey, dass er Sofia liebt. »Ich komme damit zurecht.«

»Ich habe mich zur Ruhe gesetzt«, sagt Joey. »Ich verlass mich auf dein Wort.«

»Danke«, sagt Saul.

»Aber eins musst du mir versprechen.«

»Alles.«

Joey verschränkt die Arme. »Ich habe dir mal gesagt, dass man nicht zu sterben hat, wenn man Vater ist.«

»Ich weiß«, sagt Saul.

»Das war gelogen«, sagt Joey. »Wenn du dich entscheiden musst zwischen dir und ihnen ...«

»Ich weiß«, sagt Saul.

»Ich verlass mich drauf, dass du aus der Klemme, in die du da geraten bist, wieder rauskommst«, sagt Joey. »Aber, Saul, wenn es hart auf hart kommt …«

»Ich weiß«, sagt Saul.

»Versprich's mir.«

»Das verspreche ich«, sagt Saul.

Wie kann jemand nach vorne schauen, wenn sein Leben zunehmend voller Geister ist, die alle Zeit und Aufmerksamkeit für sich beanspruchen? Carlos Geist, der sie alle heimsucht, und die Geister ihrer früheren Ichs, das Außenskelett, das sie alle abstreifen und vergraben möchten, in einen Schrank schließen, zu einem anderen Zweck nutzen. Ihre Wohnungen quellen über.

Paolo sitzt bei Sonnenaufgang auf einer Bank in der Mitte des Fußwegs der Brooklyn Bridge. Er hat schon sehr lange keinen Sonnenaufgang mehr von Anfang bis Ende miterlebt. Es ist bewölkt, es ist so frisch, wie es in New York im Juli nur sein kann, so still. Für die kommende Woche sind schwere Unwetter vorhergesagt, erinnert Paolo sich. Das hat er in der Zeitung gelesen, vor neunhundert Jahren, beim Frühstück mit Robbie und Antonia, mit Enzo, dem gerade geborenen Menschen, am Küchentisch.

Paolo ist überzeugt, dass er müde ist, aber es kommt ihm nicht so vor: die schmerzenden Glieder, die trockenen, verklebten Augen. Wenn er ganz still hält, hat er das Gefühl, zu flirren, sich von seinem Körper zu lösen. Als die Luft dichter wird, empfindet Paolo sich als etwas Körperloses, von der Welt Getrenntes. Später wird er die Macht dieses Zustands bestaunen: einen inneren Kern zu haben, etwas, das vom Chaos um ihn her nicht berührt ist. Ein Ich zu sein, umtost und liebkost vom Strom der Zeit.

Unter ihm rauschen die ersten Autos über die Brücke. Lastwagen mit Fracht für Lebensmittelhändler, mit Möbeln und Zementsäcken holpern über den East River. Pendler kämpfen hupend um Platz. Paolo wird der Rücken an der Holzbank allmählich schweißfeucht. Er hätte gestern Abend zu Hause anrufen müssen, überlegt er sich. Antonia wird wütend sein. Sie wird enttäuscht sein. Antonia ist so oft von Paolo enttäuscht. Er wollte nie die Art Mann sein, die zu Hause regelmäßig Depression verbreitet. *Du bist nicht der Mann, für den ich dich gehalten habe*, sagt er sich.

Mit dem Sonnenaufgang hat sich der Himmel verdunkelt, die Gewitterwolken am morgendlichen Horizont werden drohend. Grün und grau. Paolo steht auf. Es ist ein weiter Weg nach Hause, und er fragt sich, ob er es wohl vor dem Regen schafft.

Es ist die erste Morgendämmerung nach der längsten Nacht in Sofias Leben.

Am Ende des Essens hatte Saul Sofia beiseitegenommen, ihr *Es tut mir leid, es tut mir so leid* ins Ohr geflüstert und *Ich verspreche dir, dir passiert nichts, alles wird gut werden*. Er verschwand durch die Tür von Rosas und Joeys Wohnung, als wäre er nie da gewesen. Sofias Wut bestand aus Panik, aus Angst, aus einem leeren, verbitterten, ausgewrungenen Magen. Joey umarmte sie und sagte: *Bring Julia ins Bett,* und wollte nicht weiter mit ihr reden, wollte nicht streiten, wollte ihr nicht erklären, was los war. *Saul macht seine Sache gut*, sagte Joey. Sofia war überzeugt, dass es ihr besser ginge, wenn jemand ihr sagte, weshalb Saul zusammengeschlagen worden war. *Ich weiß, dass er seine Sache gut macht*, sagte sie verzweifelt zu Joey. *Aber ich meine auch*. Nichts. Ihr Verlangen, so mächtig, dass es aus ihrem Körper überschäumte und gellend den Raum füllte, zeigte keine Wirkung auf Saul, auf Joey, auf die großen Machenschaften der Welt, von denen sie alle bestimmt werden.

Also nahm Sofia Julia an der Hand, und gemeinsam stiegen sie die Stufen zu ihrer eigenen Wohnung hinunter. Julia hat sich mit Robbie während des Essens in der Küche versteckt, sie haben beim Spielen geflüstert, beide schwitzend im Schneidersitz. Julia schlingt die Finger um Sofias Hand und geht in Sofias Schatten, so dicht wie möglich, als könnte sie in Sofias Körper verschwinden. *Warum sagt Papa uns denn nicht, was los ist?*, fragt Julia, aber es ist eher eine Aussage. Fragen zu stellen ist Julias Art, sich an einer gemeinschaftlichen Sorge zu beteiligen. Im Grunde möchte Julia etwas Nebulöseres: Sie möchte eher nicht wissen, was passiert ist, sondern vielmehr, sich keine Fragen stellen müssen. Die Menschen, die sie liebt, sollen wie eine Auswahl von Bonbons vor ihr ausgebreitet liegen, das möchte sie.

Gestern Abend beaufsichtigte Sofia das Zähneputzen, und während sie in der Badezimmertür lehnte und beobachtete, wie Julia sich im Spiegel beobachtete, wurde ihr vielleicht zum ersten Mal bewusst, wie viel sie versäumt hatte. Die abendlichen Rituale, die Stelle, wo Julia ihren Bademantel aufhängt. In welche Ellenbeuge ihr der Teddy gesteckt werden soll, wenn – meist von Saul, bisweilen von Rosa – die Decke vorm Einschlafen glatt gestrichen wird.

Und obwohl Saul Probleme hatte und Joey Geheimnisse vor ihr hatte und Paolo – Paolo ploppte in ihrem Kopf auf, eine Erscheinung –, Paolo gar nicht zum Essen aufgetaucht ist, oder?, und Antonia panisch sein muss, konnte Sofia mit ihrer Tochter lachen. Sie konnte Julia das Haar hinters Ohr streichen und ihr eine Hand auf die Stirn legen.

Nachdem Sofia Julia verlassen hatte, konnte sie nicht schlafen. Angezogen lag sie auf dem Bett und fand sich damit ab, dass wohl die ganze Nacht an ihr vorbeiziehen würde. Ihr Ärger wurde zu blanker Wut. Sie warf Saul vor, ihr den Schlaf zu rauben und ihre Jugend. Das tat sie mit Leib und Seele, mit Haut und Haar. Sie suchte den Raum nach etwas zu zerstören ab. Auf Sauls Nachttisch stand ein Wasserglas. Am liebsten hätte sie es zertrampelt, auf den Boden geschleudert oder gegen die Wand geschmettert. Aber im Raum nebenan schlief Julia. Sofia öffnete ihre Nachttischschublade und schaute die Pistole an, die dort lag. Welchen Nutzen hat eine Pistole? Was kann ein kleiner Gegenstand aus Stahl und Stein überhaupt ausrichten gegen den Strom der Zeit, die erstickenden Fänge der Tradition, das Zurückhalten von Information? Sofia knallte die Schublade zu. Innerlich tobend legte sie sich wieder ins Bett.

Sie schlief nicht. Aber irgendwann mitten in der Nacht wachte sie auf, die drückende Luft lastete auf ihr. Sie schlüpfte aus dem Bett und schlich ins Wohnzimmer, um sich an Sauls Schreibtisch zu setzen. *Wie sehr sich alles verändert hat*, dachte sie. Wie jung sie gewesen war, als sie das zum ersten Mal tat, als sie sich von der kleinen Julia und von Saul fortstahl, um sich auszumalen, wie es wäre, ihr eigenes Leben zu leben. Wie viel sie seitdem gelernt hat.

Sofia setzte sich aufrechter hin. Ja: Wie viel sie gelernt hat. Sie ist nicht mehr die idealistische Frischverheiratete, die unerfahrene junge Mutter. Sie ist niemand, den man herumschubsen kann.

Sofia öffnet die Schubladen in Sauls Schreibtisch, eine nach der anderen. Die letzte ist verschlossen. Sie verengt die Augen, steckt die Hand fest in den Schubladengriff und zieht so schnell und so heftig, dass jeder, der wach ist, es für einen Donnerschlag hätte halten können. Die Schublade splittert. Innen liegen kleine Notizbücher. Sofia schlägt sie auf, ehe sie sich dessen bewusst ist. Sie überfliegt die Seiten, die mit Sauls hastiger Schrift bedeckt sind. *T.F. allein, obwohl er letztes Mal sagte, er würde diesen Monat Jun. mitbringen. Offenbar ist Jun. nicht so begeistert, mich kennenzulernen. Ein Leibwächter, der große mit neun Fingern, der Kette raucht. T.F. meint, dass Dinge sich verändern könnten, jetzt, wo Joey nicht mehr das Sagen hat und sich zurückzieht.*

Wenn dies ein Tagebuch wäre, denkt Sofia, oder eine Aufzeichnung für Joey, wäre es nicht weggeschlossen. Was tut Saul, dass er es vor seiner Familie verstecken muss?

Und dann geht Sofia, wie wohl jeder es täte, im Kopf Szenen aus dem vergangenen Jahr durch. *Warum können wir nicht wie eine richtige Familie zusammensitzen?* Saul war empfindlich gewesen, wütend, überzeugt zu wissen, wie es in einer richtigen Familie aussehen würde. Womit er andeutete, dass er keine hatte, wie Sofia jetzt klar wird. *Er ist unglücklich*, erkennt sie. *Und ich habe ihm nicht zugehört.*

Auf der ersten Seite des Notizbuchs in Sofias Hand steht eine Telefonnummer. Sie greift zum Apparat auf Sauls Schreibtisch und wählt.

»Wer immer mich zum zweiten Mal heute Nacht weckt, sollte einen verdammt guten Grund dafür haben«, sagt eine Männerstimme am anderen Ende.

»Wer ist da?«, fragt Sofia. Sie fragt mit derselben Gewissheit, mit der sie Joey einmal *Warum?* fragte. Sie fragt, und sie erwartet eine Antwort. Sie sagt das aus dem Bauch heraus, sie verlangt eine Antwort.

»Ma'am«, sagt die Stimme am Telefon, »ich glaube, Sie haben sich verwählt.« Die Stimme klingt jetzt weicher, ungeschützt.

»Ich versichere Ihnen«, sagt Sofia, »das habe ich nicht. Wer sind Sie?«

»Ich heiße Eli«, sagt Eli Leibovich, »aber ich bin mir sicher, dass Sie sich ver…« Den Rest seines Satzes hört Sofia nicht, weil sie das Telefon weggelegt hat. Es gibt nur einen Eli, dessen Telefonnummer Saul in einer Schublade wegschließen müsste. Jetzt ist sonnenklar, wie Saul in Schwierigkeiten geraten ist.

Wie in einem Traum lässt Sofia den Hörer summend hängen und schwebt nach unten, um in der Nachtluft auf ihrer Veranda zu stehen. Als Kind hatte sie Angst vor Linas Hilflosigkeit und davor, dass ein Teil von ihr zusammen mit Carlo verschwunden ist.

Der Teil von Sofia, der in Saul lebt, würde zusammen mit Saul verschwinden, aber Sofia, die in ihrem Nachthemd in der warmen Luft vor der Morgendämmerung steht, wird es nicht dazu kommen lassen.

Als das Tageslicht den Himmel grau färbt, zeichnet sich ein Gebäude ab, das isoliert am Rand des Hafens von Red

Hook steht. Es ist ein Montag, die Dockarbeiter treffen in schweigsamen Paaren mit ihren Henkelmännern und ihren Thermoskannen voll Kaffee ein. Das Gebäude erweckt den Eindruck, früher einmal prachtvoll gewesen zu sein, aber bald ist der Himmel hell genug, um die Risse und die abgebröckelte Fassade erkennen zu lassen.

Wenn die Dockarbeiter genauer hinschauen, können sie dort etwas Merkwürdiges sehen. So etwas wie eine Erscheinung, ein Märchen. Etwas, bei dem ihre Mütter gesagt hätten: *Geh nicht zu nah hin.*

Habt ihr das gesehen?, fragt der eine vielleicht die anderen. *Nein*, erwidern die anderen. Es ist besser, nichts zu sehen.

Aber einige werden überzeugt sein, dass sie sie gesehen haben. Wie sie auf der Lauer liegt: eine Frau mit wilden Haaren, die in der überfließenden Dämmerung barfuß auf den Stufen des Gebäudes sitzt.

Als Antonia aufwacht, fährt ihr ein Schmerz vom Scheitel durch den Kopf zum Hals. *Geschieht dir recht*, denkt sie und steht vom Fußboden in Robbies Zimmer auf, *warum bist du auch eingeschlafen.* Und dann: *Wo ist Paolo.*

Antonia tappt auf leisen Sohlen in die Küche. Ihre Jungs schlafen, still wie unbewegtes Wasser. Paolo ist nicht in der Küche. Er ist nicht im Wohnzimmer.

Als Teenager ärgerte Antonia sich darüber, dass Lina sie immer und immer wieder an die Fallstricke eines Lebens in der Familie erinnerte. Ihre Mamma hatte das Gefühl, in eine Falle eingeheiratet zu haben. Jetzt spürt Antonia selbst, wie sich die Metallzähne in ihrem Bein verbeißen.

Ich hätte auf dich hören sollen, Mamma, denkt Antonia. Sie setzt sich auf den Hocker beim Telefon in der Küche. Ihre Hand schwebt über dem Hörer. Sie möchte Paolo mit Willenskraft beschwören anzurufen. Antonias Befürchtungen haben sich als ein Pulsieren in ihrem Hals, ihrem Rücken eingenistet. Sie sitzen wie Blei in ihrem Bauch.

Und dann läutet das Telefon.

Antonia hebt ab, bevor das erste Läuten verklingt. »Paolo.« Ein Gebet.

»Hier ist Saul.«

»Saul.« Sengendes Stechen im Hals. Antonias Hüften sind durch einen Schmerzstrang mit ihrem Kopf verbunden.

»Sofia geht nicht ans Telefon. Hast du mit ihr gesprochen?«

»Saul, was ist los? Wo ist Paolo?«

»Ich weiß es nicht«, sagt Saul. »Es tut mir leid. Aber, Antonia, ich kann Sofia nicht erreichen. Den ganzen Morgen versuche ich's schon.«

Antonias Jungs schlafen noch. Sie spürt sie durch die Wand hindurch. Irgendwo grollt etwas, ein Donner oder ihr eigenes Ich. Antonia umklammert den Hörer. »Hast du's schon oben versucht?«

»Ich möchte Rosa und Joey nicht beunruhigen, wenn's nicht sein muss«, sagt Saul.

»Saul, warum gehst du nicht nach Hause? Schau nach ihr. Wo bist du?«

»Pass auf sie auf«, bittet Saul. »Sag ihnen, wie sehr ich sie liebe.«

»Saul, bitte«, sagt Antonia. »Mach keine Dummheiten.«

»Das tue ich auch nicht, Tonia, versprochen.«

»Saul«, sagt Antonia. »Dir wird auch nichts passieren?«
Sie sagt nicht: *Ich hab's Sofia versprochen.*

»Alles wird gut werden«, antwortet Saul. Ein Klicken in der Leitung. Er ist fort.

Antonia legt auf. Die Stille summt. Krächzt. Knallt.

Nein – die Wohnungstür knallt. »Antonia?« Paolo.

Als Antonia Paolo sieht, ist ihr erster Gedanke, dass er entsetzlich aussieht. Seine Augen sind blutunterlaufen, sein Hemd ist schmutzig und hängt ihm aus der Hose. Auf seinem Gesicht sind schwarze Flecken rauer Stoppeln, er steht unsicher auf den Beinen. Mit zwei Schritten durchquert sie die Küche und umarmt ihn, schlingt sich um ihn, und ihr zweiter Gedanke ist: *Danke.* »Was ist passiert?«, fragt sie, was ihr haarsträubend ungenügend vorkommt. Und dann: »Saul hat gerade angerufen. Er klingt nicht gut. Wir müssen ihm helfen.«

»Hat er dir erzählt, was passiert ist?«, fragt Paolo.

»Nein«, sagt Antonia. »Aber er ist verletzt. Er will uns nicht sagen, wer …«

»Das war ich«, sagt Paolo.

»Du?«

»Setz dich«, sagt Paolo. »Ich brauche einen Kaffee.«

Antonia nimmt Platz.

Paolo erzählt ihr, dass er am Sonntagmorgen einen Anruf bekam. »Was wohl gestern war. Ich bringe schon alles durcheinander«, sagt er. Es war Tommy Fianzo jun. »Er wollte, dass ich ihn treffe. Ich habe abgelehnt.« Paolo kippt gemahlenen Espresso in die Kanne. Behutsam klopft er ihn mit den Fingern fest. »Er sagte, ich würde ihn treffen, wenn ich wüsste, was gut für mich ist.« Paolo zuckt mit den

Schultern. »Ich habe Ja gesagt.« Paolo erzählt Antonia nicht, dass ein Teil von ihm sich freute, derjenige zu sein, der angerufen wurde, derjenige, der sich der Gefahr aussetzte, derjenige mit der Information, der Macht, ausnahmsweise einmal. Aber sie weiß es.

»Ich bin zu ihm ins Büro«, sagt Paolo. »Er hat mir gesagt, dass Saul für Eli Leibovich arbeitet.«

»Das ist unmöglich«, widerspricht Antonia.

»Ich weiß«, sagt Paolo. »Das habe ich ihm auch gesagt. Aber er hat nicht lockergelassen. Offenbar hat Saul nach ihrem Treffen neulich einen Zettel verloren. Darauf standen Details zu den Vorgängen der Fianzos in den Docks. Fianzo hat zwei und zwei zusammengezählt. Ich habe ihm nicht geglaubt, bis er mir den Zettel gezeigt hat. Du weißt doch, wie seltsam Sauls As aussehen, unverkennbar. Es war seine Schrift. Und Tonia, Leibovich ist seit Jahren auf die Docks aus. Es gibt keine andere Erklärung.« Der Espresso pfeift auf der Herdplatte. Paolo stellt sie aus und schenkt zwei Tassen ein. Eine reicht er Antonia. »Er hat mir gesagt, dass sie Saul loswerden wollen. Er sucht schon die ganze Zeit nach einem Grund.« Paolo umklammert die Arbeitsplatte. Seine Knöchel sind weiß. »Er kennt die Namen unserer Söhne.«

»Natürlich«, sagt Antonia. »Aber er muss lügen.«

»Er hat mir einen Job angeboten. Er hat gesagt … wenn ich mir Saul vornehme … wenn ich mir an ihrer statt Saul vornehme, stellen sie mich ein. Geben mir die Beförderung, die ich hier nie bekommen habe.« Paolo fährt sich durchs Haar, eine gelungene Nachahmung von Joey. »Also habe ich mich auf die Suche nach Saul gemacht.«

»Du hast ihn zusammengeschlagen?«

»Ich habe ihn zur Rede gestellt.«

»Und er hat gesagt, dass es nicht stimmt.« Das spricht Antonia laut aus, aber allmählich dringt die Wahrheit im Flüsterton zu den Fenstern herein.

»Er hat alles zugegeben«, erwidert Paolo. »Er hat sich entschuldigt. Er hat gesagt, dass er seit Monaten nach einem Ausweg sucht.«

»Es gibt keinen Ausweg«, sagt Antonia. *Das passiert alles gar nicht.* Die Wände um sie her ziehen sich zusammen und dehnen sich aus, wie Wände es immer tun, wenn eine alte Welt durch eine neue ersetzt wird.

»Ich sagte ihm, dass sie mir einen Job angeboten haben im Gegenzug dafür, dass ich ihn mir vornehme«, sagt Paolo. »Er hat gesagt, er könnte mich verstehen. Er hat gesagt: *mach's.*« Paolo setzt seine leere Tasse ab. »Ich habe zugeschlagen. Ich konnte nicht anders. Ich habe noch mal zugeschlagen.« Paolo weint. »Ich habe immer wieder zugeschlagen, Tonia, und er hat sich nicht gewehrt, er hat gar nichts gemacht. Natürlich konnte ich es nicht. Er ist Familie. Er gehört zu uns. Ich könnte nie – glaubt er wirklich, dass ich das tun könnte?«

Antonia sitzt im Auge eines Wirbelsturms. Dort ist es ruhig und still. »Sofia ist nicht da«, sagt sie. Und dann durchquert sie die Küche. Sie vergräbt sich an Paolos Brust. Sie spürt ihr Herz gegen seine Rippen schlagen.

Saul ist ruhig, als er den Hörer auflegt. Er hat so lange nicht geschlafen, dass seine geschwollene Lippe und sein blaues Auge vibrieren, sein ganzer Körper pocht.

Mitten in der Nacht, nachdem Saul in Paolos Büro angekommen war, das ihm als Versteck ebenso gut erschien wie jedes andere auch, rief er bei Eli Leibovich an. Er bat um Hilfe. Sie wurde ihm verwehrt.

Ich muss an meine Familie denken, sagte Eli. *Ich muss in längeren Spielzügen denken.* Eli wollte Saul nicht schützen. Er wollte Saul nicht verteidigen. Saul gefährdete seine Familie für einen Mann, der letztlich nichts weiter als eine Arbeitsbekanntschaft mit einem vertrauten Akzent war. Und jetzt wird Tommy Fianzo jun. nicht ruhen, bis Saul vom Erdboden verschwunden ist.

Saul denkt an seine Frau. Er denkt an seine Tochter. Er sehnt sich danach, mit ihnen verwoben zu liegen, zwischen Sofia und Julia, die rechts und links an seiner Brust schlafen. Bis zu diesem Augenblick war jeder Moment seines Lebens vergoldet. Saul wird bewusst, wie unglaublich lebendig er immer war. Wie sein Körper angefüllt war mit seinem Ich, seine Lunge angefüllt mit Luft.

Saul fragt sich, wie es wohl wäre, wie Paolo zu sein. In einer Familie aufzuwachsen, in der man groß werden kann. Einen Vater zu haben. Jeden Tag an einem Schreibtisch zu arbeiten, pünktlich nach Hause zu gehen.

Und wie damals, als er einundzwanzig war und mit leerem Magen ganz unten in einem Schiff nach Amerika schaukelte, schwillt in Saul eine Woge puren Willens an, des Überlebens selbst. *Kämpf,* sagt ihm sein Wesen. *Kämpf,* aus seiner Lunge. *Kämpf,* der unablässige Wimpernschlag.

Saul schließt die Augen.

Er denkt an seine Mutter. *Mama,* sagt er zu ihr. *Mama, ich glaube, ich sehe dich bald wieder.*

Er denkt an Sofia. Sie wird durchkommen, gleichgültig, was mit ihm geschieht. Sie ist eine Naturgewalt. *Wenn du dich entscheiden musst,* sagt Joey in seinem Kopf. Saul weiß, wofür er sich entscheiden wird.

Draußen blicken die Menschen zum purpurvioletten Himmel und beten um Regen. Die Luft ist so dick wie Wasser. Das Atmen schmerzt.

E s ist helllichter Vormittag, und Lina Russo trinkt Tee, als es an der Tür klopft.

Und ein zweites Mal. Lina stellt ihren Tee auf den Untersetzer.

Trauer hängt in der Luft ihrer Wohnung. Das ist der Preis der emotionalen Fürsorge: Die Trauer der anderen bleibt zurück. Aber diese Art von Trauer, wird Lina bewusst, als sie zur Tür schlurft, ist neu.

Sie stammt von Paolo und Antonia, die wie Kinder vor ihrer Tür stehen. Robbie versteckt sich hinter ihnen, Enzo schläft in Paolos Armbeuge. Paolo hängt der Kopf wie eine verwelkte Tulpenblüte an seinem Körper. Antonia verströmt eine verzweifelte Kraft; der Drahtseilakt, sich aufrecht zu halten.

»Mamma«, sagt Antonia, »können wir mit dir reden?« Ihr Gesicht ist ernst, angespannt. Lina sieht die kleine strenge Antonia als Kind vor sich, die still und überlegt ihre Hausaufgaben machte oder ihre Kleidung zusammenfaltete, ein Fundament um sich errichtete.

Lina zieht sie herein, umarmt Paolo, küsst Antonia, fragt: »Tee?«

Antonia sagt: »Gern.«

Lina sieht die beiden noch einmal an und fragt: »Gin?«

Zum ersten Mal begegnet Paolo ihrem Blick. Ein angedeutetes schiefes Lächeln. »Besser«, sagt er.

Lina winkt sie in die Küche, sie hält drei durchsichtige Gläser mit einer Daumenbreite Gin und einem Eiswürfel und einer Zitronenscheibe in der Hand. Robbie gibt sie einen Keks, und er verzieht sich leise. »Kommt, setzt euch«, sagt Lina. Paolo und Antonia nehmen ihr gegenüber am Küchentisch Platz. In der Wohnung riecht es erdig, als würde Lina in den Ecken Pilze züchten und Moos an den Wänden wuchern lassen.

»Ihr habt mir etwas zu sagen«, beginnt Lina.

»Wir brauchen Hilfe«, sagt Antonia. »Aber, Mamma … es wird dir nicht gefallen.« Eisige Angst durchfährt sie wie ein Stahlrohr: Wie sorgsam hat sie die Beziehung zu ihrer Mamma aufgebaut, damit sie keine Gespräche wie dieses, dessentwegen sie gekommen sind, zu führen braucht. Aber es gibt niemand anderen, der ehrlich zu ihnen wäre.

Paolo hat sich Tausende Möglichkeiten überlegt, dieses Gespräch zu eröffnen. »Als Carlo …«, setzt er an und bricht dann ab.

Lina hebt eine Augenbraue. Mittlerweile kann sie es ertragen, wenn der Name ihres verstorbenen Mannes ausgesprochen wird. »Ja«, sagt sie.

»Als Carlo … sich absetzen wollte.« Beim Sprechen drapiert Paolo den Namen des Vaters seiner Frau auf der Zunge, bietet ihn Lina wie eine Opfergabe dar, macht sich zum Teil einer Tragödie, die nie als solche benannt wurde, die aber bei jedem Essen mit am Tisch sitzt, die Robbie beim Aufbrechen zur Schule zur Tür hinaus begleitet, die Antonias Schultern niederdrückt, wenn sie abends auf ihrer

Seite des Betts sitzt und sich die Haare bürstet. Die Erkenntnis, wie viel Mühe es Antonia gekostet haben muss, ihn all diese Jahre zu lieben, trifft Paolo wie ein Schlag vor die Brust mit einem Sack Zement.

»Ja.«

»Was hat er gemacht?«

»Tja«, sagt Lina. Sie lehnt sich zurück. Sie führt das Glas zum Mund. »Mein Mann«, und an dieser Stelle hebt sie das Glas zum Himmel, ein Trinkspruch, »hat sich nicht besonders geschickt angestellt, als er sich absetzen wollte. Also. Warum fragt ihr mich?« Sie sieht zu Antonia, deren Gesicht eine Landkarte ist. Und Lina versteht.

»Es geht um Saul«, sagt Antonia. Die Worte quellen um sie her auf wie Teeblätter, sie setzen sich. »Saul hat für Eli Leibovich gearbeitet. Heimlich …«

Lina winkt ab. Der gleiche Ärger. Die gleichen Männer, die sich in die gleiche ausweglose Situation manövrieren, ohne sich zu überlegen, wie sie jemals wieder herauskommen sollen.

»Ich dachte nie, dass es Saul sein würde«, sagt sie und schaut direkt zu Paolo. Paolo starrt auf sein Glas. Er versucht, es nicht persönlich zu nehmen.

»Sofia ist verschwunden«, sagt Antonia.

Lina lächelt. »Woher weißt du das?«

»Ich spüre es, Mamma«, erklärt Antonia. »Ich kann einfach …« Sie weiß nicht, woher sie es weiß, außer dass sich etwas zusammenfügte, dass ein Bild entstand, als Saul sagte, er könne Sofia nicht erreichen. Etwas fing Feuer.

»Tja«, sagt Lina, »vielleicht ist sie nicht verschwunden. Vielleicht ist sie einfach dabei, das Problem zu lösen.« Das klingt selbst aus Linas Mund befremdlich, denn *was*, denkt Antonia, *könnte Sofia schon ausrichten?* Nicht einmal Sofia wäre in der Lage, dieses vererbte Problem zu lösen, dieses Problem, von dem jede Frau, die sich auf die Familie einlässt, weiß, dass sie sich ihm eines Tages vielleicht stellen muss.

»Mir ist nicht klar, was du damit meinst«, sagt Antonia.

Lina blickt Antonia und Paolo an. »Ihr wisst, dass ihr nichts machen könnt. Deswegen seid ihr gekommen, stimmt's? Damit ich euch sage, dass ihr nichts tun könnt. Euch sind die Möglichkeiten ausgegangen. Saul hat seine Entscheidung getroffen, und er wird dafür büßen. Wir alle werden büßen.«

»Mamma«, sagt Antonia und verstummt dann.

Lina leert ihr Glas. »Weil es nichts gibt, was ihr tun könnt – weil es keine richtige Entscheidung gibt, weil es keine Möglichkeit gibt, unbeschadet aus der Sache herauszukommen –, gibt es auch keinen Grund, warum ihr nicht um ihn kämpfen solltet.« Die Luft in der Wohnung steht, wartet.

Lina beugt sich vor und sieht Antonia fest an. »Lass nicht zu, dass er ihr antut, was dein Papa uns angetan hat. Kämpf um ihn. Mit allem, was du hast.«

Mit neun leisteten Sofia und Antonia einen Blutschwur. So nannten sie es.

Dazu kam es eines Abends, als Antonia bei Sofia übernachtete. Eigentlich sollte Antonia auf dem Boden schlafen, in einem Nest, das Rosa neben Sofias Bett für sie gemacht hatte. Aber wann immer Antonia bei ihnen übernachtete, fand Rosa, wenn sie die beiden wecken wollte, Sofia und Antonia mit ihren braunen Gliedern in Sofias Bett ineinander verwickelt.

An diesem bestimmten Abend waren sie früh ins Bett gegangen, weil es November und in der Stadt früher dunkel und still geworden war, als sie es eigentlich kannten, und weil Rosa eine dampfende Suppe aufgetischt hatte, von der sie müde geworden waren. Sofia las gerade eine Gespenstergeschichte über einen Matrosen, der in alle Ewigkeiten nach seinem verlorenen Fuß suchte, als sie mit der Hand, mit der sie beiläufig den Bettrahmen entlangfuhr, einen lockeren Nagel entdeckte. *Tonia, schau*, sagte sie und hebelte ihn aus dem Holz. Als sie ihn ins Lampenlicht hielt, funkelte er.

Ohne ein Wort zu sagen, setzte Sofia sich auf, und Antonia auch.

Sofia richtete den Nagel auf die weiche Innenhaut ihres

Handtellers. Mit zusammengekniffenen Augen ritzte sie hinein. Sie musste ein zweites Mal drücken, damit Blut kam. Sie gab den Nagel Antonia, die mit angehaltenem Atem auch ihre Handfläche aufriss. Sofia und Antonia starrten das Blut in ihren Handtellern an, bis sich dicke Tropfen gebildet hatten, dann pressten sie die Handflächen gegeneinander. Jede betete, das Blut der anderen möge sich mit ihrem vermischen. Jede stellte sich vor, das spüren zu können: der eine glänzende Tropfen, der sich in ihr ausbreitete. Ihr Kraft gab.

Am nächsten Morgen hätte das ein Traum sein können, wäre nicht der rostige Schorf gewesen, mit dem sowohl Sofia als auch Antonia zum Wasserhahn im Bad gingen. Eine Woche lang tat ihnen der Handteller weh, denn der Nagel, der nicht dafür gemacht war, durch Mädchenfleisch zu schneiden, hatte beim Eindringen in die Haut einen Bluterguss verursacht.

Und diese gesamte Woche lang versteckten sie die Hand vor ihren Mammas und vor den Lehrern in der Schule. Am Sonntag vermieden sie es das ganze Essen über, sich anzusehen, weil sie überzeugt waren, in Gelächter auszubrechen, in die Art Hysterie, die ein gemeinsames Geheimnis verrät. *Was ist denn mit euch los?*, fragte Rosa. *Nichts*, antworteten sie einstimmig. *Nichts, uns geht's gut.*

Ehe Antonia ging, begegnete sie Sofias Blick, aber nur einmal. Sie stand neben Sofias Wohnungstür, und Rosa wollte sie nach Hause begleiten, weil es für Mädchen nie ungefährlich ist, nach Einbruch der Dunkelheit allein unterwegs zu sein. Sofia lächelte ihre Freundin an. Und Antonia zwinkerte. In jeder von ihnen rauschte das Blut der anderen.

Und sie wussten, dass es ihnen nicht einfach nur gut ging.

Sie waren unsterblich.

Julia wacht im Bett ihrer Eltern auf, sie ist allein. Die Sonne steht schon hoch am Himmel, und sie fragt sich, ob denn Ferien sind. Als sie weder Sofia noch Saul in der Wohnung findet, geht Julia nach oben und klopft bei Nonna an der Tür. Sie hat keine Angst.

Auf Antonias und Paolos Drängen hin quetscht sich Lina mit ihnen, Robbie und dem kleinen Enzo in ein Taxi, und gemeinsam fahren sie zum Brownstone der Colicchios in Carroll Gardens.

Rosa ist da, sie sitzt auf dem Sofa und flickt Socken. Rosa kann es sich natürlich leisten, einfach neue Socken zu kaufen, aber heute ist sie nervös und unglücklich. Es ist nicht ganz ungewöhnlich, dass Sofia aus dem Haus geht, ohne jemandem Bescheid zu geben und Julia völlig zu vergessen – schließlich wohnt Rosa direkt über ihnen. Aber an dem Morgen lag in Julias Blick etwas Ernstes. Und Saul ist nicht nach Hause gekommen. Rosa hat Joey nicht um eine Erklärung gebeten, aber sie weiß, was vor sich geht. Und so hat sie ihrer Enkeltochter ein Frühstück vorgesetzt, hat sieben Socken gestopft, Brot nach dem Rezept ihrer Mutter gebacken, die Fliesen im Bad auf Hochglanz poliert. Jetzt blickt Rosa auf und sieht ihre ganze Familie im

Wohnzimmer stehen: Antonia mit ihrem Kleinen im Arm, Robbie, der sich sofort auf die Suche nach Julia macht, Paolo, dessen Blick zwischen Antonia, Rosa und Lina hin und her wandert. Und Lina. Von einer Duftwolke umgeben: Orangenzeste und Muff.

»Entschuldige, dass wir einfach hereinplatzen.« Das ist Antonia. Ihre Miene ist ruhig. *Sie ist eine gute Mutter*, denkt Rosa. Die kleine Antonia. »Aber irgendetwas stimmt nicht. Sofia und Saul sind ... also, wir müssen sie finden.« In ihrer Vorstellung legt sie eine Hand an die Wand, die ihr Zimmer von Sofias trennt. *Ich komme*, sagt sie zu ihr. Antonias Gesicht nimmt einen entschlossenen Ausdruck an. Sie verlagert Enzo von einer Schulter auf die andere. Und dann hebt die leise Antonia die Stimme. »Onkel Joey!« Lina und Rosa und Paolo bleibt vor Schreck der Mund offen stehen. Aus dem Arbeitszimmer kommt keine Antwort. Antonia stampft mit dem Fuß auf. Sie öffnet den Mund. Sie brüllt: »ONKEL JOEY!«

Joey stolpert aus seinem Zimmer, richtet sich das Hemd, blinzelt wie eine Ratte, die unversehens ins Sonnenlicht kommt. »Ruft da wer?«, fragt er. Und dann sieht er Antonia.

»Onkel Joey«, sagt sie, jetzt wieder leise. »Wo ist Saul?«

Joey seufzt. Er sieht seine im Wohnzimmer versammelte Familie an – Rosa und Antonia und Paolo und Lina (Lina? Wann hat er sie das letzte Mal gesehen?). Er hört die Geräusche von Robbie und Julia und Frankie in Frankies Zimmer. »Es tut mir leid«, sagt er. »Es tut mir leid wegen Saul.«

Antonia hat ihn nicht aus den Augen gelassen, hat ihre

Hände nicht genügend entspannt, damit ihre Knöchel wieder durchblutet werden. Enzo schläft an ihrer Schulter. »Wo ist er?«, fragt sie. Ihre Frage ist wie ein Befehl. Sie erwartet eine Antwort.

»Es ist kompliziert«, sagt Joey. »Es ist so … es ist so kompliziert, Tonia, und es tut mir so leid. Ich hätte ihn nie einstellen dürfen. Ich nehme die Schuld für alles auf mich.« Joey möchte dasselbe wie immer: Er möchte seiner Familie Leid ersparen. Die Verantwortung übernehmen, das Problem lösen, die Müllhalde für die Angst und die Wut aller anderen sein, und zwar so lange, bis sie darüber hinweg sind. Er kann nicht glauben, dass er wieder in diese Situation geraten ist: Ein Mensch, den Joey liebt, wird sterben. Eine andere Möglichkeit gibt es für Joey nicht, seine Familie zu beschützen. Und es ist Joeys Schuld.

»Onkel Joey, für ›es tut mir leid‹ haben wir jetzt keine *Zeit*«, sagt Antonia, und in der Art, wie sie sich zu Joey vorbeugt, als wollte sie jeden Moment abheben, liegt etwas Dringliches. »Wir müssen ihn aufhalten, wir müssen Sofia helfen!«

»So helfen wir Sofia«, sagt Joey traurig. »So funktioniert das.«

Joey kann nicht wissen, wie leid Antonia es ist zu hören, wie Dinge funktionieren. Deshalb ist er überrascht, als sie auffährt. »Es gibt kein *so funktioniert das*! Du hast es so beschlossen! Du hast beschlossen, *wie* es *funktioniert*, als mein Vater starb! Du hast beschlossen, *wie* es *funktioniert*, als du Saul angestellt hast, als du ihn befördert hast, als du Sofia eine Arbeit gegeben hast, die sie mehr liebt als …« Und da verstummt Antonia abrupt, denn sie sieht, dass Julia und

Robbie sich hinter Joey geschlichen haben und im dämmrigen Flur stehen und zuhören. Alles hören. Lernen, wie es funktioniert. Mit großer Mühe beherrscht Antonia sich. »Wir werden Saul retten, und Sofia auch. Wir bringen das in Ordnung. Du wirst uns sagen, wo er ist. Und genau so *funktioniert* das.«

Joey schaut auf Antonia hinunter, und eine Woge der Liebe überflutet ihn. Antonia ist so von sich überzeugt, fast glaubt er, sie könnte es wirklich. Mit all seiner Macht kann er sie nicht daran hindern, es zu versuchen.

»Wo sind sie?«, fragt Antonia wieder. Jetzt ist ihre Stimme ruhig.

Aber nicht Joey antwortet. Sondern Rosa. »Im Dockgebäude der Fianzos«, sagt Rosa. »Weißt du, wo das ist?«

»Natürlich«, sagt Antonia, die nie dort war, aber natürlich weiß, wo es ist. »Ich kenne das alles mein Leben lang.«

Stille breitet sich über den Raum, alles vibriert noch von Antonias Ausbruch. »Ich dachte, ich suche nach ihnen, und du bleibst bei den Kindern«, sagt Paolo zu Antonia, aber zu allen. Er spricht mit Antonia so, wie man mit einem nervösen Pferd sprechen würde. Ihre Versöhnung beruht auf einer Katastrophe, und er weiß nicht, ob der Friede halten wird. Nach wie vor kann er nicht begreifen, welchen Umbruch Enzos Geburt bewirkt hat. Es ist, als könnte er Antonia nicht sehen, ihr keine klaren Konturen geben, sie nicht in ihrer Gänze in sein Blickfeld einpassen. In einem Moment ist sie fröhlich, im nächsten verdüstert sie sich und entzieht sich ihm. In einem Moment kauft sie Garnelen für das Sonntagsessen, im nächsten schreit sie Joey Colicchio an. Paolo erinnert sich, wie gut er vor ihrer Hochzeit glaubte, Antonia sehen zu können. Jetzt fällt ihm die Frage ein, ob er sie wohl je wirklich verstanden hat.

»Ich komme mit«, sagt Antonia. »Können die Kinder hierbleiben?«

Rosa sagt *natürlich* oder etwas in der Art. Sie möchte die Absolutheit dieser Bestätigung verdeutlichen, *natürlich*, auf immer und ewig, alle Kinder, so lange ihr wollt.

»Du kannst nicht mitkommen«, sagt Paolo. Der Gedanke, seine Frau in einer Bastion der Fianzos nach Sofia und Saul suchen zu lassen, ist absurd.

Antonia antwortet nicht, gibt Enzo aber Lina, küsst sein Gesicht, seine kleinen Fäuste, und jeder im Zimmer hört, und spürt, wie der Raum zwischen Antonia und Enzo widerhallt und zerreißt, als Antonia sich entfernt. Antonias Gesicht besteht nur aus langen Sorgenfalten, aus innerster Qual. Lina sieht Antonia an und nickt einmal, fast unmerklich.

»Tonia, hör auf mich«, sagt Paolo. »Lass mich suchen gehen.« Und immer noch schweigt Antonia. Aber als Paolo die Hand ausstreckt, um sie an der Schulter zu berühren, sie in die Realität zurückzuführen, wirbelt Antonia herum und stößt ein wütendes, wildes Fauchen aus, etwas so Animalisches, dass Paolo vor ihr zurückzuckt.

»Danke«, sagt Antonia zu Rosa und Lina, und dann dreht sie sich um und geht zur Tür hinaus.

Einen Moment bleibt Paolo vor Schock oder Ehrfurcht reglos stehen, dann sieht er Lina und Rosa an, Enzo und Robbie, Frankie und Julia und Joey. Und weil er muss, findet er seine Stimme. Er sagt: »Ich muss gehen.« Er dreht sich um und verlässt die Wohnung der Colicchios.

Die Sonne wandert um die Ecke des Fianzo-Hauses, brüllend heiß knallt sie herab, und Sofia schwitzt fast sofort. Ihre Achselhöhlen, die Knie- und Ellenbeugen tropfen.

Es kommt ihr vor, als warte sie schon seit Stunden. Bei den meisten Menschen hätte sich die Anspannung vor der Auseinandersetzung abgeschliffen, aber Sofia ist nicht wie die meisten Menschen. Sie brennt jetzt genauso lichterloh wie in dem Moment, als sie kurz vor Anbruch der Dämmerung die Wohnung verließ.

Sofia hat an Saul gedacht, und sie hatte erwartet, dass sie wütend sein würde, aber zu ihrer Überraschung empfand sie Stolz. Sie sieht, wie schwer Saul gearbeitet hat, und ihr wird klar, dass sie sich in den letzten Monaten zum Teil auch wegen der Ahnung, dass er etwas für sich behielt, so leidenschaftlich zu ihm hingezogen fühlte. Etwas, das nichts mit ihr zu tun hat, mit ihrer Familie. Für Sofia war Macht immer schon unwiderstehlich, und dieses Neue, das in Saul wohnt, ist Macht in Reinform: Er hat Entscheidungen getroffen. Etwas umgesetzt. Saul hat sich seinen eigenen Weg gesucht.

Als endlich ein schwarzer Wagen vor das Gebäude fährt, erkennt sie Tommy Fianzo jun. sofort. Er hat dieselben schmalen Augen wie damals als gemeiner kleiner Junge. Dasselbe hämische Grinsen, das schief auf seinen Zähnen sitzt, dieselben für sein Gesicht übergroß geratenen Lippen. Er schält sich aus dem Auto und betrachtet sie mit derselben Verachtung. »Mir wurde berichtet, dass du arbeitest«, sagt er. Auf der anderen Wagenseite schließt ein Mann – ein Leibwächter – die Tür. »Mir wurde auch berichtet, dass du schlau bist.« Sofia sagt nichts. »Aber jetzt bist du hier«, fährt Tommy jun. fort, »also muss ich falsch informiert worden sein. Tja. Ist nicht das erste Mal.« Die Szene bereitet ihm sichtlich Vergnügen. Sofias Gesicht bleibt ausdruckslos.

»Ich dachte, wir könnten uns unterhalten«, sagt sie.

»Eine Unterhaltung kann nie schaden«, erwidert Tommy jun. »Such sie ab«, sagt er und macht eine Kopfbewegung. Mit einem Schritt tritt der Leibwächter um Tommys Auto herum und steht neben Sofia. Bevor sie einen Gedanken fassen kann, liegen seine Hände auf ihr. Sie sind grob und nüchtern, als könnte Sofia ein Sandsack sein, ein Eisklotz. Er drückt ihre Rippen ab, ihre Waden, ihren Lendenbereich. »Sie ist sauber«, sagt er zu Tommy jun.

»Gut«, sagt Tommy jun. Er bedeutet Sofia, ihm nach oben zu folgen.

Im Büro der Fianzos riecht es nach uraltem Fleisch, nach etwas Braunem, Finsterem, das Sofia nicht zu tief einatmen möchte. Tommy Fianzo jun. bietet ihr einen Stuhl an, dann zündet er sich eine stinkende Zigarre an, die Sofias Sicht und Denken vernebelt. Sie und Fianzo könnten überall sein. Sie könnten die letzten zwei Überlebenden sein.

»Ich weiß, was mein Mann getan hat«, sagt Sofia. »Und seinem Zustand nach zu urteilen, weißt du das auch.«

»›Seinem Zustand nach?‹«, fragt Tommy jun. Interessiert beugt er sich vor. »Ich habe ihm kein Haar gekrümmt, nein.« Er hebt eine Hand, kommt Sofias Ungläubigkeit zuvor. »Das stimmt wirklich. Sonst würde ich's zugeben. Und ich gebe gern zu, ich freue mich, dass *jemand* es gemacht hat.«

»Das glaube ich sofort«, sagt Sofia. *Er soll sich sicher füh-*

len. Gib ihm das Gefühl, es wäre seine Idee gewesen. »Ich wollte an seiner statt um Entschuldigung bitten.«

»Und was soll das deiner Ansicht nach nützen?«, fragt Tommy jun.

»Es geht mir nicht um Nutzen«, sagt Sofia. »Ich finde einfach, dass du eine Entschuldigung verdient hast. Du hast ihm eine Chance gegeben, und er hat dich verraten.«

Tommy jun. sucht nach dem Hinterhalt. Er entdeckt keinen und lehnt sich etwas zurück. »Ich habe immer schon etwas gegen Leute von außen gehabt«, sagt er. »Wenn man nicht damit aufgewachsen ist, kann man das einfach nicht richtig. Und die Leute ... die Leute dachten, es wäre das Jüdische, und klar, man kann nicht leugnen, dass sie ... na ja, gerissen sind – aber ich hätte das Gefühl bei jedem gehabt, bei jedem, der von außen kommt. Das ist kein Verein, dem man beitreten kann. Halbe Sachen gibt's hier nicht.«

»Ich weiß«, sagt Sofia. »Ich weiß, wie es funktioniert.«

»Warum«, knurrt Tommy jun. plötzlich ungeduldig, »bist du dann hier?«

»Ich habe Informationen, die ich dir geben möchte«, sagt Sofia. »Im Gegenzug für die Sicherheit meines Mannes.«

Antonia und Paolo fahren mit dem Taxi zu den Docks. Sie sprechen nicht.

Antonia schaut zum Fenster hinaus auf Wolken, die vor Gräue violett wirken, eine surreale Verdunklung der heißen Mittagszeit. Sie weiß, sie kann nie mehr untätig zusehen, während sich um sie her etwas entfaltet. Schreckliches passiert in ihrer Familie, sobald sie sie aus den Augen lässt. Und Antonia, die immer dem Erwachsensein vertraut hat, dem Vergehen der Zeit, der Ordnung, die angeblich herrschte, erkennt jetzt, dass nichts von Dauer ist.

Alles ist ebenso wild und fremd wie sie selbst.

Alles ist ebenso unsicher.

In Paolos Kopf tobt ein Kampf. Seine Frau ist in Gefahr. Seine Freunde. Seine Familie. Er möchte den Fahrer bitten anzuhalten. Er möchte sich auf Antonia werfen, ihre Arme fest an sie drücken und sie beschützen, bis die Gefahr vorüber ist. Er möchte sie aufhalten, aber er weiß, dass er das nicht kann.

Tommy Fianzo jun. sitzt bequem hinter seinem Schreibtisch. Sein Gesichtsausdruck ist um keinen Deut weniger verächtlich, wird jedoch von unverhohlener Neugier erhellt. »Du hast Informationen?«, fragt er, und selbst Sofia bemerkt seine Mühe, beiläufig zu klingen. Sein Tag verheißt viel mehr Aufregung, als er gedacht hat.

»Ich habe Informationen, die du zu deinem Vorteil verwenden könntest«, sagt Sofia. »Aber ich stelle einige Bedingungen.«

»Ich glaube nicht, dass du in einer Position bist, Bedingungen zu stellen«, widerspricht Tommy jun.

Sofias Miene bleibt unbewegt. »Ich möchte Sauls Sicherheit gewährleisten. Ihr werdet ihm nichts antun. Diese ganze Sache ist dann aus und vorbei.«

»Dafür müssten deine Informationen schon ziemlich besonders sein«, sagt Tommy jun.

»Ich kann dir Eli Leibovich bieten«, sagt Sofia, »im Austausch für Saul.«

Tommy ist neugierig und gleichzeitig frustriert. Sein Vater hat ihm nicht die Entscheidungsgewalt gegeben, wie etwa Joey Colicchio sie Saul gab. Tommys Arbeitsalltag besteht aus einer langen Reihe von Telefonaten, bei denen er um Erlaubnis bittet, aus Berichten und aus der Buchführung, die er liebend gerne abtreten würde. Im Grunde sollte er diese Colicchio an den Stuhl fesseln und seinen Vater anrufen. Aber Tommy jun. ist gerade schlau genug, um zu wissen, dass es gigantisch wäre, einen Vorsprung vor Eli Leibovich zu haben – so gigantisch, dass er zum Dank vielleicht ein bisschen von der Unabhängigkeit bekommen würde, nach der ihn so verlangt. »Woher soll ich wissen, dass du die Wahrheit erzählst?«, fragt er.

»Woher soll ich wissen, dass du Saul nicht umbringst, sobald ich dir aushändige, was ich habe?«, entgegnet Sofia. »Vertrauen.« Sie zuckt mit den Schultern. »Ehre.« Und dann: »Genau so hätten unsere Väter das gemacht.«

»Sag mir, was du hast«, sagt Tommy jun.

»Versprich mir«, sagt Sofia, »dass Saul nichts passiert.«

»Ich rühre den Juden nicht an«, sagt Tommy.

Sofia holt aus ihrer Tasche eine Handvoll kleiner Notizhefte mit Spiralbindung. »Hier drin steht alles, was Saul für Eli gemacht hat«, sagt sie. »Ich glaube, er will diese Docks. Wenn du das Material geschickt nutzt, wirst du ihm immer einen Schritt voraus sein.«

Mit unverhohlener Begierde greift Tommy nach den Notizbüchern.

Sofia streckt die Hand aus, um Tommy die Notizbücher zu geben, um einen Krieg zwischen Tommy Fianzos und Elis Familie zu entfesseln. Um ihren Mann zu retten. Sofia spürt ihren Herzschlag in ihren Fingern, ihren Zehen, sie spürt ihn durch das Gebäude selbst poltern. Tommy hebt den Kopf und lauscht. Er hört es ebenfalls. Das Hämmern von Blut in Sofias Kopf klingt wie Schritte auf Metall. Und dann platzt die Tür zum Büro auf, und zum zweiten Mal innerhalb von zwei Tagen bleibt Sofia bei Sauls Anblick der Mund offen stehen.

Saul atmet schwer, er ist die Treppe hinaufgelaufen. Von Tommy Fianzos Schreibtisch fällt ein Füllhalter zu Boden. Es ist das gewöhnlichste Klappern der Welt.

»Saul *Colicchio*«, sagt Tommy mit kaum unterdrückter Freude. »Genau das Verräterschwein, das ich zu sehen gehofft habe.« Und dann traut er sich, zu Sofia zu blicken, als hoffe er auf Lob. *Gut gesagt*, möchte er vielleicht von ihr hören.

Sofia bemerkt es nicht, weil sie Saul ansieht, der wiederum sie ansieht. »Es tut mir so leid«, sagt er, was das Unpassendste ist, was ihm je über die Lippen gekommen ist. »Ich verstehe«, sagt sie, was das Unpassendste ist, was je über ihre gekommen ist.

»An die Wand«, sagt Tommy Fianzo jun., und das ist nicht nur unpassend, sondern auch überflüssig, weil er mit einem Revolver auf Sofia zielt. »Jetzt machen wir alle mal einen kleinen Spaziergang.« Und Sofia erkennt, dass jede vage Verständigung, die sie mit Tommy Fianzo jun. möglicherweise aufzubauen begann, verloren ist, und damit jede Hoffnung, dass sie und Saul mit heiler Haut aus der Sache herauskommen. Überhaupt hier herauskommen.

Das Taxi hält einige Straßen vor den Docks. Paolo, neben Antonia auf dem Rücksitz, nimmt ihre Hand. »Bitte bleib hier«, beschwört er sie.

»Ich liebe dich«, antwortet sie.

(Paolo und Antonia, beide siebzehn, ging bei ihrem ersten Treffen der Gesprächsstoff aus. Worte schienen völlig ungenügend.)

Antonia öffnet die Tür und steigt aus. Sie läuft los, allein.

Es ist Mittag, aber es sieht aus wie Abend. Die Luft riecht nach Metall und Motoröl, wie an jedem Abend in Antonias Kindheit, wenn durch das offene Küchenfenster in Sofias Wohnung die leise Brise vom East River hereinwehte. Wie die Luft nach Meer und nach Stadt zugleich riechen kann.

Antonia brennt vor Energie. Ihr tiefstes Inneres ist auf ihre Hautoberfläche gekehrt worden.

Und natürlich ist Antonia nicht allein. Sie hat Sofia bei sich. Sie hat Carlo. Und weil sie, bevor sie ins Taxi stieg, unten in Sofias Wohnung war, hat sie eine schwere, glänzende, geladene Pistole mit Perlmuttgriff bei sich.

Paolo rennt, um Antonia einzuholen. Sie ist verstohlen, schnell, kann das besser, als Paolo je geahnt hätte, läuft vom Abfallbehälter zum Schiffscontainer, sichert sich ab.

Vor dem Fianzo-Haus steht ein Leibwächter. Antonia kann ihn von ihrer Warte hinter einem hohen Stahlmast nicht sehen. Paolo erkennt, dass Antonia, sobald sie sich wieder in Bewegung setzt, direkt ins Blickfeld des Leibwächters läuft. Er sprintet los.

In seiner Kindheit war Paolo ein Raufbold. Drei ältere Brüder und der blutige Heimweg von der Schule hatten ihm eingebläut, wie wichtig es war, sich selbst und alle, die man liebt, zu verteidigen. Paolo war in der Nachbarschaft wohlbekannt, und zwar nicht nur für seine Handschrift.

Paolos Faust landet im Gesicht des Leibwächters, bevor der überhaupt die Chance hat wahrzunehmen, dass sich jemand nähert. Paolo zieht die Rechte zurück, stößt dann aber wuchtig mit der Linken zu und trifft den Mann direkt unter dem Rippenbogen. Das weiche Fleisch gibt nach, stöhnend atmet der Leibwächter aus. Paolo rammt ihm den Ellbogen ins Gesicht. Etwas knackst. *Ich liebe euch*, denkt Paolo und sieht Saul und Antonia vor sich. Der Leibwächter der Fianzos sinkt in glückselige Bewusstlosigkeit. Paolo lässt ihn blutig auf den Betonstufen liegen. Er setzt Antonia nach. *Ich liebe euch*, betet er.

Antonia bleibt im Schatten. Sie hofft, dass Saul und Sofia da sein werden. Sie hofft, dass sie nicht da sein werden. Sie bewegt sich so langsam, wie sie es erträgt, so leise, so vorsichtig wie niemand vor ihr.

In der Ferne, Richtung Fluss, flattert schreiend eine kleine Wolke Möwen. Kürzlich erst aufgeschreckt.

Sofia.

Antonia steht da. Sie steht am Meeresufer.

Jetzt komm schon, sagt Carlo.

Antonia ist nur noch Sturm, ist Tosen und Wut. Die Sommerluft ist still, aber in ihren Ohren heult der Wind.

Einmal spielten Sofia und Antonia in Sofias Zimmer Krieg. Sie besiegten das ganze Heer. Sie waren die einzigen Überlebenden.

Antonia riecht Sofia. Sie ist in der Nähe. Es bleibt keine Zeit. Mit jedem Augenblick bleibt weniger Zeit. Antonia muss sich unglaublich schnell bewegen. Sie muss sich in der Zeit rückwärts bewegen.

Am Rand der Docks, am Rand der Welt, stehen drei Gestalten. Eine ist auf den Knien. Eine hält einen Revolver. Eine ist Sofia.

Antonia spürt alles.

Jetzt kommt Wind auf, eine kleine Bö hier und da wirbelt in den Docks Müll und Staub auf, zieht Kreise auf dem Wasser. Eigentlich können die Wolken nicht noch dunkler werden, aber irgendwie tun sie es doch, haften sich an den Rand des Himmels, sodass Regen der einzige Ausweg bleibt.

Antonia läuft, mit ihren Gummibeinen, mit Blut, das ihr über die Schenkel rinnt, mit ihrer unglaublich weichen, neumütterlichen Haut, der Dunkelheit ihrer Augen.

»He!«, ruft Antonia. Der Wind trägt ihre Stimme.

Tommy dreht sich um.

In fünf Metern Entfernung bleibt Antonia stehen, die Füße fest auf dem Boden, und hebt die Pistole. Vor Überraschung hat Tommy Fianzo jun. seine Waffe sinken lassen. Sobald er erkennt, dass Antonia ebenfalls eine Waffe trägt, hebt er die Hände auf Schulterhöhe und sagt etwas wie: *Schon gut, Süße, immer mit der Ruhe.*

Antonia krümmt den Finger um den Abzug.

»Das wird nicht so enden, wie du dir das vorstellst«, sagt

Tommy jun. Saul und Sofia rühren sich nicht, starren. Antonia bewegt sich rückwärts durch die Zeit.

Antonia weiß: Vor achtzehn Jahren wurde Carlo an den Rand dieser Docks geführt. Er flehte, nicht wahr, weil er sein Leben liebte, weil er es nicht verlassen wollte. Er sah Antonias Gesicht vor sich, Linas Arme, das ekstatische Stakkato beim Verstreichen eines Tages nach dem anderen. Er war absolut lebendig, nicht wahr, in den letzten Sekunden, in denen er seine Lunge mit Luft füllte. Mitten in einem Atemzug wurde der Schuss abgefeuert. Antonia sieht es klar vor sich. Carlos inbrünstiger Wunsch, am Leben zu bleiben.
Und dann ein Schuss.

Der Tod ist wahllos. Der Tod klopft nicht an die Tür und fragt, wer am wenigsten gebraucht wird. Er achtet nicht darauf, ob man eine Familie hat, er kümmert sich nicht darum, dass man eins der Räder ist, das die Welt selbst am Laufen hält. Der Tod nimmt nicht die Langsamsten, die Schwächsten, die vom Rudel Getrennten. Er greift mit den Händen mitten ins Herz. Er reißt etwas Unentbehrliches heraus.

Er bittet dich nicht, weiterzumachen, aber du tust es trotzdem.

Du kannst nicht anders.

Sofia und Antonia halten sich umklammert, während der Wind zunimmt. Er klebt ihnen die Kleider an den Leib. Er kann sich keinen Weg in ihre Umarmung bahnen. Sie sagen *Danke, danke*, und sie trauern um alles, und sie reden nicht nur von diesem Moment, sondern von ihrem Leben, ihrem ganzen Leben Seite an Seite, dem unfassbaren Segen dieses Miteinanders.

Hinter ihnen zerren Saul und Paolo eine Plastikplane von einem Berg Ziegel. Sie werden Tommy Fianzos Leiche damit bedecken. Sie überlegen, wie sie es anstellen, damit es wie ein Unfall wirkt, wie Elis Schuld, wie der Kollateralschaden eines Konflikts und nicht wie der Auslöser für einen Krieg.

Paolo und Saul drehen sich um und sehen Sofia und Antonia an. Jeden Moment, den sie am Leben sind, haben sie mehr zu verlieren.

Antonia löst sich von Sofia und schaut auf ihre rechte Hand.

Dort ist die Pistole, ihr Finger umspielt noch den Abzug. Sie sind jetzt zusammengeschweißt, die Pistole und Antonia, Teil von etwas. Sie stehen am Anfang und am Ende. Sie sind eine Entscheidung, und sie sind das Nachspiel.

Antonias Blick wandert über den East River hinaus. Dort ist Carlo. Zum ersten Mal seit ihrer Kindheit kann Antonia sein Gesicht vor sich sehen. Er blickt Antonia an. *Mein Leben lang habe ich mir gewünscht, dass du siehst, was aus mir geworden ist, Papa,* sagt sie zu ihm. Er sieht alles. Er lächelt. Und dann verschwindet er im Fluss.

»Danke«, sagt Sofia noch einmal. *Wenn du mich sehen kannst.*

Danke, sagt Antonia nicht, aber Sofia hört es. *Wenn ich dich sehen kann.*

Die ersten Regentropfen fallen.

Danksagung

Bevor ich Schriftstellerin wurde, habe ich gelesen. Es ist für mich ein Privileg ohnegleichen, ein eigenes Buch in die Bibliotheken, die ich so liebe, stellen zu können.

Ohne Dana Murphy wäre dies immer noch ein Word-Dokument in einem offenen Fenster hinter meiner anderen Arbeit. Sie liebt diese Familie genauso wie ich. Ich staune ehrfürchtig über das Mitempfinden, die Aufrichtigkeit und die vielen Gedanken, die du in deine Arbeit einbringst, und schätze mich glücklich, sie mit dir zusammen tun zu können. Danke, meine Freundin.

Tara Singh Carter hat den Keim, der Ausgangspunkt dieses Buches war, gehegt und gepflegt, und er ist unter ihren Händen größer geworden, als ich mir je vorstellen konnte. Danke für deine Weitsicht und für dein Vertrauen in mich. Durch die Arbeit mit dir bin ich zu einer besseren Schriftstellerin geworden.

Bei Putnam möchte ich auch Ashley Di Dio, Bill Peabody, Janice Barral, Katy Riegel, Monica Cordova, Madeline Hopkins, Katie McKee, Nicole Biton, Brennin Cummings und Cassie Sublette danken sowie Helen O'Hare, ehemals bei Putnam. Es verblüfft mich immer noch, dass so viele unglaublich fähige Menschen ihre Zeit, ihre Arbeit und ihr Fachwissen in meine Geschichte investiert haben. Danke euch allen, dass ihr ein so schönes Buch daraus gemacht habt.

Ich kann von jedem Buch, das ich je gelesen habe, eine Verbindung zu diesem herstellen. Für spätere Bücher mag das vielleicht weniger stimmen, aber dieses ist mein erstes, und hier steckt alles drin. Ganz besonderer Dank gilt allerdings *Christus im Beton* von Pietro di Donato, Kevin Bakers himmlischen New Yorker Geschichten, *Der Pate* von Mario Puzo und natürlich *Die Sopranos* – was zwar kein Buch ist, dessen reich gezeichnete Figuren mir aber vor Augen führten, wie wichtig es ist, Gewalt und Liebe auf einer Buchseite miteinander zu verbinden. Der Essay »Origins of the Sicilian Mafia: The Market for Lemons« von Arcangelo Dimico, Alessia Isopi und Ola Olsson lieferte unmittelbar die Inspiration zu einer wichtigen Szene. Antonia hätte die *Metamorphosen* zwar sicher nicht in derselben Übersetzung gelesen wie ich, aber ich hänge an meiner Ausgabe in der Übersetzung von Charles Martin.[1]

Mein großartiges Netzwerk von Familie, Freundinnen und Freunden gab mir Bodenhaftung, bot mir Heimat, war persönlicher Koch, erste Leserin. Ohne euch alle würde das Buch nicht existieren:

Mom, du bist mein Leitstern. Ich bin von dir und durch dich.

Dad, danke, dass du mir beigebracht hast zu lesen und zu BRÜLLEN.

---

[1] Anmerkung der Übersetzerin: Auch die deutschen Zitate hätte Antonia zu ihrer Zeit nie gelesen, denn sie stammen aus der Prosa-Übersetzung von Gerhard Fink, die erst 2004 in Düsseldorf/Zürich (Sammlung Tasculum) erschien.

Mein Bruder Adam folgt seinem Herzen, das hat er immer schon getan, und er gibt mir den Mut, das auch zu tun.

Nancy Veerhusen, Jana McAninch, Emma McAninch und Violet Wernham haben mein Verständnis von Familie erweitert, und dadurch bin ich liebevoller, empathischer und klüger geworden. Dadurch ist das Buch besser geworden.

Ich danke der Sippe Galison-Jones-Freymann von Herzen. Mia und Sax, danke, dass ihr mich beherbergt habt in dem ersten Herbst, in dem ich ernsthaft an diesem Buch arbeitete. Danke, dass ihr mich zusammen mit Marion und Gerry an eurer Familie und deren Geschichten teilhaben ließest und dass ihr mir gezeigt habt, wo es in New York die besten Bagels gibt. Carrie und Peter, danke, dass ich in eurem Haus in Wellfleet schreiben durfte, das hat wirklich jede Schreibblockade aufgelöst, mit der ich dort auftauchte. Danke euch allen, dass ihr dieser Kalifornierin ein Zuhause an der Ostküste gegeben habt.

Katie Henry ist mein Vorbild, seit ich sechzehn bin. Danke, dass du es mir vorgemacht hast und meine ganzen panischen Fragen beantwortet hast. Ich hoffe, ich kann mich mit einem Bruchteil deiner Anmut und deines Humors durch die Welt bewegen. Rob, danke für deine Führung in der Arthur Avenue. Emily Beyda las eine frühe Fassung, als ich glaubte, ich könnte kein Wort mehr schreiben. Nur durch ihr Feedback konnte ich überhaupt weitermachen. Tessa Hartley beherbergte mich während desselben nomadischen Herbstes, in dem ich ernsthaft mit der Arbeit an dem Buch begann. Einiges von dem, was hier steht, wurde auf ihrer Veranda in New Orleans geschrieben. Ezra und Nick Paganelli sind die offiziellen Hüter meiner Seele und meines Verstands. Danke euch für Süßes und Sekt und Selters und für Scaloppine, für Sonntagsessen und Schreiereien. Über Alyssa May Gold genügt zu wissen, dass sie – obwohl wir mit neunzehn zusammenwohnten – immer noch bereit ist, meine Freundin zu sein. Aber obendrein ist sie eine Naturgewalt, eine scharfsinnige und gefühlvolle Künstlerin, und sie hat mich über zahllose emotionale und kreative Krisen hinweggeredet. Meine Lehrer Laura Slatkin und Christopher Trogan haben mir viele meiner Lieblingsgeschichten vermittelt und auch eine völlig neue Sprache, um über sie nachzudenken. Kathryn Grantham und ihre Crew im Black Bird Bookstore waren mir während der Überarbeitung eine großartige Stütze. Danke für das Privileg, dass ich mich an so vielen Arbeitstagen mit Menschen über Bücher unterhalten durfte. Und es wäre natürlich pflichtvergessen, nicht auch Fresh Direct zu danken, der Katze, ohne deren Gewicht auf den Füßen ich es nie geschafft hätte, lange genug still zu sitzen, um auch nur ein einziges Kapitel abzuschließen.

Das alles habe ich nicht allein gemacht, auch wenn ich, theoretisch gesehen, bisweilen allein war. Sam, dich zu lieben ist die Ehre meines Lebens. Wenn du alles wärst, was ich habe, *dayenu*.

Und liebe Leserin, lieber Leser, ich kann nicht glauben, dass du hier bist. Ich bin dankbar und demütig. *Danke* ist mehr als unzureichend.